2006년 2월 6일 FRB 본부에서 열린 공식 취임식에서 선서하는 벤 버냉키 신임 의장(우)
그의 왼쪽은 부인 안나 (사진제공 : 로이터)

(좌)벤 버냉키 신임의장 (FRB)
(우)워싱턴 D.C.의 FRB 본부 빌딩 (FRB)

FOMC 정례회의

그린스펀 의장(당시)이 거대한 타원형 테이블의 상단 중앙부에 자리 잡고 오른쪽이 퍼거슨 부의장, 바이스, 올슨, 버냉키 이사(당시)가 착석. 이어서 지역연방준비은행 총재 5명이 나란히 앉음. 의장의 왼쪽으로는 비서관들, 다음으로 가이트너 뉴욕 연방준비은행 총재. 그램리치 FRB 이사(당시), 콘 이사, 그 왼쪽에 미내한, 래커, 피아날토, 산토메로, 권, 호니그 총재. 의장의 맞은편에는 금융정책, 국제금융, 조사통계 각 국장, 공개시장조작 지배인들이 앉아 있다. 테이블 위에 보이는 녹색 책자는 '그린 북' (제3장 참조). (FRB)

역대 FRB 의장

• 지지통신 / AFP / FRB 제공

1951~1970
윌리엄 마틴(William Martin, 제9대 의장)

1970~1978
아서 번스(Arthur Burns, 제10대 의장)

1978~1979
윌리엄 밀러(William Miller, 제11대 의장)

1979~1987
폴 볼커(Paul Volcker, 제12대 의장)

1987~2006.1
앨런 그린스펀(Alan Greenspan 제13대 의장)

2006.2~
벤 버냉키(Ben Shalom Bernanke 제14대 의장)

세계의 경제대통령

버냉키 파워

세계의 경제대통령

버냉키 파워

가토 이즈루 · 야마히로 츠네오 지음
우성주 옮김

달과소

'비밀의 신전' — 국조 아메리칸 이글의 거대한 형상이 걸려있는 백아(白鵝)의 전당 FRB 본부 에클즈 빌딩을 사람들은 이렇게 부른다. 1층에는 그리스 신전의 조각을 배치한 웅장하고 넓은 홀이 있다. 긴 계단을 따라 올라가면 그 끝에는 금융정책의 최고 의사결정기관, FOMC(연방공개시장위원회) 회의실이 나타난다. 회의가 없을 때는 문이 열려 있으며, 높은 창문의 반쯤 걷힌 커튼 사이로 부드러운 햇살이 이 '신전'의 심장부를 비추고 있다.

2006년 2월 6일, 이 '신전'에서 제14대 FRB 의장으로 취임한 벤 샬롬 버냉키의 선서식이 열렸다. 버냉키 신임 FRB 의장은 우선 조지 W. 부시 대통령의 방문에 감사를 표명했다. 대통령이 FRB를 방문한 것은 매우 드문 일로 부시가 세 번째이다. 지지율 하락으로 고심하고 있는 부시 대통령 입장에서 본다면, 경제학자로서 세계적인 명성을 가진 버냉키와의 친밀함을 어필하고 싶었을 것이다.

FRB 의장은 '워싱턴에서 대통령에 버금가는 영향력을 가진 사람'

이다. 버냉키의 임기 만료는 4년 후인 2010년 1월 31일이지만, 대통령과 의회가 인정한다면 그는 최장 2020년 1월 31일까지 의장직에 머무르게 된다. 미국경제를 비롯해 세계경제에 영향을 미칠 그의 향후 일거수일투족을 읽는 일은 매우 중요하다.

버냉키 의장은 2006년 2월 15일에 취임한 후 첫 의회증언에서 앨런 그린스펀 전 의장의 노선을 계승하겠다고 밝혔다. 이 때문에 그린스펀 시절의 정책을 분석할 필요도 있다. 2005년 8월 캔자스시티 연방준비은행은 '그린스펀의 시대' 라는 제목의 심포지엄을 열었다. 거기서 앨런 블라인더(Alan Blinder) 프린스턴 대학 교수(전 FRB 부의장)는 그가 수많은 위기에 적절한 대응을 해 온 점을 칭찬하면서 "운 좋은 FRB 의장"이라고 평가했다. 시대의 운이 따랐다는 말인데, 과연 버냉키에게도 행운의 여신이 미소를 지을 것인가?

이 책은 금융시장의 전문가, 연구자, 개인 투자자 그리고 널리 비즈니스맨들의 기대에 부응할 수 있도록 미국 금융정책의 본질에 다가가는 'FRB(Fed) 연구' 의 결정판이다. 마지막 교정 단계까지 최신 정보를 담았고, 또한 언론에는 알려지지 않은 무대 뒤의 분위기와 현지조사 등을 바탕으로 한 금융시장의 실태 등도 담고 있다.

제1장에서는 버냉키의 출생과 성장, 논문, 강연, 의회증언을 분석해 인플레이션 타깃팅 등 그가 지향하는 향후의 금융정책을 점쳐 보았다. 현 시점에서 이 정도의 상세한 버냉키 분석은 미국 내에도 존재하지 않을 것이다. 제2장에서는 자산버블과 싸우고 있는 FRB를 해설했다. 제3장에서는 FRB 관찰의 기초가 되는 조직구성과 그 역사를 상세히 서술하고 이사, 지역연방준비은행 총재들의 프로필 등을 소개했다. 제4장에서는 FRB가 정책유도 대상으로 삼고 있는 페더럴펀드 시장의 모습을 생생하게 묘사했다. 제5장에서는 FRB의 투명성을 높인 그린스펀 의장의 족적을 더듬어 본다. '비밀 신전의 문'을 그가 어떻게 열어 왔는지를 이해할 수 있을 것이다. 제6장에서는 FRB와 정치의 관계를 검증했다. 현재의 독립성에 도달하기까지는 '필사적인' 투쟁이 있었다. 제7장에서는 버냉키 체제의 출범과 앞으로의 시나리오를 정리해 보았다.

이 책은 금융시장의 현장에서 국내외 중앙은행의 동향을 분석·예측하고 있는 이코노미스트와 워싱턴 현지에서 오랫동안 FRB를 취재해 온 통신사 기자의 공동 작품이다.

가토 이즈루는 단기금융시장의 현장에서 수십 년간 브로커로 활동

7

했으며, 현재는 시장 전문가들을 위한 정보발신을 하고 있다. 2002년에는 뉴욕에서 FRB 연구를 수행했으며, 저명한 FRB 연구자이자 라이트슨 ICAP의 수석 이코노미스트인 로우 크랜달 씨(FRB 출신)와 다이와 증권 아메리카의 마이클 모런 씨에게서 그 수법을 상세히 전수받았다. 이 책을 쓰는데 있어서도 클랜드르 씨를 비롯해 라이트슨 ICAP에서 많은 조언과 자료를 제공받았다.

야마히로 츠네오는 그린스펀 의장이 '신전'의 문을 열기 시작한 1994년에 워싱턴에 부임한 이후부터 그린스펀 의장의 금융정책을 좇아 왔다. 루빈 재무장관이 취임한 95년에는 일본인으로서는 처음으로 재무부 기자실에 상주하는 영예가 주어져, 이곳을 거점으로 재무부와 FRB를 가까이서 취재할 수 있는 기회를 얻었다. 또 그린스펀 의장이 '설명 책임'을 다하는데 있어 가장 중시하는 의회증언을 현장 취재하고, 의장이 언뜻 흘리는 중요사항을 빠짐없이 기록해왔다. 특히 의회 청문회의 질의응답에는 금융정책의 진실을 발굴하는데 있어서 귀중한 정보가 많이 포함되어 있다.

모든 장에 걸쳐 저자들은 정보교환과 논의를 거듭해 왔기 때문에 장마다 집필책임을 명확히 구별할 수는 없지만, 구성분담을 굳이 구분한다면 제1장 가토, 제2장 가토, 야마히로, 제3장 야마히로, 제4장 가토, 제5장 야마히로, 제6장, 제7장 야마히로, 가토라고 할 수 있다.

목차

버냉키의 금융정책
- 인플레이션 타깃팅의 향방

1. 버냉키의 정책을 읽는 일곱 가지 관점

제14대 FRB 의장에 오른 벤 버냉키는 향후 어떤 자세로 금융정책을 추진해나갈 것인가. 결론의 포인트를 말하자면 다음과 같다.

실리적으로 변모

강연, 논문, 의회 증언 등으로 추측해 볼 때, 그는 과거 자신의 의견을 굽히지 않는 완고한 옹고집형은 아닌 듯하다. 의외로 유연한 '변모'를 보이고 있다.

예를 들면, 버냉키는 한때 디플레이션에 직면한 중앙은행은 헬리콥터로 지폐를 뿌리거나 공개시장조작으로 온갖 자산을 구입해 국민의 디플레이션 기대감을 변화시켜야 한다고 주장하였다(일본은행에 케첩 구매를 권유한 이야기는 유명하다).

그러나 그 후 그는 FRB[주1]의 실무에 정통한 스태프들의 부정적인 견해 등을 참고하면서 미묘하게 톤을 바꾸어 나갔다. 전 FRB 이사였던 로렌스 마이어(Lawrence Meyer)는 2003년 5월 도쿄에서의 디플레이션 대책에 관한 버냉키의 강연을 다음과 같이 논평했다. "지폐를 발행하거나 광범위하게 자산을 구입하는 정책은 어디로 갔는가? 사라져 버린 것이다."[주2]

마이어는 버냉키의 변절을 통렬하게 비꼬았지만, 유연성은 FRB 의장에게는 어느 정도 필요한 자질이다. 이사와는 달리, FRB 의장에게는 항상 정치적인 균형 감각이 필요하다. 유감스럽게도 정론만으로는 통하지 않는 것이다. 아마 버냉키는 실리적이고 현실적인 대응을 보여줄 것으로 예상된다.

그린스펀의 계승자

의회증언 등에서도 강조하고 있듯이, 당장은 기본적으로 그린스펀 시절의 금융정책을 계승할 것이다. 다만 2006년 2월 15일의 의회증언에서 언급했듯이, 서서히 계량(計量) 모델에 의한 분석 쪽에 그린스펀 시대 이상으로 중점을 두게 될 것으로 보인다.

인플레이션 타깃팅은 공감대를 형성하고 나서

의회나 FRB에 반대론이 뿌리 깊어, 인플레이션 타깃팅(중앙은행이 적정 인플레이션 범위를 설정하고 이를 유지하는 방법) 채택은 서두르지 않을 것이다. 또 실제로 채택되더라도 구속력이 약한 '라이트 버전(Light version)'이 될 것으로 예상된다. 이미 의회증언 등에서 표명했듯이 기계적인 규칙과는 완전히 다른 것을 강조할 것이다. 또한 인플레이션율 달성 기간을 명시하지 않고 고용 등 다른 경제지표에도 배려하는 자세를 강조할 것으로 보인다. 의회 내의 반대파의원들을 회유하기 위한 전략으로, 현재 연간 두 번씩 실시하는 인플레이션율 예상 공개 빈도를 높여나가다 자연스럽게 이상적인 인플레이션율을 국민들에게 알릴 가능성도 생각할 수 있다. 따라서 인플레이션 타깃팅이 채택되어도 지금까지의 FRB 정책운영과 근본적으로 다른 것은 아닐 것이다.

투명성 향상을 위한 정보공개

금융정책을 더욱 투명하게 운영하고자 매진할 것이다. 다만 그것이 시장과의 대화에서 일시적으로 마찰을 불러올 우려도 있다. 월 가의 FRB 연구자들과 트레이더들 사이에는 버냉키가 2002~03년에 걸쳐 디플레이션을 지나치게 우려하여 채권시장을 혼란시켰던 '전과'에 대해 우려하는 사람들도 있다. 향후 FRB 내의 논의를 더욱 투명하게 공개해가는 것은 같은 혼란을 초래할 잠재적인 리스크를 내포하고 있다. 그러나 버냉키는 실패 속에서 배워갈 것이므로 몇 번의 혼란은 있겠지만 시장과의 대화가 서서히 성숙해져 갈 것이다.

그린스펀과 다른 시장 철학

그린스펀은 자유시장주의자이지만 월 가에도 오랫동안 관여해온 만큼, 시장은 때때로 불가사의한 가격이 형성될 가능성이 있다는 것을 지적해 왔다. '근거 없는 열광' 발언과 '장기금리의 수수께끼' 발언이 바로 그것이다. 반면, 버냉키 의장은 '금융시장은 막대한 정보를 수집하고 있어, 경제를 배우려는 중앙은행에 풍부한 정보를 제공해준다(2004년 4월 15일)', '(유가급등에 관해) 투기를 한다는 것은 사회적으로 좋은 것이다. 이 같은 투기가 증가함으로써 사회 전체의 후생이 증가할 것이다(2004년 10월 11일)'라며 시장의 가격형성에 최대한 경의를 표하고 있다. 급등한 주택가격도 시장에서의 적절한 가격형성 결과로 간주한다. 또한 장기금리의 하향안정은 세계적인 과잉저축으로 설명가능하며 결코 '수수께끼'가 아니라고 보고 있다. 그런데 시장참여자들은 이와 같은 시장 메커니즘에 대한 깊은 경의를 오히려 겸연쩍게 생각한다. 좋은 결과를 기대하고 한 일이 반대의 결과를 낳는 것은 아닌지, 다소 불안한 면도 있다.

위기관리 능력은 아직 미지수

시장관계자들이 종종 지적하듯이 버냉키의 '위기 관리자'로서의 능력은 아직 미지수이다. 그린스펀 전 의장과 비교해서 버냉키는 금융계의 인맥이 빈약하다. '월 가의 파수꾼'인 뉴욕 연방준비은행 총재가 그것을 보완할 수 있다면 별다른 문제가 없겠지만, 젊은 티모시 가이트너(Timothy F. Geithner)총재(45세)는 윌리엄 맥도너(William McDonough) 전 총재와 같은 카리스마가 부족하다. 맥도너는 1998년의 LTCM(Long-Term Capital Management) 위기 때, 싫어하는 대형은행에 봉가장(奉加帳) 방식의 긴급구제정책을 강요한 수완으로 유명하다(나중에 의회에서 문제가 되었지만).

하지만 그린스펀도 1987년 폴 볼커(Paul Volcker) 의장의 뒤를 이었을 때에는 시장에서 의지할 곳이 없어 보였다. 한편, 가이트너 뉴욕 연방준비은행 총재는 재무부에 있던 시절, 아시아 통화위기 수습 등에 수완을 발휘한 실적이 있다. 이처럼 앞으로 찾아올지도 모르는 위기에 대한 대응은 시금석이 될 것이다.

일본은행의 금융정책에 관한 언급

프린스턴 대학교 교수 시절에 버냉키는 미국 경제계에서 일본은행을 비판하는 데 선봉장이었다. 그러나 FRB 의장이 되면 기본적으로 그러한 발언은 자취를 감출 것이다(때때로 나올지도 모르지만). 중앙은행장이 타국의 금융정책을 공공연히 비판하는 경우는 적다. 중앙은행끼리의 에티켓인 셈이다.

그런데 버냉키 의장은 보스턴 레드삭스의 열성 팬이다(칼럼1 참조). 필자의 관찰에 따르면, 레드삭스의 팬과 일본의 한신 타이거즈 팬들은 정신구조가 매우 비슷하다. 두 팀 모두 절망적일 정도로 오랫동안 우승을 하지 못했음에도 여전히 팬으로 남아 있고, 게다가 돈이 많은 구단(뉴욕 양키스와 요미우리 자이언츠)을 적대시해온 점도 같다. 따라서 타이거즈의 팬인 일본은행의 후쿠이 도시히코(福井俊彦) 총재는 의외로 버냉키 의장과 마음이 맞는 부분이 있을지도 모른다?

우선은 버냉키의 있는 그대로의 모습을 살펴보기로 하자. 앞으로 FRB를 관찰할 때 힌트가 보일 것이다. 2005년 10월 25일~26일의 〈뉴욕 타임스〉에 그의 출생과 성장, 경력이 상세하게 실렸다. 이 기사를 바탕으로 FRB 의장이 되기까지의 궤적을 되돌아보자.

2. FRB 의장 취임까지의 궤적

랍비의 조언이 없었다면 FRB 의장은 탄생하지 않았을 것

벤자민 S. 버냉키(Benjamin S. Bernanke)는 1953년 12월 13일, 약사인 아버지 필립과 교사인 어머니 에드너 사이의 장남으로 조지아 주

오거스타에서 태어났다. 태어난 지 넉 달 만에 할아버지가 경영하는 약국이 있는 사우스캐롤라이나 주 딜론으로 옮겨와 그곳에서 자랐다. 어머니 에드너는 그가 어렸을 때부터 책을 읽어주었다. 그러던 어느 날 갑자기 벤은 "엄마, 나 이 책 읽을 수 있어요!"라고 말했고, 유치원 때부터 독서를 시작했다고 한다.주3

버냉키의 부모는 독실한 유대교도여서 코세르(유대교의 음식에 관한 규율로 돼지, 갑각류, 조개 따위를 먹는 것을 금지하는 것)를 지켰다. 벤은 할아버지에게 히브리 어를 배웠는데, 나중에 그 실력이 굉장해져 그의 아들과 딸이 유대교 성인식을 맞이할 때에는 랍비의 도움을 받지 않고도 능숙하게 진행했다고 한다.

그는 고교시절에 전체 A학점이란 성적을 받았다. 그리고 1971년의 주(州) 대학입시에서는 1,600점 만점에 1,590점으로 1등을 했으며 2주 동안의 유럽여행을 상으로 받았다.

버냉키는 당초 브랜다이스 대학교에 원서를 냈다. 이곳은 유대인 최초의 대법원판사였던 L. D. 브랜다이스의 이름을 딴 유대계 명문 대학교이다. 그가 희망하는 전공은 물리학이었다.

이 무렵 버냉키 집에는 때때로 랍비가 숙박하는 일이 있었다. 딜론의 유대교 예배당이 규모가 작아 상근직 랍비를 고용할만한 여유가 없었기 때문에, 임시로 오는 랍비를 버냉키의 집에서 머물도록 한 것이었다. 어느 날, 버냉키의 집에 머물던 랍비가 버냉키에게 대학진학에 관해 조언을 해주면서 하버드 대학교에 원서를 내면 어떻겠느냐고 그에게 권했다. "브랜다이스 대학교에 원서를 넣을 생각이라면 하버드 대학교에도 넣어 보게."주4

그는 버냉키의 우수성과 가능성을 알고 다른 선택지도 있음을 제시해 주었던 것이다.

처음에는 버냉키의 어머니도 당혹스러워 했으나, 버냉키는 결국 희망 전공을 수학과 경제학으로 바꿔 하버드 대학교에 입학했다. 만약 그 랍비의 조언이 없었더라면 그는 경제학의 길을 걷지도 못했고, 후에 FRB에서 버냉키 의장이 탄생하는 일도 없었을 것이다.

"나는 나를 대공황 마니아라고 생각한다"

버냉키는 1975년에 하버드 대학교를 졸업하고(경제학BA) 1979년 메사추세츠 공과대학(MIT)에서 경제학 박사학위를 취득했다. 또 MIT 재학 중 부인인 안나(현재 스페인 어 교사, 그녀의 부모는 유럽에서 망명해왔다)와 결혼했다.

그 후 1979~85년까지 스탠포드 대학교에서 교편을 잡았고, 85년 부터 프린스턴 대학교 경제학부 교수로 재직했다. 또한 많은 논문과 텍스트북을 발표해 높은 명성을 얻었다.

초기부터 그의 대표적인 논문은 '대공황 분석'에 관한 것이다. 저서 《Essays on the Great Depression(Princeton University Press, 2000)》의 서두에서 그는 이렇게 기술했다. "나의 전공은 거시 경제학이지 경제사가 아니다. 그러나 학계 커리어 속에서 나는 대공황으로 알려진 1930년대의 어지러울 정도로 극심한 경기후퇴 연구를 몇 번이나 해 왔다. 나는 내 자신을 '대공황 마니아'라고 생각한다. 대공황 마니아가 왜 이렇게 적은지는 나도 불가사의다. 대공황은 황당하리만큼 드라마틱한 에피소드인데도 말이다."

시장에서는 그가 대공황 연구에 매력을 느낀 것이 유대계 역사에서 영향을 받았기 때문이 아닐까 하는 관측이 있다. 대공황은 나치독일을 발흥시킨 불행한 요인 중 하나였기 때문이다.

프린스턴 대학교 경제학부에서는 6년 동안 학부장을 맡았다. 그의 관리능력은 주장이 강한 많은 학자들을 겸허한 자세로 능숙하게 이끌어갔다는 점에서 높이 평가받고 있다. 한 동료 교수는 "버냉키는 프린스턴에서 남의 이야기를 가장 잘 들어주었다."라고 말했다.주5 따라서 향후 FOMC(Federal Open Market Committee ; 연방공개시장위원회)의 논의를 통합해 가는 데 그 기술을 발휘할 것으로 생각된다.

또 알려진 바와 같이, 버냉키는 금융정책에서 인플레이션 타깃팅의 유효성을 주장하며, FRB도 해외 중앙은행처럼 이를 채택해야 한다고 제안하고 있다. 프레드릭 S. 미쉬킨, 애덤 S. 포젠 등과의 공저 《Inflation Targeting(Princeton University Press, 1999)》는 다방면에 큰 영향을 주었다.

"깜짝 놀랐다. 버냉키가 공화당 지지자였다니!"

2002년 8월 5일, 버냉키는 부시 대통령의 지명을 받아 FRB 이사에 취임했다. 대통령경제자문위원회(CEA) 의장이었던 하버드 대학교의 글렌 허버드 교수가 강력히 추천한 것이라고 한다. 당시 버냉키는 경제학자로서 세계적인 명성을 얻었으나, 백악관 관료들에게는 다소 생소한 인물이었다고 한다.주6

버냉키와 《Principles of Economics(2001)》를 공저한 코넬 대학교의 로버트 H. 프랭크 교수는 "FRB 이사 임명 소식을 들었을 때, 민주당 지지자를 지명하다니, 부시가 흥미로운 행동을 하는군!" 하고 생각했다고 한다. 그러나 잠시 후 "나는 깜짝 놀랐다. 그가 공화당 지지자였다니! 함께 일도 했는데 전혀 몰랐다."고 한다.[주7]

버냉키의 오랜 친구로 다수의 논문을 공저한 뉴욕 대학교 M. L. 가틀러 교수(젊은 시절 버냉키 부부와 한집에서 살았으며, 부인 안나가 직접 만든 요리를 먹었다. 제2장에 논문을 인용)도 이렇게 말한다. "그가 쓴 글을 읽어도 그가 어떤 정당에 속해 있는지를 판단할 수 없다." 친한 친구조차 최근까지 버냉키가 공화당 지지자였다는 사실을 몰랐다고 한다. "그는 이데올로기적인 인간이 아니다. 그는 클린턴 정권에서도 경제학자로서 일할 수 있었으리라 생각한다."[주8]

버냉키는 정치적 주장이 엷을 뿐 아니라 공화당에서도 민주당에서도 거부감을 갖지 않는 유연한 입장을 취할 수 있을 듯하다. 이러한 경향은 FRB 의장으로서 앞으로의 발언에도 드러날 것으로 예상된다. 단, 정부나 의회가 금리인사을 강하게 반대하는 상황이 전개될 경우, 그가 어떻게 조정할 수 있을 지가 현 시점에서는 미지수이다.

칼럼1》》 버냉키는 레드삭스의 열성 팬

FRB 간부 중에는 스포츠를 좋아하는 사람이 많다. 그린스펀은 일주일에 두 번씩 테니스를 쳤고, 미식축구도 좋아해서 워싱턴 레드스킨즈의 오너스 박스에서 관전하는 모습이 종종 목격되었다.

한편 버냉키는 스쿼시(최근에는 팔꿈치가 아파서 그만둔 듯하다)

와 농구를 좋아해 FRB 본부 빌딩에 있는 코트에서 이러한 운동을 즐겼다고 한다. 또 그는 보스턴 레드삭스의 열성 팬이기도 한데, 보스턴에서 오랫동안 학창시절을 보낸 것이 계기가 되었다(하버드, MIT는 보스턴에 있다). 또한 버냉키의 야구에 대한 열정은 거의 '마니아' 수준이다. 경제학자로서 경제 분석을 해온 것처럼 야구 데이터를 분석하는 것이 취미일 정도이다. 무슨 일이든 한 가지에 열중하는 습성이 있는 듯하다.

메이저리그에서는 투수의 평가기준으로 승수와 탈삼진, 방어율이 중시된다. 이 중에서 버냉키는 방어율이 불합리하다고 주장한다. 주자를 남기고 투수가 교체되었을 때 타자가 구원투수의 볼을 쳐 선행 주자가 홈에 들어오면, 그 점수는 교체되기 전의 투수 몫이 된다. 구원투수진이 무기력하면 우수한 선발투수라 해도 그 평가가 제대로 이루어지지 않는 경우가 있다. 버냉키는 그 불공정함을 참을 수가 없는 모양이다.

그는 투수가 교체될 때 주자는 어느 베이스에 있었는지, 아웃 카운트는 얼마였는지 등과 같은 점을 고려해 책임을 나누어야 한다고 주장한다. "그는 항상 말했다. '우리는 이 문제의 해결책을 찾아내야 한다.'"라고 프린스턴 대학교의 D. M. 제퍼 교수는 회상한다. 한편 최근 버냉키는 워싱턴이 연고지인 내셔널즈의 팬이기도 하다(참고 : 뉴욕 타임스 2005년 10월 26일자).

FRB에서 백악관으로

FRB 이사로 취임한 버냉키는 강연에서 광범위한 경제문제를 경이적인 속도로 잇달아 거론하며 시장에 대량의 정보를 공개했다.

2002년부터 03년 전반기에는 미국경제의 디스인플레이션 경향을 우려하여, 디플레이션에 빠졌을 때의 금융정책에 관한 자극적인 발언을 빈번하게 반복했다. 이 시기에 워싱턴의 관계자들 사이에서는 그에게 '헬리콥터 벤'이라는 닉네임을 붙여 야유하는 것이 유행했다. 헬리콥터에서 중앙은행이 돈을 뿌리면 디플레이션에서 벗어날 수 있다는 경제학상의 사고실험이 있다. 버냉키는 이를 디플레이션 대책으로 주장하였기 때문에 사람들에게 강렬한 인상을 주었다. 그린스펀 이외의 FRB 이사들 중에서 버냉키의 존재감이 두드러진 것은 틀림없는 사실이다. 2004년경부터 월 가나 언론에서는 차기 의장 후보 중의 한사람이라는 평판이 서서히 나오기 시작했다.

2005년 봄, 조지 부시 대통령은 버냉키를 대통령경제자문위원회(CEA) 의장으로 임명했다. 이를 두고 시장에서는 백악관이 그를 차기 FRB 의장으로 취임시키기 위한 준비라고 해석하는 목소리가 지배적이었다. 워싱턴에서의 정치 경험이 적은 버냉키에게 백악관의 역학을 경험하게 하려는 배려라는 것이다. 버냉키 본인도 백악관 입성을 열망하고 있었던 듯하다. 그런데 한 정권실세는, 당시 후임 FRB 의장에 대해서는 전혀 고려되지 않았다고 한다. 버냉키가 백악관에 들어가게 된 것은 전적으로 대통령 고문직을 끝내고 하버드 대학교로 돌아간 N. 그레고리 맨큐(N. Gregory Mankiw)가 추천했기 때문이라고 한다.주9

차기 FRB 의장으로 임명되다

2005년 10월 4일. 부시 대통령은 그린스펀 의장의 후임에 관해서, "임명될 사람은 그 업무를 잘 해낼 수 있고, 또한 독립적인 인물이다."[주10] 라고 말했다. 그리고 10월 24일, 대통령은 버냉키를 2006년 1월 말에 임기가 끝나는 그린스펀 의장의 후임으로 지명했다.

버냉키가 임명되자 월 가의 관계자들은 환영했다. 그들 대부분은 '부시 대통령이 연줄인사를 하지 않아서 다행이다.' 라고 안도했다. 부시 정권은 그 전까지 대통령 선거에서 공을 세운 측근들에게 정부의 요직을 나누어주었다. 만약 대통령이 FRB 의장이라는 요직을 '친구'에게 맡겨 버린다면 세계경제는 혼란에 빠질 것이기 때문이다.

하지만 수면 밑에서는 우여곡절이 있었던 듯하다. 워싱턴과 월 가에서 떠돌던 관측과 〈뉴욕 타임스〉 등의 보도를 종합해 보면, 다음과 같은 흐름이 있던 듯하다.

그린스펀 전 의장은 '오른팔' 콘 이사를 추천?

시장에서 공황이나 위기(예를 들면 1987년의 블랙 먼데이나 98년의 LTCM 위기)가 발생했을 때에 믿음직스럽게 대처할 수 있는 '위기관리자'라는 관점을 중심으로 면접을 진행한 백악관의 고관들 사이에서는 버냉키에 대한 평가가 그리 높지는 않았다고 전해진다. 이 때문에 그의 대항마로서 데이비드 멀포드 주 인도대사(전 재무차관 국제문제 담당)나 로버트 글라우버 NASDA(The National Association of State Departments of Agriculture) 위원장(전 하버드 대학교 교수)의 이름도 한때 언론에서 거론되었다.

또 부시 정권을 지탱해 온 서플라이 사이드* 중시파는 버냉키보다 R. G. 허버드나 마틴. S. 펠드슈타인을 지지하고 있었다. 또한 앨런 그린스펀 FRB 의장은 오랫동안 그의 오른팔이 되어 온 도널드 L. 콘 FRB 이사를 차기 의장으로 추천했다고 한다.[주11]

그렇지만 부시 정권은 10월 중순에 위기적 상황에 직면해 있었다. 9월에 미국을 강타한 허리케인 카트리나 피해지원정책은 여론의 강한 비판을 받았다. 또 대법원 판사로 '텍사스 인맥'인 할리 H. 마이어즈(그녀는 판사경험이 없다)를 지명해 민주당뿐 아니라 여당인 공화당 내에서도 많은 비판을 받았다. 부시 대통령은 이 시점에서 새로운 재난에 휩싸이고 싶지 않았다. 그래서 대통령 자신과 그의 측근들이 만족할만한 인물보다는, 월 가나 의회가 민족하고 부시 정권에 대해 좋은 인상을 줄 수 있는 인물이라는 관점에서 버냉키를 FRB 의장으로 지명했다고 한다.[주12]

제14대 FRB 의장 취임을 정식으로 승인

2005년 11월 15일, 상원 은행위원회에서 버냉키 씨의 FRB 의장 취임을 심의하는 청문회(Nomination hearing)가 열렸다. 상원의원들에게 인정을 받아야만 FRB 의장이 될 수 있다. 인플레이션 타깃팅에 반대하는 의원들과의 마찰을 극력 피한 결과(후술), 버냉키는 무사히 그들의 지지를 얻을 수 있었다.

그리고 2006년 1월 31일, 그린스펀 의장이 퇴임하는 날 상원 본회

---

*서플라이 사이드(supply-side) : 경제회복과 인플레이션 억제를 위해 감세나 기업의 투자확대 촉진법을 만들어 공급을 증가시킬 필요가 있다는 이론

의는 구두 표결로 벤 버냉키의 제14대 FRB 의장 취임을 정식으로 승인했다. 찬성이 명확하게 다수였기에 구두 표결을 실시한 것이다.

반대는 짐 버닝 의원(공화당 켄터키 주) 한 사람뿐이었다. 버닝 의원의 이색적인 발언을 소개해볼까 한다. "그린스펀 의장은 항상 금리를 너무 인하해서 실패했었다. 역사가 이를 증명하고 있다. 나는 최근 1년 이상 FRB에 대해 크게 우려하고 있다. FOMC는 집단사고에 빠져있어 그 누구도 의장에게 도전하지 않는 것 같다. 버냉키의 커리어는 매우 훌륭하게 들린다. 그러나 이는 악몽이 될 수도 있다. 나는 그가 상아탑의 이론을 너무 많이 거론하지 않기를 바란다. 버냉키 박사가 그린스펀의 정책을 계속할 필요가 있다고 생각한다는 점은 참으로 난감하다. 이는 올바르지 못하며 비참한 일이 될 것이다."[주13]

의장을 포함한 FRB 이사들은 연 1회, 근친자를 포함해 금융자산을 공개해야 한다(주거용 부동산 등 이익이 발생하지 않는 자산은 제외. 따라서 금융자산이 대부분임). 로렌스 마이어 전 FRB 이사는 그의 회고록에서 이사로 취임했을 때 깜짝 놀랐다고 한다. "내 자산가치가 공개정보가 되고, 게다가 투자 스킬도 대중에 공개된 것이다." 예금, 채권, 투자신탁, 연금 등 투자대상의 구체적인 이름까지 밝혀진다. 파이낸셜 마켓 센터는 매년 각 이사들의 보유자산 총액을 공개정보를 바탕으로 열심히 집계하고 있다. 이에 따르면, 2005년 9월에 공개된 2004년 말의 그린스펀 의장의 보유자산(부인 보유분도 포함)은 추정하한 10만 달러, 추정상한 890만 달러였다(각 자산의 금액이 상품별로 폭으로 표시되어 있어 폭 하한을 합계한 것이 추정하한, 상한을 합계한 것이 추정상한이 된다). 그는 금융자산의 95~96%를 단기국채(T-Bill)에 투자하고 있었다. 이율은 낮지만 엉뚱한 오해를 받고 싶지 않았을 것이다.

FRB 이사들 중 최고의 자산가는 수잔 S. 바이스이다. 그녀는 전직이 퍼스트 테네시 은행의 간부였다. 이사에 취임하기 전해인 2001년 말에는 추정하한 750만 달러, 추정상한은 3,050만 달러. 그러나 이사가 되면 FRB가 감독하는 은행의 스톡옵션 등을 보유할 수 없다.

그 후 이를 처분하고 공개대상 외의 자산으로 이동한 듯, 2004년 말의 보유자산은 추정하한 710만 달러, 추정상한 1,760만 달러가 되었다.

도널드 콘 이사는 다른 이사와는 달리 FRB 스태프에서 단계를 밟아 이사가 되었다. 그래서인지 이사들 중에서는 자산이 가장 적다. 추정하한 50만 달러, 추정상한 130만 달러였다(다음 장의 그래프는 추정상한과 추정하한의 중간치를 나타내고 있다).

신임 버냉키 의장의 보유자산은 2003년 말 시점에서 추정하한 120만 달러, 추정상한 560만 달러이다. 대부분이 퇴직연금 계좌에 있다.

인베스터 비즈니스 데일리 사가 그의 자산배분에 대해 투자고문회사에 의뢰하여 분석한 결과, '버냉키의 자산배분은 채권과 주식이 반반씩이며, 보수적'이라고 나왔다. 본인에게는 쓸데없는 참견으로 여겨지겠지만, 지갑 속까지 애널리스트들에게 감시받는 것이 FRB 의장의 숙명이다. 또한 버냉키는 CEA 의장 취임 전에 뉴저지 주 몬트고메리 타운십에 소유하고 있던 자택을 63만 달러에 매각하고 워싱턴에 83만 9,000달러짜리 집을 새로 구입했다고 〈뉴욕 타임스(2005년 10월 25일자)〉는 보도했다.

　참고로, FRB 의장의 연봉은, 2006년도에는 18만 3,500달러(전년 대비 3,500달러 인상)이며, 부의장을 포함한 다른 이사들은 16만 5,200달러이다. 그린스펀 전 의장은 퇴임 직후 몇 주 동안 연거푸 강연을 해, 수십만 달러를 벌었다고 보도되었다. 2006년 2월 7일 대형 증권회사가 주최한 만찬회(청중은 중요고객 15명)의 강연료는 25만 달러였다고 한다(〈뉴욕 포스트〉 2006년 2월 9일자).

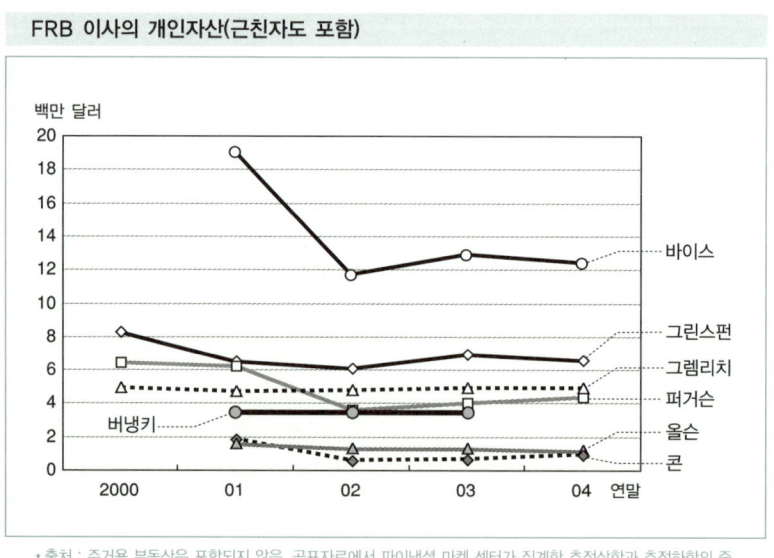

FRB 이사의 개인자산(근친자도 포함)

• 출처 : 주거용 부동산은 포함되지 않음. 공표자료에서 파이낸셜 마켓 센터가 집계한 추정상한과 추정하한의 중간치를 뽑았다.

3. 인플레이션 타깃팅에 대한 반대가 잇따른 상원 청문회

2005년 11월 15일의 상원 청문회에서 있었던 버냉키의 증언을 검증해보자. 의회에서의 발언은 매우 중요한 의미를 지닌다. 그린스펀조차 실적을 올리기까지는 의회에 대한 대책으로 고생했다. 이 자리에서 버냉키의 발언은 향후 수년간 그의 금융정책 스타일을 어느 정도 결정하는 것이다. 신참 의장이 갑자기 상원과 대립하는 것은 리스크가 크다.

또 상원에서 의원과 FRB와의 긴장관계는 그 실태가 그다지 알려져 있지 않다. 각 의원들의 발언을 상세하게 살펴보는 것은 시장참여자들에게도 참고가 될 것이다.

FRB 의장에게 경의를 표하는 상원의원

이 청문회에서 리처드 셸비(공화당, 앨라배마 주) 위원장 외에 12명의 상원의원 중 대다수가 FRB 의장직의 영향력이 크다는 점에 먼저 경의를 표했다.

- 셸비 위원장 : 우리는 FRB 의장의 승인이라는 매우 중요한 일을 위해서 이 자리에 모였다. 의회가 새로운 의장을 승인하는 것은 과거 20년 동안 없었던 일이다.

- 크리스 도드 의원(민주당, 코네티컷 주) : FRB 의장직은 모든 국민의 생활에 있어서 매우 중요하다. 이 포지션은 워싱턴에서 두 번째로 파워풀하다고 한다.

전반적으로 위원회 내에서는 청문회 시작부터 버냉키를 환영하는 분위기였다. 그러나 능수능란한 의원들은 다음과 같이 수많은 질문과 견제의 발언을 버냉키에게 퍼부었다.

"백악관에서 독립할 수 있는가?"

민주당 의원들은 버냉키에게 백악관에서 독립할 것을 강하게 요구했다. 앞서 말한 바와 같이, FRB 의장의 판단은 미국 경제에 큰 영향을 줄 수 있기 때문에 FRB 의장이 백악관에 순종한다면 야당에는 위협이 되기 때문이다.

• 토머스 카퍼(민주당, 델라웨어 주) : 당신은 대통령을 위해 일해 왔다. 그리고 대통령에 의해 CEA에 임명되었다. 이번에도 역시 대통령에 의해 FRB 의장으로 임명되었다. FRB 의장으로 승인되면 당신이 백악관으로부터 독립하는 것은 매우 중요하다.

• 폴 S. 사베인스 의원(민주당, 메릴랜드 주) : FRB 이사의 임기가 14년으로 긴 것은 정부의 압력이 닿지 않도록 하기 위해서이다.

• 도드 의원(민주당) : 가장 중요한 것은 위기에 직면했을 때 시장이 FRB 의장을 신뢰할 수 있는가 하는 점이다. 신뢰를 높이기 위해서는 대통령과 정권으로부터 독립할 필요가 있다. 특히 당신처럼 대통령에게 지명 받은 사람이라면 더욱 그러하다.

• 팀 존슨 의원(민주당, 사우스캐롤라이나 주) : FRB 의장은 백악관 정책에 대한 응원을 그만두고, 투명성 높은 정책판단을 위해 독립성과 신인도를 유지해야 한다.

• 잭 리드 의원(민주당, 로드아일랜드 주) : CEA 위원장이 되기 전 버냉키 박사는 정치적으로 독립된 존경받는 경제학자였다. 나는

당신이 FRB 의장이 되어서도 그 명성을 유지할 수 있기를 바란다.

　• 스타베노우 의원(민주당) : 당신이 FRB 의장으로서 주체성 있는 사람이 되어 정책에서 독립할 수 있을 것인가는 나와 미시건 주 사람들에게 매우 중요하다.

　반면, 웨인 얼라드 의원(공화당, 콜로라도 주) 등 공화당계 의원들의 표현은 전혀 달랐다.

　"버냉키 박사는 CEA 위원장으로서 공공에 대한 봉사를 계속하고 있으므로, 나는 그의 승인을 지지하고자 한다."

버냉키 증언 텍스트

　이러한 질문에 대답하는 형태로 버냉키는 사전에 준비한 텍스트를 읽었다.

　▷ 최우선 과제로서 그린스펀의 금융정책과 전략을 계승할 생각이다. 금융정책은 주의 깊고 유연하게 실행해야 한다. 그린스펀 의장의 리스크 매니지먼트 정책은 경제에 일어날 수 있는 리스크에 대한 세련된 판단을 필요로 하며, 동시에 새로운 정보나 예기치 못한 변화에 신속하게 반응할 수 있는 유연성을 필요로 한다.

　▷ 그린스펀 의장 시절에 시장에 대한 금융정책의 투명성이 높아졌다. 이러한 추세를 나는 강하게 지지한다. 정책결정 과정에서의 투명성은 정책결정권자와 외부의 대화 구축을 촉진함으로써 Accountability(설명 책임)를 극적으로 높인다. 그리고 그것은 금융시장에서의 불확실성을 낮춘다. 또 공공의 장기적인 인플레이션 기대를 확실하게 진정시키는 것을 돕는다. 이는 내가 논의해 온 것과

같이 경제의 성장과 안정을 촉진시킨다.

▷투명성 향상을 위한 첫걸음은 FOMC가 인플레이션율과 그 범위를 수치로 발표하는 것이다. 현재 세계의 많은 중앙은행들이 실천하고 있는 것이다.

▷가장 중요한 점은 이 스텝이 정책목표인 고용 최대화의 중요성을 저하시키는 것이 절대 아니라는 점이다.

▷나는 장기적인 물가안정의 정의를 수치로 나타내는 것을 어떠한 경우에도 성급하게 추진하지 않을 것을 이 위원회에서 약속한다. FRB에서 더 많은 연구, 논의, 조사가 필요하다. 그러한 단계(바람직한 인플레이션율 공표)가 물가안정과 고용 최대화의 달성이라는 '두 가지 사명'을 충족시키기 위한 FOMC의 능력을 높인다는 컨센서스가 형성되었을 때에만 행동을 취할 생각이다.

가장 흥미로웠던 점은 버냉키가 인플레이션 타깃팅 도입에 의욕을 나타내면서도 이 텍스트에 '인플레이션 타깃팅'이라는 단어를 한 번도 사용하지 않았다는 점이다. 백악관 관계자들과 면밀하게 협의한 결과로 생각된다. 버냉키는 승인심의에서 의회와의 마찰을 최대한 피하려 한 듯 하다. 만약 '인플레이션 타깃팅을 채택해 이를 엄격하게 운용하는 것이 나의 지론이다.'라고 발언했다면 위원회는 들고일어났을 것이고, 승인심사는 수습이 어려웠으리라 생각된다.

상원의원들이 요구하는 '두 가지 사명'

민주당을 중심으로 많은 상원 의원들이 버냉키의 지론인 인플레이션 타깃팅에 대해 설명을 요구하고 있다.

연방준비법이 FRB에 부과하는 두 가지의 중요한 사명은 '고용 최대화와 물가안정'이다. 의원들이 가장 문제시하고 있는 것은, '물가안정'을 최우선으로 하는 것처럼 보이는 인플레이션 타깃팅이 연방준비법에 반한다는 해석이다.

• 도드 의원(민주당) : FRB 의장이 성공하기 위해서는 FRB가 두 가지 사명의 균형을 잡을 필요가 있다.

• 폴 S. 사베인스 의원(민주당) : FRB에는 물가안정과 최대고용이라는 두 가지 사명이 있다. 실업률이 일정수준 이하로 내려가면 인플레이션율이 올라간다는 이론이 있었다. 그래서 FRB는 인플레이션 징후가 명백히 보이기 전부터 금리를 인상해 왔다. 현재 실업률은 5%이지만 인플레이션율을 올리지 않고 실업률을 4%로 낮추는 것은 가능하다. 고용은 경제정책에 있어 매우 중요하기 때문에 나는 버냉키 박사와 함께 이를 탐구할 것을 간절히 바라고 있다.

• 리드 의원(민주당) : 버냉키 박사는 그린스펀 시절의 인플레이션 제어와 시장의 안정을 유지하겠다고 표명했다. 이는 FRB가 복수의 목표를 추구하면서도 유연성을 유지하는 것을 의미하는 것이기를 바란다. 경제 환경의 변화에 대응하기 위해서는, 고착화되어 미리 정해진 정책 룰보다는 그 같은 정책이 낫다.

• 엘리자베스 돌 의원(공화당, 노스캐롤라이나 주) : FRB에는 최대고용, 물가안정, 안정된 장기금리라는 목표점이 부과되어 있다. 우리 노스캐롤라이나에서는 고용증가가 완만하다. 노스캐롤라이나에서는 계속해서 섬유, 가구와 같은 전통산업이 실업을 낳고 있다(단,

그녀의 경우에는 버냉키를 노스캐롤라이나 지방의 '동향인'으로 보고 있어 견제 표현은 부드러웠다).

공화당 의원들은 전반적으로 버냉키를 막다른 곳에 몰아넣는 듯한 질문은 하지 않았다. 백악관의 요청에 의해서일 것이다. 얼라드 의원(공화당)은 다음과 같이 말했다. "나는 버냉키 박사가 인플레이션과의 싸움과 FRB 투명성 향상의 중요성을 지적한 점을 응원하고 싶다."

인플레이션 타깃팅에 반대하는 의원들의 대부분은 그것이 FRB의 '인플레이션 파이터' 경향을 강화시키는 재료가 되지 않을까 경계하고 있다. 지역 선거구의 고용을 중시하고 있는 그들의 입장에서 본다면, 어느 한 인플레이션 지표의 상승을 구실로 잇달아 금리가 인상된다면 참을 수 없을 것이다. 공화당 의원들도 정권이 바뀌면 뉘앙스가 달라질 것이다.

이러한 미국 의회에서의 논의를 살펴보면, 가령 일본은행이 인플레이션 타깃팅을 채택해 이를 근거로 금리인상을 하겠다고 말한 순간 몇 명의 국회의원들이 이를 지지할 것인지 의문스럽다.

충돌회피를 가장 우선시한 답변

앞서 말했듯이, 연방준비법이 FRB에 요구하는 두 가지 주요 사명은 '고용의 최대화와 물가안정'이다. 다만, 최근 FRB 내의 컨센서스는 '먼저 물가안정을 추구함으로써 고용의 최대화를 실현할 수 있다'는 해석 쪽으로 기울고 있다(예를 들면, 세인트루이스 연방준비은행의 윌리엄 풀 총재, 2005년 11월 17일 강연).

버냉키도 같은 견해일 테지만 아래에서 알 수 있듯이, 사베인스 의원(상원 은행위원회의 민주당 최유력자)과의 질의응답에서는 자신의 입장을 의원들에게 이해시키려 하기보다는 어떻게든 충돌을 피해 의장 취임 승인을 얻어 내려는 입장으로 기울어 있었다. 그러한 점에서는 실용주의적인 인물이다. '버냉키는 학자이기 때문에 기존의 지론을 끝까지 관철시키려 할 것이다'라는 이미지를 갖고 있는 시장관계자가 있다면 그에 대한 인상이 변할 것이라 생각한다.

• 사베인스 의원 : 당신은 2000년에 〈월 스트리트 저널〉에 다음과 같이 썼다. '그린스펀이 물러날 때 무슨 일이 일어날 것인가?' 당신은 확실히 앞을 내다보고 있었던 것이다(웃음). 그 기사에서 당신은 다음과 같이 말했다. '최적의 방책은 인플레이션 타깃팅으로 알려져 있는 프레임 워크다. 인플레이션 타깃팅은 일본을 제외한 주요 경제의 거의 대부분이 채택하고 있다.'

유럽 중앙은행(ECB)은 인플레이션 타깃팅을 이용하고 있으며 2%로 목표를 설정하고 있다. 세 가지 차트를 보여드리겠다. GDP성장률은 유럽보다 미국이 좋다. 인플레이션율도 우리 쪽이 좋다(낮다). 실업률도 미국이 유럽보다 낮다.

스탠더드 앤드 푸어스(S&P)의 수석 이코노미스트가 몇 주 전에 발표한 리포트에는 'ECB의 경험은 사람들에게 인플레이션 타깃팅에 관한 자신감을 그다지 주지 않는다'라고 되어 있다.

유럽에서의 인플레이션 타깃팅이 우리의 퍼포먼스보다 심한데 왜 당신은 그 길을 통과하려 하는가?

• 버냉키 : 확실히 과거 10년 이상 미국경제의 퍼포먼스는 유럽경제를 웃돌고 있다. ECB의 정책은 내가 주장하는 정책과 매우 중요한 점에서 다르다. ECB의 사명은 '물가의 안정' 뿐이다. 다른 문제들은 물가안정이 달성되는 범위 내에서 고려된다.

• 사베인스 의원 : 그것을 당신은 어떻게 생각하는가?

• 버냉키 : 절대 찬성할 수 없다.

• 사베인스 의원 : 좋다. 전 FRB 이사인 에드워드 그램리치는 인플레이션 타깃팅으로 향하는 모든 움직임에는 의회의 승인이 필요하다고 했다. '인플레이션 타깃팅을 공식적으로 채택할지 여부의 판단은 FRB가 마음대로 하는 것이 아니다. 의회가 연방준비법을 바꾸기 전까지 FRB는 현재의 목표(주로 최대고용과 물가안정)를 추구한다.' 당신은 그램리치 이사의 말에 찬성하는가?

• 버냉키 : 그의 전제에 약간은 동의할 수 없다. 전에도 말했듯이 나는 험프리 호킨스 법이 정한 사명(최대고용과 물가안정)에 전적으로 동의한다. 그 목적을 바꾸는 정책을 제안할 생각도 없다. 인플레이션 타깃팅은 목적의 변경이 아니라 기초적인 조작수단의 변경이므로 법률개정을 필요로 하지 않는다. 왜냐하면 나는 FRB의 사명을 변경하는 것에는 관심이 없기 때문이다.

• 사베인스 의원 : 물론 당신이 일방적으로 그것(법 개정에 의한 FRB 사명의 변경)을 할 수는 없다. 의회에 오지 않는 한 당신은 그것이 불가능하다는 말인가?

• 버냉키 : 법률을 바꾸기 위해서라면 확실히 그렇다.

• 사베인스 의원 : Yes, yes. 많은 사람들이 ECB는 인플레이션 타

깃팅을 유일한 목적으로 채택했다고 생각하고 있다. 그리고 이는 미국보다 인플레이션율이 특별히 개선되어 있지 않은데도 경제성장에 손실을 초래하고 실업을 유발하고 있다고 생각한다.

· 버냉키 : 상원의원 여러분, 나는 그 목적에는 반대한다. 나는 '두 가지 목적'이 바르다고 생각한다.

· 사베인스 의원 : OK.

익숙한 솜씨의 상원의원들과 이렇게 얘기한다는 것은 두려운 일이다. 버냉키는 FRB 이사 시절, 인플레이션 타깃팅이라고는 해도 고용을 배려할 생각이 있다고 유연한 자세를 비춰왔는데, 이 '유도 심문'에 의해 앞으로는 그 점을 좀 더 명확하게 표현할 필요성이 생겼다고 말할 수 있다.

다짐받은 재정정책에 대한 발언

버냉키 의장은 당분간은 재정정책에 대한 발언을 삼갈 모양이다. 얼라드 의원(공화당)은 그 입장을 지지하며, "채무나 적자의 최종결정권은 당연히 대통령과 의회에 있다는 것을 버냉키 박사가 인식하고 있다는 점을 나는 높이 평가한다."라고 말했다.

한편 민주당 의원들은 그린스펀 의장이 2001년에 부시 정권의 감세정책을 지지한 것을 강하게 비판했다. 버냉키도 같은 실수를 범하지 않도록 견제하는 목소리를 냈다.

· 리드 의원(민주당) : 그린스펀 의장의 금융정책 관리능력은 매우 훌륭했지만 2001년의 감세정책을 정당화한 것은 문제다.

• 존슨 의원(민주당) : 당신의 전임자는 매우 많은 공적을 남겼지만 의회의 세금정책 논의에 개입한 일(감세를 지지한 일)은 비판을 받았다. 개입 결과 큰 재정흑자가 오늘날의 방대한 재정적자를 초래했다.

그들의 발언 모습을 살펴보면 부시대통령이 펠드슈타인이나 허버드를 FRB 의장으로 임명했다면(그들은 감세정책의 설계자 또는 지지자였다) 민주당 의원들의 반발이 극심했을 것이다. 인플레이션 타깃팅에 대한 반대 정도가 아니었을 것이다. 이 점에서 부시 정권이 버냉키를 임명한 것은 무난한 선택이었다는 것을 알 수 있다.

반대파 의원들의 회유가 당면과제

2006년 1월 31일, 상원 은행위원회는 찬성 다수로 버냉키의 FRB 의장 취임을 결정했다. 동 위원회에서 민주당의 가장 유력자인 사베인스 의원은 이날도 버냉키에게 다짐을 두었다. "우선 FRB의 두 가지 사명에 경의를 표하며, FRB가 이를 인플레이션 타깃팅으로 전환하지 않는다는 것이 중요하다고 나는 강조하고 싶다."

부시 정권의 지지율이 떨어진 만큼, 앞으로의 선거에서 민주당이 힘을 얻을 가능성이 크다. 제6장에서 보듯이, 그린스펀과 같이 '마에스트로'라 불릴 정도의 신임을 얻는다면 의원들도 그 위세를 빌리기 위해 영합적인 태도를 취하게 될 것이다.

그러나 신임 의장인 버냉키로서는 상원 은행위원회를 회유하는 것이 당면과제가 될 것이다. 원래 정치적 주장이 엷은 버냉키인 만큼,

요령껏 처신하는 것은 가능하겠지만 그린스펀과 같은 '장인적 기술'
을 익히는 데에는 한동안 시간이 걸릴 것이다.

칼럼3 》》》 세계의 인플레이션 타깃팅 채택국가의 실제

    높은 인플레이션율에 허덕이는 국가들의 중앙은행은 1990년대에
인플레이션 목표를 세우게 되었다. 그 틀과 실제 운용은 나라마다 각
기 다르다. 에드윈 M. 트루먼의 《Inflation Targeting in the world
economy (2003)》에 따르면 인플레이션 타깃팅을 채택한 세계 22개
국 중 목표로 삼는 인플레이션율의 달성기간(time horizon)을 정한 나
라는 13개국이나 된다. 목표를 실현하지 못하면 중앙은행에 벌칙을
부과하는 국가도 많다. 또한 인플레이션율이 목표를 일탈한 경우 이
를 의회에 설명해야 하는 나라도 있다(영국 등). 달성시기를 명시하
는 나라의 대부분은 1~2년 후의 미래의 인플레이션율을 목표로 삼고
있다.

    최근에는 영국이나 호주 등 많은 나라에서 주택가격 급등현상이
발생했다. 주택가격은 인플레이션 목표에 들어가지 않기 때문에 인
플레이션 타깃팅과 주택 붐의 정합성(整合性)에 대해 고민하는 나라
가 증가하고 있다(제2장 참조). 최근의 전반적인 경향을 관찰해 보면
인플레이션 타깃팅을 오래 운용할수록 당초 계획했던 인플레이션율
에 대한 '엄격함'이 옅어지며 운영이 유연해지는 경우를 많이 볼 수
있다(뉴질랜드에서는 인플레이션율이 목표에서 일탈하면 중앙은행

총재가 파면될 수도 있지만, 실제로는 여러 가지 이유로 파면되지 않는다). 현재 중앙은행은 인플레이션율의 안정 이외에도 성장률, 외환 시세, 주택버블 등을 고려해야 하는 다양한 문제를 안고 있다. 그래서 기계적 규칙과 같은 인플레이션 타깃팅을 실행하고 있는 국가는 실제로는 존재하지 않는다.

목표로 삼는 인플레이션율은 ①정부가 결정하는 경우 ② 중앙은행이 결정하는 경우 ③ 양자의 협의로 결정되는 경우가 있다. 주의할 점은 정부가 결정하는 경우에는 일반적으로 정부도 자연히 그 목표에 대해서 책임을 지게 된다. 예를 들면 정부가 인플레이션율을 낮추고 싶다고 생각할 경우에는 이와 비정합적인 정부지출확대(공공사업 확대나 공무원 급여인상 등)를 억제하게 된다. 현재의 일본처럼 정부는 재정재건을 위해 지출삭감 등 디플레이션적 재정정책을 지향하면서, 다른 한편으로는 가령 일본은행에 인플레이션율 인하를 명령하는 인플레이션 타깃팅이 실시된다면, 해외 운용예와 비교할 경우 매우 드문 케이스가 될 것이다.

ECB(유럽중앙은행)는 '플러스 2% 미만'이라는 목표를 내걸고 있다. ECB는 이를 '물가안정의 정의(Definition of price stability)'라고 이름 붙이고 인플레이션 타깃팅이라고는 부르지 않는다. 그러나 연구자나 시장참여자들 사이에는 이를 광의의 인플레이션 타깃팅이라고 보는 사람들이 많다. 일본에서 'ECB는 인플레이션 참조 수치를 채택하고 있다'는 말을 듣는 경우가 있는데, '인플레이션 참조 수치(결과에 대한 책임을 추궁할 수 없는 인플레이션 타깃팅이라는 이미지)라는 이름은 일본의 독특한 분류라 할 수 있다. 앞서 말했듯이 인플레이션 타깃팅 채택국의 운용 스타일은 다양하며, 그 목표가 기준 정도의 역할을 하고 있는 경우는 존재한다.

4. 예상되는 버냉키의 인플레이션 타깃팅

컨센서스 형성에 시간을 들이다

의회증언에서도 말했듯이, 버냉키는 컨센서스가 형성될 때까지는 무리하게 인플레이션 타깃팅을 채택하지 않을 것이다. 환경을 정비하면서 서서히 이행해 갈 것이라 생각된다. 그 이유로 다음의 두 가지를 들 수 있다.

(A) 전술한 바와 같이, 미 의회의 인플레이션 타깃팅에 대한 반대론이 뿌리 깊기 때문에 의장이 취임하자마자 이를 무시하고 강행하는 것은 리스크가 크다.

(B) FRB 내에서도 찬반양론이 존재한다. 앞으로 찬성파의 세력이 증가할 것으로 예상되지만, 컨센서스를 형성하기까지는 좀 더 시간이 걸린다.

(A)에 관해서는 앞에서 상세히 살펴보았으므로 이제 (B)에 대해 살펴보자.

2005년 2월 1~2일에 열린 FOMC에서는 특별논제로 인플레이션 타깃팅의 시비에 대해 토의가 이루어졌다. 결국 당장의 채택은 부정되었다. 논의의 흐름은 다음과 같다.

우선 스태프들이 해외 중앙은행과 같은 인플레이션율 목표수치를 FRB가 공표할 경우의 장점과 단점을 발표했다. 그 보고를 바탕으로 FOMC 멤버들이 논의를 시작했다.

FOMC 멤버들은 물가안정이 장기적 경제성장을 가능하게 하는 환경을 창출한다는 점에 대해서는 동의했다. 그러나 인플레이션의 구체적인 목표수치를 대외적으로 공개하는 것이 FOMC에 있어 유효한가라는 점에 대해서는 의견이 나뉘었다.

• 인플레이션 타깃팅 찬성파 : 목표수치는 장기적인 인플레이션 예상의 닻 역할을 한다. 시장과의 커뮤니케이션에 있어 새로운 도구가 될 것이다.

• 인플레이션 타깃팅 반대파 : FRB에 부과되어 있는 '두 가지 사명(고용 최대화와 물가안정)'과의 정합성이 없다. 인플레이션 타깃팅은 때로는 부적절한 바이어스(편견)를 초래하고 금융정책을 속박한다.

결국 논의의 결론은 다음과 같다. '과거 수년간의 인플레이션 예상이 안정되어 있으므로 인플레이션 목표수치를 선언하는 장점은 크지 않을 듯하다. FOMC는 논의를 유보하기로 결정했다.'

FRB 내의 대표적 인플레이션 타깃팅 반대파인 도널드 콘 FRB 이사의 견해를 살펴보자. 2003년 1월 23일에 NBER(전미경제연구소)에서 열린 인플레이션 타깃팅을 테마로 한 심포지엄에서 도입에 적극적인 리치몬드 연방준비은행의 마빈 굿프렌드 이코노미스트에게 그는 강경한 어조로 다음과 같이 반론했다.[주14]

▷1970년대부터 인플레이션과 인플레이션 예상은 저하되어 왔지만, 이는 인플레이션 타깃팅 채택국과 비 채택국 모두 똑같이 발생했다. 인플레이션 타깃팅 채택국이 비 채택국보다 어드밴티지가 있다는 것을 나타내는 연구는 존재하지 않는다.

▷미국 금융정책의 성공은 대부분 상황의 변화에 유연하게 대응할 수 있었기 때문이다. 인플레이션 타깃팅을 채택하지 않았기 때문에 그러한 장점이 있는 것이다. 최근에는 1998년의 러시아 위기나 2001년도에, 테일러 룰보다 발 빠르고 크게 금리인하를 실시했다. 인플레이션 타깃팅을 채택하면 이러한 유연성이 제한될 것이다.

▷FRB의 현재 접근은 공식적인 인플레이션 타깃팅이라는 '스트레이트 재킷(구속복)' 없이도 인플레이션 타깃팅의 주요한 이점인 인플레이션 기대 억제에 이미 성공했다. 지금까지 잘 기능해 온 접근법을 계속하는 것이 현명할 것이다.

콘 이사의 이와 같은 견해는 그린스펀 의장과 퍼거슨 부의장도 공유해왔다. 이 심포지엄에서 버냉키 이사(당시)는 인플레이션 타깃팅의 이점에 대해 언급하면서도 'FRB와 같이 높은 신인도를 얻고 성공한 중앙은행에는 도입 이익이 그다지 크지 않을지도 모른다'는 뉘앙스도 표명했다.

필자가 FRB의 이코노미스트들로부터 느끼는 인상은 '인플레이션 타깃팅이 필요하다고 생각되는 때가 오면 채택하면 된다'는 중립적인 자세가 많다고 느껴진다. 이는 뒤집어 보면, '현 시점에서 FRB는 시장이나 국민들의 인플레이션 기대를 잘 제어하고 있다'는 자신감의 표출이다.

2004년 10월 8일의 패널 토론("What Have We Learned Since October 1979")에서 버냉키는 인플레이션 타깃팅의 필요성을 해설했다. 마치 오늘날 자신이 처할 상황을 예언한 듯한 구절이 있다.

▷ 금융정책 담당자, 정치가, 국민은 과거 20년간의 경험을 바탕으로, 낮고 안정된 인플레이션율은 커다란 경제적 이익을 가져온다고 믿게 되었다.

▷ 키들랜드와 프레스콧은 정책담당자가 미래에 대해 신뢰할 수 있는 공약을 하는 경우가 보다 좋은 경제적 성과를 가져온다는 것을 증명했다. 강경파 중앙은행원을 수장으로 임명하는 것은 인플레이션 파이터로서의 신인도를 높이는 효과가 있다. 신인도가 높으면 중앙은행은 좀 더 적은 비용으로 인플레이션율을 달성할 수 있다.

▷ 케네스 로고프의 생각대로라면 강경파 중앙은행 총재의 임명과 중앙은행의 독립성은 한 세트가 되어야 한다. 하지만 그의 제안에는 한계가 있다. 첫째, 보수적인 중앙은행 총재가 신인도를 높여 인플레이션율을 억제했다 하더라도 경제에 충격이 생기면 사회적으로 바람직하지 못한 방법으로 이에 대처할지도 모른다. 둘째, 새로 임명된 중앙은행 총재는 국민들에게 정확하게 인지되어 있지 않으므로 그의 과거 정책을 바탕으로 추측할 수밖에 없다. 총재는 필요 이상으로 인플레이션 파이터임을 보여야만 한다. 결과적으로 경제가 불안정해지는 요인이 된다.

▷ 월쉬는 정부와 중앙은행의 비교적 심플한 계약이 금융정책의 신인도를 높이고 최적화된다는 것을 증명했다. 그의 접근법은 로고프의 두 가지 문제를 개선한다. 첫째, 중앙은행 총재는 인플레이션 목표를 달성하려 할 뿐만 아니라, 사회적으로도 최적의 방법으로 충격에 대응하려 할 것이다. 둘째, 인플레이션 목표치 등은 계약에 의해서 명시적으로 정해져 있으므로 국민이 중앙은행의 취향을 추측하는 문제는 현저히 낮아진다. 실무적으로 볼 때 월쉬와 로고프의 접근법은 상호보완적인 것이다.

버냉키의 '바람직한 인플레이션율'은 플러스 1~2%

FOMC가 인플레이션 타깃팅을 선언할 경우 구체적으로 어떤 수치를 채택할까?

이미 버냉키는 2005년 3월 8일의 강연에서 다음과 같이 말했다. "나의 추측으로는 2005년의 핵심 PCE(개인소비지출) 가격지수 상승률은 2004년의 플러스 1.6%를 약간 웃돌 것이다. 이는 내가 좋다고 생각하는 범위(comfort zone)인 플러스 1~2%의 범위 안에서 멈출 것이다.

한편 인플레이션 타깃팅 지지파인 FRB 간부 중에서도 '바람직한 인플레이션율'에 관한 견해는 미묘하게 나뉜다. 그렘리치 이사는 플러스 1~2.5%, 앤서니 산토메로 필라델피아 연방준비은행 총재는 플러스 0.5~1.5%라고 표명했다.

또한 그린스펀 전 의장의 2005년 11월 3일의 발언에 따르면, FOMC는 이미 내부적으로 '바람직한 인플레이션율'에 대해서 어느 정도 합의를 형성했다고 한다. "2003년 여름 미국에서도 디스인플레이션 진행이 불안해졌다. 그래서 우리는 통계상의 왜곡을 제외한 일정한 인플레이션율 범위를 물가안정으로 인식하기로 결정했다."

또 FOMC는 1996년 7월에도 바람직한 인플레이션율에 대한 논의를 가졌다. 재닛 옐런 이사(현재 샌프란시스코 연방준비은행 총재)의 질문에 대해서 그린스펀 의장은 "인플레이션율을 정확하게 측정할 수 있다면 수치는 0%다."라고 대답했다. 이에 대해서 옐런은 디플레이션에 빠져들지 않는 '쿠션'이 필요하다고 하며 플러스 2%를 주장했다. 0%를 주장하는 멤버도 있었지만, 이 날은 '플러스 2%'가 컨센서스에 가까운 형태가 되어 논의를 마쳤다.

다만 그린스펀은 그 다음날에 "플러스 2%가 외부로 새어나가면 많은 문제를 초래할 것이다."라며 간부들에게 함구령을 내렸다. 외부에 흘러나가면 연방준비법이 정한 FRB의 '두 가지 사명'과의 관계로 의회가 간섭하려 들 가능성이 있었기 때문이다.

이처럼 FRB 내에서 '바람직한 물가상승률'에 관한 논의가 과거 수년간 이루어져 온 것을 시장은 이미 알고 있다. 그 수치는 외부에 명시되지 않는다고는 하지만, 낮은 인플레이션율을 FRB가 선호하고 있다는 것은 자명하다. 게다가 시장참가자들의 대부분이 '버냉키 의장은 핵심 PCE 가격지수로 계측한 인플레이션율로 플러스 1~2%를 바라고 있다'는 것을 이미 인식하고 있다.

이렇게 되면 FRB가 공식적으로 인플레이션 타깃팅을 선언하든 하지 않든 시장의 인플레이션 기대에 미치는 영향은 결정적으로는 다르지 않을 것이다.

물가통계는 무엇이 적절한가?

2월과 7월에 실시된 FRB 의회보고에서 FRB 이사와 지역연방준비 은행 총재에 의한 인플레이션율 예상이 범위로 나타났다. 이 인플레이션율은 핵심 PCE 가격지수로 나타나 있다. 이전부터 많은 FRB 간부들은 "어느 것이든 지수 하나를 꼽아보라고 한다면 핵심 PCE 가격지수가 타당하다."라고 해왔다.

다만 이는 비교상의 우위성이며, FOMC는 핵심 PCE 가격지수만 보고 인플레이션 상태를 판단하는 것은 아니다. 역사적으로 FOMC 멤버들은 수많은 물가통계를 보면서 물가 상태를 판단해 왔다. 왜냐하면 인플레이션율을 계측하는 지표는 다종다양하며 각각의 특성이 있기 때문이다. 엄격한 숫자가 나타나 있는 순서로 쭉 열거해 보면 메디안 CPI(Consumer Price Index ; 소비자물가지수), CPI, 시장기준 PEC 가격지수, 급여소득자 CPI, PCE 가격지수, 연쇄방식 CPI, 핵심 CPI, 시장기준 핵심 PCE 가격지수, 핵심 PPI(Producer Price Index ;생산자물가지수) 소비재, 급여소득자 핵심 CPI, 연쇄방식 핵심 CPI 등….

또 핵심 PCE 가격지수를 보더라도 금리 방향성에 영향을 주는 경향이 존재한다(이 때문에 미 상무부는 '시장기준'이라는 시리즈를 새로 발표했다).

에너지 관련을 제외해야 하는가?

2005년 말 일본에서는 인플레이션 지표에서 에너지 관련을 제외해야 하는지에 대한 논의가 들끓었다. 양적완화정책을 해제하고 싶어 하는 일본은행이 정책변경의 기준으로 두고 있는 수치는 '전년동월대비 전국 소비자물가지수(신선식품 제외)'이다. 여기에는 에너지 관련이 포함되어 있다. 2005년 말부터 이 수치는 플러스로 전환될 것으로 예상되었지만 원유가격 급등의 영향을 제외하면 마이너스라는 지적이 나타났다.

중앙은행이 중시하는 인플레이션 지표에 에너지 관련을 포함해야 할 것인지의 문제는 국가에 따라 대응이 다르다. ECB(유럽중앙은행), 잉글랜드 은행, 스위스 국립은행, 뉴질랜드 준비은행 등은 에너지를 포함한 지표를 채택하고 있다. 한편 FRB는 앞서 말한 것과 같이 핵심 PCE 가격지수(총합에서 에너지 관련과 식품을 제외한 것)를 비교적 선호하고 있다. 그러나 이에 관해서는 논의가 존재한다.

예를 들면, 로렌스 린지 대통령 경제담당보좌관은 2005년 10월

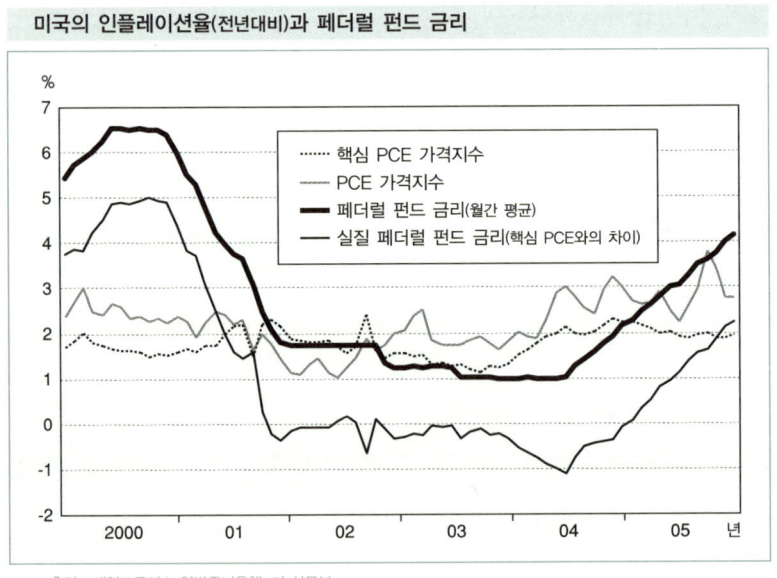

미국의 인플레이션율(전년대비)과 페더럴 펀드 금리

・출처 : 세인트루이스 연방준비은행, 미 상무부

50

13일에 실시된 토론회에서 FRB가 인플레이션 타깃팅을 채택하지 않은 이유 중 하나로 단독 수치를 목표로 내거는 것의 어려움을 지적했다. 그는 "인플레이션 지표에서 에너지 가격을 제외하는 것은 아마 실수가 될 것이다."라고 말했다. 에너지 가격 급등이 석유위기 때처럼 공급자에 의해 유발되었다면 물가통계에서 제외하는 것은 유의미한 일이다. 그러나 세계적인 수요증가가 석유가격에 영향을 주는 것이라면 안이하게 제외하지 않는 편이 좋다.

실제 FOMC의 판단을 돌이켜보면, 그들은 국면에 따라 주의해야 할 지표를 나누어 사용하고 있는 듯하다.

따라서 버냉키 의장 체제의 FOMC가 핵심 PCE 가격지수 플러스 1~2%라는 인플레이션 타깃을 발표했다 하더라도, FOMC는 그 이외의 물가통계도 고려하면서 금리를 결정해 갈 것이다.

달성기간을 설정할 것인가?

FRB가 인플레이션 타깃팅을 선언할 때 목표일탈 허용기간이나 달성기간을 구체적이고 명확하게 기술할 것인가?

대답은 'No'일 것이다. 그러한 기간을 설정하지 않는 '구속이 느슨한 인플레이션 타깃팅'이 될 것으로 생각된다. 버냉키는 2003년 10월 17일의 강연에서 그가 FRB에 추천하는 인플레이션 타깃팅이 'The Optimal Long-run Inflation Rate(OLIR)', 즉 '장기적으로 최적인 평균적 인플레이션율'이라고 말한바 있다. "FOMC는 이 인플레이션율을 장기적인 목표로 보고 있으며, 이를 실현하기 위한 시간적 프레임은 설정하지 않는다."

또 버냉키는 2005년 11월 15일 상원에서 존 E. 수누누 의원(공화당, 뉴햄프셔 주)의 질문에 다음과 같이 대답했다.

• 수누누 의원 : 가정이지만, FRB가 인플레이션율 목표를 플러스 1.5~2.5%로 선언했다고 하자. 그런데 2007년 4분기의 인플레이션율 평균이 플러스 4.2%였다면 당신은 무슨 말을 하고 어떤 행동을 취할 것이며, 시장은 어떻게 반응하리라 생각하는가?

• 버냉키 : 인플레이션 목표는 명백하게 중장기적인 목표이다. 명시적 타깃이 존재하는가, 존재하지 않는가가 중요한 것이다. 나는 인플레이션율을 단기적으로 타깃 내에 되돌리려 하지는 않을 것이다. 나는 단순히 시장에 대해 FRB가 장기간에 걸쳐 물가안정을 약속하고 있다는 것을 보증하고 싶다.

또, 그는 2003년 3월 25일의 강연에서 "인플레이션 타깃팅의 정책판단 프레임 워크는 '억제된 재량(裁量)'이다. 인플레이션 타깃팅은 기계적 규칙이라는 오해가 있는데, 이는 프레임 워크이며 규칙이 아니다. 인플레이션 타깃팅은 생산과 고용을 무시하는 것이 아니다. FRB는 볼커와 그린스펀에 의해 '억제된 재량'이라는 프레임 워크를 향해 서서히 접근해 왔다."라고 말했다.

인플레이션 타깃팅의 정리

이상의 내용을 요약해 보면 버냉키가 이끄는 FRB가 장래에 인플레이션 타깃팅을 정식으로 선언할 경우 이는 하나의 중장기적 정책 운용의 기준이며 기계적 규칙이 아닐 것이다. 핵심 PCE 가격지수뿐 아니라 실제로는 다른 인플레이션 지수도 고려하면서, 또 고용과 생산도 배려한다는 정책태도가 될 것이다. 따라서 매년 발표되는 핵심 PCE 가격지수가 목표범위의 어디에 위치하는가라는 점만을 관측하고 있으면 페더럴 펀드 금리 유도목표의 동향은 예상할 수 없게 된다.

이렇게 되면 많은 독자들은 '지금까지 그린스펀이 실시해 온 금융정책과 무엇이 다른가?' 라는 의문을 품을 것이다. 실제 인플레이션 타깃팅을 결정해도 FOMC 금융정책의 운영과 판단은 그 이전과 근본적으로는 다르지 않을 것이라고 예상된다.

참고로 뉴욕에서 시장관계자들에게 인터뷰해 보니 인플레이션 타깃팅에 대한 관심은 매우 낮았다. 이는 앞서 말한 요인 때문일 것이다.

참고 : 단기금리예측과 인플레이션 타깃팅과의 관계

칼럼 3에서도 말했지만 기계적인 규칙으로 인플레이션 타깃팅을 실시하고 있는 국가는 현실로는 존재하지 않는다. 아마 세계에서 가장 기계적 규칙에 가깝게 금융시장을 운용하고 있는 국가는 양적완화정책을 실시하고 있는 일본은행일 것이다('핵심 CPI가 안정적으로 제로% 이상이 될 때까지 양적완화를 계속한다' 는 약속=시간축 정책을 내걸고 있다). 이 때문에 일본에서는 인플레이션 타깃팅에 대해 일본은행의 시간축 정책과 비슷한 이미지를 갖는 경우가 많은 듯하다. 그러나 현실은 다르다.

스위스의 예를 살펴보자. 스위스 국립은행은 '물가안정의 정의' 로서 소비자물가지수 전년대비 '플러스 2% 미만' 이라는 수치를 명시하고 있다. 스위스 국립은행은 이를 '인플레이션 타깃팅' 이라고는 부르지 않지만 그렇게 불러도 별 무리는 없다.

스위스 국립은행은 2004년 6월에 정책유도금리인 3개월 금리 (LIBOR)를 0.25% 인상해 사실상 '제로금리정책'을 해제했다. 또한 같은 해 9월에는 2번째 금리인상, 2005년 12월에는 세 번째 금리인 상을 실시했다. 그 결과 최근 3개월 금리는 1% 전후로 상승했다.

그러나 이 은행이 금리인상 판단을 내린 시점에 발표한 소비자물 가지수(전월분)만 보면 왜 금리인상 판단이 내려졌는지를 알 수 없는 부분이 있다. 첫 번째 금리인상이 실시된 2004년 6월은 인플레이션 율(5월분)이 몇 개월 전보다 급상승했다. 하지만 '2% 미만'이라는 상한선까지는 먼 수준이었다. 또 두 번째, 세 번째 금리인상은 그 시 점에서 판명된 인플레이션율이 특별한 상승을 보이지 않았다.

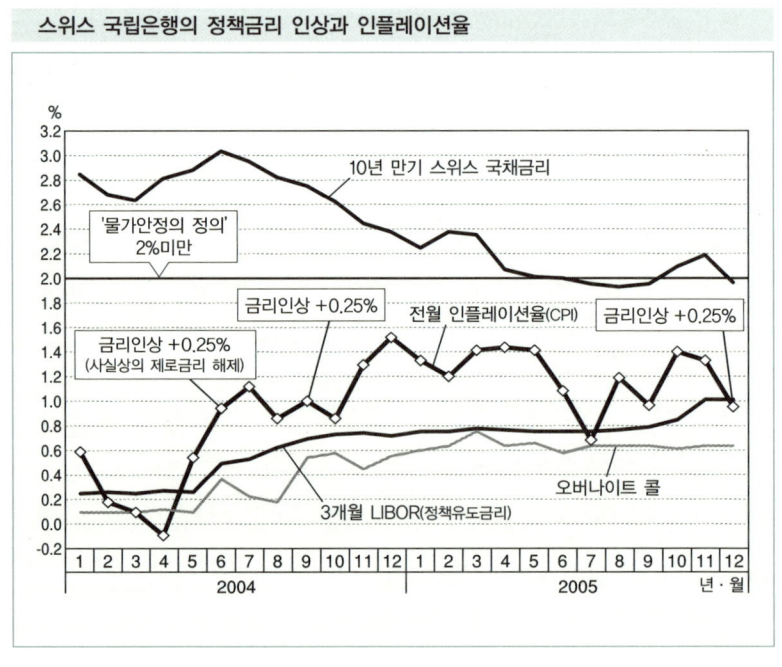

스위스 국립은행의 정책금리 인상과 인플레이션율

스위스 국립은행은 약 3년간의 인플레이션 예상을 발표했다. 이 은행은 금리인상을 할 때 '당장은 인플레이션에 대한 우려가 없지만 2년 반 후부터 3년 후에 걸쳐 인플레이션율이 2%를 훨씬 웃돌 우려가 있다'고 시장에 설명했다. 불확실한 장래의 인플레이션 위협(게다가 현 시점에서는 관찰할 수 없는)을 근거로 금리인상을 하기 위해서는 중앙은행이 국민들과 의회로부터 높은 신임을 얻을 필요가 있다.

이 같은 운용 스타일일 경우, 가장 최근의 인플레이션율만 보는 것만으로는 단기금리가 어떻게 유도되어 갈지 시장이 판단할 수 없다. 중앙은행의 설명과 인플레이션율 예상의 변화를 주의 깊게 관찰해 가는 것이 중요하다. 버냉키 의장이 이끄는 FOMC가 인플레이션 타깃팅을 채택할 경우에도 이러한 스타일이 될 것이다.

또한 스위스는 제로금리 해제를 포함해 3번의 단기금리 인상이 이루어졌는데도 스위스 10년 만기 국채(연방채)는 2004년 6월의 3% 전후에서 2005년 말에는 2% 전후로 1%나 떨어졌다. 독일과 영국 등 주변의 장기금리 동향에 강하게 영향을 받은 면이 매우 크고 스위스 국립은행의 예방적 금리인상 자세가 인플레이션 기대를 낮게 억제하고 있는 면도 기조(基調)에 있을 것이다.

5. FOMC의 투명성 향상에 주력하는 버냉키

버냉키 의장은 금융정책의 투명성 향상에 주력할 모양이다. 그는 모든 '수중의 카드'를 테이블 위에 펼쳐놓고 시장에 보여 주는 것이

시장 기대의 안정화에 기여한다는 생각을 갖고 있다.

성명문 발표를 서서히 명료화?

FOMC 후에 공표되는 성명문의 단어사용은 서서히 알기 쉽게 되어 가지 않을까? 그린스펀 의장 시절의 FOMC 성명문은 심플하지는 않았다. 특히 2003년 8월 이후 금융정책의 동향을 시사하는 '프리커미트먼트 전략'이 도입되고 나서부터 성명문은 더욱 복잡해졌다.

'상당기간(considerable period) 금융완화를 계속할 수 있다', '금융정책완화를 해제하는데 있어서 참을성을 가질 수 있다(can be patient)', '신중한 페이스로(at pace that is likely to be measured) 금융완화를 해제할 수 있다'와 같이 말을 다듬어 놓는 것은 그린스펀 시절의 FRB 스태프들에게는 중요한 테마였던 듯하다. 어느 중견간부의 이야기를 들은 적이 있는데 그는 "우리가 발표한 말이 시장에서 반복적으로 사용되다가 당초 우리가 의도했던 것과는 다른 의미를 갖기 시작하는 경우가 있다. 이를 사전에 예측하기란 매우 어렵다."라고 말했다.

버냉키도 성명문 등으로 시장에 설명하는 것을 매우 중요시하고 있으므로 성명문의 표현에 많은 궁리를 하겠지만 그린스펀만큼 '애매함'을 애용하지는 않을 것이다.

네 개의 아이디어

버냉키는 투명성을 더욱 향상시킨다는 아이디어를 2004년 1월 3일의 강연 '페드스피크(Fedspeak)'에서 시사했다. 당시 FOMC는 '바람직한 시장과의 대화는 어떤 모습이어야 하는가?'라는 문제로 고민하

고 있었다. 2003년 10월 28일의 FOMC에서 버냉키 이사 등을 중심
으로 하는 워킹 그룹이 결성되고 여기서 구체적인 개선책이 검토되
었다. 버냉키는 그의 아이디어를 강연에서 개진했다.

(A) 현재 FOMC 멤버들은 성장률(명목 GDP, 실질 GDP)과 인플레이
션율 전망을 연 2회 공표하고 있다. 이 빈도를 좀 더 높이고, 또 성장
률과 인플레이션율 전망기간을 더 길게 한다.

(B) 앞서 기술한 FOMC 멤버에 의한 인플레이션율 전망에 핵심 인
플레이션율(식료품과 에너지를 제외한 PCE 가격지수)을 추가한다.

(C) 뉴질랜드 준비은행이 현재 실시하고 있듯이 앞으로의 단기금
리 예상을 공표한다. 다만 이는 어디까지나 예상이며 약속이 아니라
는 것을 시장에 얼마나 명확히 알리느냐가 문제이다. 팬 차트*를 사용
해서 예상범위의 불확실성을 시장에 보여주는 것도 유효할 것이다.

(D) FOMC에서의 다양한 논의를 시장에 전달하기 위해 의사요지
(議事要旨)를 현재보다 신속하게 공표한다.

인플레이션 타깃팅 도입의 '정지작업(整地作業)'

앞서 기술한 4가지 중 (B)와 (D)는 이미 실제로 적용되고 있다. 반
면 (C)는 당장은 가능성이 낮을 것이다. 오히려 시장에서 오해를 살
우려가 있다.

(A)는 장래 실시될 가능성이 높을 것으로 예상하고 있다. 현재 연
간 2회 실시되고 있는 GDP와 물가전망 공표를 분기마다로 늘리는

---

*팬차트(fan chart) ; 전망 예상범위가 부채꼴 모양으로 펼쳐져 가는 차트

것이다. 게다가 예상기간을 더욱 장기화해서 FOMC 멤버들이 경제의 앞날을 어떻게 보고 있는지를 시장에 보여준다.

아마 이것은 인플레이션 타깃팅 도입의 정지작업이 될 것이다. FOMC 멤버가 분기별로 인플레이션율을 공표하고, 이에 대해 '이 예상은 장기적으로 FOMC가 생각하고 있는 바람직한 평균적 인플레이션율보다 약간 높다' 또는 '약간 낮다' 와 같은 코멘트를 덧붙이면 사실상 인플레이션 타깃팅과 같은 체제가 된다. 이 스타일이 정착되어 'FOMC는 내부적으로는 인플레이션율 목표가 있는 것 같은데 인플레이션율만을 보고 기계적으로 금리를 올리거나 내리는 것은 아닌 듯하다' 는 인식이 시장이나 의회에 정착된다면 인플레이션 타깃팅을 공표하기 쉬워진다.

투명성과 비밀유지의 타당한 밸런스

그렇지만 FRB가 빈번하게 성장률과 인플레이션율 예상을 공표하는 것이 시장을 정말 안정시키는 것일까? 종종 예상을 수정하는 모습을 시장에 보이면 '신비로운' FRB 예측능력의 권위가 퇴색될 위험이 있다. 그린스펀 의장은 연 2회 정도가 가장 좋다고 생각했을 것이다. 그린스펀은 2005년 11월 28일 상하원 합동경제위원회 색스톤 위원장에게 보낸 서한에서 다음과 같이 말했다.[주15] "FRB는 투명성과 정책결정 과정의 적절한 비밀유지 사이에서 타당한 밸런스를 유지해 왔다. 과잉된 투명성은 정책결정자의 자발적 발언이나 새로운 아이디어의 탐구심을 억제할 것이다."

즉 그린스펀은 약 18년간의 의장직을 지내면서 '투명성과 비밀유지의 타당한 밸런스'가 중요하다는 교훈에 도달했다. 이러한 그린스펀의 말은 버냉키 신임 의장에 대한 조언이자 또는 경고로 볼 수 있다.

6. 강연록에서 읽을 수 있는 포스트 그린스펀 정책

버냉키는 FRB 이사 시절에 정력적으로 강연을 펼치고 정보발신을 해 왔다. FRB 의장이 되면 발언의 뉘앙스가 이전과 달라질 수도 있다. 그의 논리를 이해하기 위해서 강연록을 음미해 보는 것도 유용한 일이다. 또 자산버블에 관한 발언은 제2장에서 거론하겠다.

중립적인 페더럴 펀드 금리(2005년 3월 8일)

▷ '금융완화를 멈추는 프로세스는 어디서 멈추는가?' 라는 질문에는 직접적으로 대답할 수 없다. 중립적인 페더럴 펀드 금리는 과거보다도 다소 낮을 것이다.

▷ 그렇지만 가장 중요한 교훈은 중립금리가 항상 일정한 것이 아니며 고정된 목표도 아니라는 것이다. 그것은 경제와 경제전망의 전개에 따라 변화해 가는 것이다.

테일러 룰보다도 유효한 '예측을 바탕으로 한 정책'(2004년 12월 2일)

▷ 단순한 '피드백 정책'의 고전적인 예로서 유명한 '테일러 룰'이 있다. 아웃풋 갭(output gap)이나 인플레이션율의 목표에서의 괴리를 살피면서, 이것들이 바람직한 수준으로 되돌아가도록 페더럴 펀드

금리를 설정하는 정책이다.

▷두 번째 접근법으로서 '예측에 근거한 정책'이 있다. 중기적으로 경제가 정책에 어떻게 반응할지 정책담당자가 예측하는 정책을 말한다. 정책담당자가 자신의 예측능력과 경제지식에 대해 겸허한 자세라면 '예측에 근거한 정책'은 '피드백 정책'보다도 좋은 결과를 가져올 것으로 생각된다.

▷'예측에 근거한 정책'은 주요 중앙은행에서 우세해지고 있다. 그린스펀 의장이 '리스크 매니지먼트 정책'이라 부르는 것은 명확히 '예측에 근거한 정책'이다.

과잉저축과 장기금리의 '수수께끼'에 대해서(2005년 3월 10일)

▷전 세계적인 과잉저축은 미국의 경상적자 확대와 세계적인 실질 장기금리 저하를 설명하는데 도움이 된다.

▷세계적인 과잉저축으로 개발도상국이나 이머징 마켓 경제는 국제자본시장에서 채무자에서 거대한 네트워크를 가진 채권자로 바뀌었다.

대공황에서 얻은 교훈(2004년 3월 2일)

▷대공황에서 얻은 교훈 중 하나는 이념이란 위태로운 것이라는 점이다. 금 본위제의 정당성, 금융정책자들의 청산주의(清算主義)에 대한 고집, 낮은 명목금리가 금융완화를 의미한다는 잘못된 견해, 이러한 것들은 모든 정책담당자들을 혼란시켜 비참한 결과를 가져온다.

▷중앙은행원이나 다른 정부조직은 금융시스템의 안정성을 유지해야 한다는 중요한 책임을 갖고 있다.

▷아마 가장 중요한 교훈은 물가 안정이 금융정책의 중요한 목표라는 점이다.

무역, 아웃 소싱과 실업(2004년 3월 30일)

▷켈츠(2001년)는 1979~99년에 걸쳐 매년 31만 명의 고용이 무역에 의해 상실된다고 추계했다. 그러나 그는 무역이 창출한 일자리를 무시했다.

▷과거 10년간 상실된 일자리 중 98%가 수입에 의한 경쟁 이외의 요인으로 발생했다.

▷아웃 소싱으로 인한 실업도 무역의 경우와 마찬가지일 것이다.

▷매년 20만 명 정도의 아웃 소싱에 의한 일자리 감소는 1,500만 명 정도의 전체 일자리 감소 중 1%이다. 아웃 소싱에 작금의 미국 노동시장의 약점에 대한 책임을 떠넘겨서는 안 된다.

금융시스템으로의 이민자의 접근(2004년 4월 16일)

▷미국에 온 많은 이민자들은 그 수입의 대부분을 모국의 가족들에게 송금하고 있다. 2003년 개발도상국으로의 송금은 총액 900억 달러 이상이었다. 이는 ODA(정부개발원조)를 웃도는 수준으로 해외투자와도 비슷한 수준이다.

▷로스앤젤레스에서는 중·저소득층의 비 이민자 85%가 은행계좌를 갖고 있는데 반해, 이민자의 경우에는 불과 53%이다.

▷라틴계 이민자의 대부분은 가족들에게 송금할 때 은행을 이용하지 않고 전신송금회사(wire transfer companies)를 이용하는 경향이 있다. 은행계좌를 개설할 때 합법적인 체제 설명이 필요한 까닭도 있지만, 은행이 제공하는 서비스나 그 요금을 모른다는 것도 큰 원인이다. 은행을 사용하지 않으면 송금수수료가 비싸고, 양심적이지 못한 업자를 이용하면 매우 비싼 비용을 지불하게 된다.

▷미국 금융기관의 주류파는 알고 있지만, 이민자들에게 송금이나 기타 서비스를 제공하는 것에는 잠재적 이익이 있다.

▷FRB도 은행의 노력을 지원하고 있다. 결제 시스템 ACH서비스를 2004년에는 멕시코에도 확대했다. FRB의 이니셔티브*에 의해서 이민자들은 은행을 통해 더 싼 비용으로 송금할 수 있게 되었다.

점진주의(2004년 5월 20일)

▷FRB는 금리를 한 방향으로 조금씩 연속해서 조정하는 경향을 있다.

▷점진주의는 세 가지 점에서 우수하다. ① 정책담당자가 경제에 대해서 확신을 갖지 못할 때 점진적인 대응을 할 수 있다 ② 중앙은행이 장기금리에 영향을 주기 쉬워진다 ③ 금융시스템을 불안정하게 만드는 리스크를 감소시킨다.

▷FOMC가 채권시장의 스트레스를 최소화하는 방법은 적어도 두 가지가 있다. 투명성을 높이는 것과 규칙적이고 알기 쉽게 정책을 실

---

*이니셔티브(initiative, 국민발안제) : 국민이 직접 헌법 개정안이나 중요한 법률안을 제출할 수 있는 제도

행하는 것이다. 후자에서는 점진주의가 도움이 된다.

▷FOMC 성명문의 '신중한 속도로 해소할 수 있다'는 것은 점진적으로 정책의 정상화를 추진할 수 있다는 것을 의미한다.

유럽 통화 통합의 장점(2004년 6월 21일)

▷통화 통합의 가장 중요한 편익은 유럽 금융시장의 발전이 앞으로도 계속된다는 데에 있다. 특히 가장 드라마틱한 효과는 채권시장에서 나타나고 있다.

▷다른 증권시장에서의 효과는 혼재되어 있지만 잠재적인 편익은 존재한다.

▷은행은 증권시장의 발달로 인해 대출처를 잃을지도 모르지만, 인터뱅크 시장이나 회사채 시장으로의 접근으로 이익을 얻을 것이다.

중앙은행의 '토크(설명)'와 금융정책(2004년 10월 7일)

▷FOMC 멤버에 의한 강연이나 의회증언, 성명문 등에 공개된 명료한 커뮤니케이션은 적어도 세 가지 방면에서 금융정책을 보다 효과적으로 만든다. 첫째, FOMC의 금리결정을 예상하기 쉽게 함으로써 금융시장의 리스크와 변동률을 감소시킨다. 둘째, 장기적인 기대, 특히 인플레이션 기대를 억제하는 데 도움이 된다. 셋째, 시장참가자가 예상하는 미래의 금융정책을 좀 더 당국의 계획과 전망에 접근시킴으로써 금융정책의 효율성을 높인다.

▷페더럴 펀드 금리와 장기금리 사이에는 물론 연관성이 있지만, 이러한 관계가 작용하는 것은 현재의 페더럴 펀드 금리를 통해서라기

보다는 FOMC가 장래 취할 것으로 예상되는 금리정책을 통해서이다.

▷ 성명문이 있는 정책결정과 성명문이 없는 정책결정은 장기금리에 대한 영향력이 다르다. FOMC의 성명문은 이미 장래의 페더럴 펀드 금리에 대한 시장의 기대에 영향을 주는 강력한 도구임이 드러났다. '토크(강연이나 성명문 등)'와 '액션(금리조작)'은 서로 보완되고 강화된다. 금리가 제로 근처에 있는 국가에서는, 특히 중앙은행이 장래의 정책액션에 관해 말하는 것은 시장에 영향을 주는 몇 안 되는 정책 중 하나이다. 미국과 마찬가지로 일본에서도 중앙은행의 '토크'가 편익을 가져다주었다.

인플레이션 파이터 볼커의 평가(2004년 10월 8일)

▷ 폴 볼커(제12대 FRB 의장)의 디스인플레이션 정책이 경제학자나 정책담당자들에게 있어 중앙은행의 신인도를 고찰하기 위한 기폭제가 된 것은 틀림없다.

▷ 볼커의 임명은 FRB의 신인도를 높였지만 디스인플레이션 비용이 많이 들어 불황을 초래했다. 그러나 아마 실제 지불한 비용 이하로 1970년대의 인플레이션을 걷어낼 수 있는 정책은 달리 없었을 것이다.

▷ 볼커 시절의 FRB는 현재까지 20년 가까이 계속되고 있는 장기 호황의 토대를 쌓았다.

석유가격 급등과 미국경제(2004년 10월 21일)

▷ 최근 예상을 웃도는 석유소비의 증대는 공급 측의 혼란과 겹쳐

석유가격 상승의 주된 원인이 되고 있다. 그러나 가격상승 요인 중 어느 정도는 석유시장 트레이더들의 투기적인 행동에 의한 것이다.

▷ 많은 상황에서 정보에 통달한 사람들이 투기를 하는 것은 사회적으로 좋은 일이다. 이러한 투기가 증가함으로써 사회전체의 후생은 증가할 것이다(투기로 인해 원유가격이 상승하면 원유생산이 자극을 받아 이용 가능한 원유가 증가하기 때문에).

▷ 당장은 석유 대신 다른 대체에너지가 적용되는 일은 없을 것이다. 그 때문에 앞으로 수년간 스트레스가 많은 시장 환경이 계속될 것이다.

▷ 석유파동 때는 모든 인플레이션율이 상승할 것 같아 금융정책을 펴기가 매우 어려웠다. 유감스럽지만 금융정책이 석유가격 상승으로 초래된 경기침체와 인플레이션 압력을 동시에 상쇄할 수는 없다.

▷ 최근의 석유가격의 상승에도 불구하고 인플레이션율이 비교적 낮은 것은, FRB가 인플레이션을 낮게 억제할 것이라고 시장이 신뢰해 주고 있기 때문이다. 인플레이션 기대가 충분히 억제되어 있으면 생산과 고용의 안정성은 높아진다. 이 경우 금융정책을 긴축할 필요는 없으며 완화하는 것도 생각해 볼 수 있다.

생산성향상과 IT혁명(2005년 1월 19일)

▷ 최근 10년간의 가장 중요한 경제적 발전은 노동생산성 향상이다.

▷ 정보통신기술(ICT)의 급속한 발전은 미국의 생산성을 두 가지 면에서 성장시켰다. 먼저, ICT생산자 스스로의 생산성 향상에 기여했다. 두 번째로 ICT의 발달은 ICT산업 이외 분야의 생산성도 향상

시켰다.

▷ICT 투자는 미국에서만 확대된 것이 아니다. 그러나 유럽경제는 새로운 기술적용에 그다지 성공하지 못했다. 엄격한 규제가 유연성을 해친 것이다. 기술부족도 유럽대륙의 문제 중 하나일지도 모른다. 청년층 실업률이 높다는 것은 노동자가 새로운 기술을 습득하는 데 장애가 된다.

▷ICT에 대한 투자가 곧바로 생산성 향상으로 이어지는 것은 아니다. 새로운 기술에 대한 투자와 그 결과가 생산성으로 나타나기 까지는 시간차가 있으며, 이는 길고 변화가 풍부하다. 아마 하이테크 자본에의 투자와 생산성 향상 사이에는 우리가 생각하는 만큼의 밀접한 관계는 없을 것이다.

통화 공급량에 대한 오해(2004년 1월 4일)

▷ 인플레이션율과의 관계에서 통화 공급량을 인용하는 사람들이 때때로 있다. 그러나 내가 이번 강연에서 통화 공급량에 대해서 언급하지 않은 것은 말할 내용이 별로 없기 때문이다.

▷ 최근의 통화베이스나 M2(M1+각 금융기관의 정기예금을 합친 화폐 공급량)의 증가율은 완만 또는 하락했는데, 인플레이션율을 예상할 때에 화폐 증가율은 단기적으로는 유용하지 않다.

▷ 통화 공급량이 감소하고 있다고 해서 금융긴축의 증거라고 보아서는 안 된다!

인용의 마지막 부분에 있듯이 강연록에 '!' 표시가 있다. 버냉키가 상당히 안달하고 있는 모습을 볼 수 있다. 이 강연이 이루어진 즈음의 통화 공급량 M2*는 전년대비 플러스 4% 가까이 둔화되었다. FRB는 그것이 저금리 정책에 의한 MMF나 예금축소의 결과라며 실물경제와의 관련성을 문제시하지 않았다.

1970년대에는 의회의 요구도 있어, FRB는 한때 통화 공급량을 중시하고 의회에 통화 공급량 M1*의 증가목표를 보고했다. 그러나 통화 공급량과 실물경제와의 관련성이 희박해지자 87년에 M1의 목표 설정을 폐지하였고, 93년에는 통화 공급량의 '신빙성'이 떨어진다는 것을 인정하는 발표를 했다.[주16] 최근의 FOMC에서 통화 공급량은 주요한 지표로 사용되지 않는다.

그런데 FRB는 통화 공급량 M3*의 발표를 2006년 3월 23일부터 정지한다. 이를 계속할 경우의 사무적 부담과 장점을 비교 검토한 결과 공표정지에 이르게 된 듯하다. 만약 FRB가 통화 공급량에 중요한 정보가 담겨있다고 생각했다면 M3대신에 무엇인가 다른 카테고리를 새로 공식적인 통계에 추가했을 것이다. 예를 들면 세인트루이스 연방준비은행이 독자적으로 집계하는 MZM* 등을 생각할 수 있다. 그러나 FRB는 그와 같은 통화 공급량 통계의 확충에 오히려 손을 놓고 있다. 'FRB가 통화 공급량을 다시금 중시하기 시작했다.'는 오해를 받고 싶지 않아서 일 것이라고 시장에서는 추측하고 있다.[주17]

---

*M2 : M1+저축성예금, 거주자 외화예금
*M1 : 현금통화+통화 금융기관 요구불예금
*M3 : M2+각 금융기관의 예금·적금과 신탁원금을 합친 화폐 공급량
*MZM : zero maturity money를 말함. M1에 비해 유용하다고 한다.

FRB와 일본은행의 위원회를 비교해보자(FOMC 참가자 구성은 제 3장 참조). 일본은행의 최고의사결정기관은 정책위원회이다. 총재, 부총재 두 명, 6명의 심의위원 총 9명의 정책위원으로 구성되어 있다. 1998년에 현행 일본은행법이 시행되고 나서 일본은행은 FOMC의 스타일을 많이 보고 배우며 금융정책을 운영해왔다. 그러나 실제로 양자 사이에는 중요한 상이점이 존재한다. 그 차이를 인식하지 못한 채로 FRB나 일본은행을 연구하면 잘못된 방향으로 갈 우려가 있으므로 주의가 필요하다.

일본은행 금융정책결정회보다 반대표가 적은 FOMC

FOMC에서는 의안 제출을 의장밖에 할 수 없지만, 일본은행 금융정책결정회에서는 전원이 의안제출을 할 수 있다. FOMC는 일본은행 금융정책결정회보다 의안에 대한 반대투표가 적다. 즉, FOMC가 컨센서스를 중시하고 있다. 다르게 표현하자면 일본은행 쪽이 민주적인 논의를 하고 있다고도 할 수 있다(또한 일본은행의 '의장제안'은 회의의 컨센서스를 집약한 것이다. 일본은행 총재의 개인제안이 아니다. 이 때문에 의장제안이 부결되는 것은 형식상으로는 있을 수 없다).

FOMC 멤버(2006년 1월말 시점)의 1990년 이후의 투표행동을 집계하면 다음 표와 같다.(협력: 라이트슨 ICAP)

표에 포함되어 있지 않은 이미 퇴임한 멤버들의 투표행동도 감안해 보면 이사보다도 지역연방준비은행 총재들이 반대표를 많이 던지는 경향을 볼 수 있다(2005년 9월에 올슨 이사가 허리케인 카트리나 피해를 배려해 금리인상에 반대했는데, 이사의 반대표는 2002년 9월 이후 처음 있는 사건이었다).

또 지역연방준비은행 총재는 한마디로 강경파적 반대(컨센서스가 현상유지 시에 금리인상을 주장하거나 컨센서스가 금리 인상 시 현상유지를 주장) 경향이 있다. 반면 이사가 반대표를 던질 때에는 온건파적 반대(강경파의 반대)의 경우가 많다. 이사 임명은 대통령이 하지만 지역연방준비은행 총재 인사에는 정권이 관여할 수 없다. 이

FOMC 멤버들의 투표성향(1990~2006년 1월 말)

		투표 횟수	찬성	반대		반대 비율
				강경파적	온건파적	
그린스펀	이사(의장)	158	158	0	0	0%
퍼거슨	이사(부의장)	74	74	0	0	0%
바이스	이사	34	34	0	0	0%
콘	이사	29	29	0	0	0%
올슨	이사	34	33	0	1	3%
가이트너	뉴욕 연방준비은행(부의장)	18	18	0	0	0%
래커	리치몬드 연방준비은행	1	1	0	0	0%
피아날토	클리블랜드 연방준비은행	9	9	0	0	0%
옐런	샌프란시스코 연방준비은행	21	21	0	0	0%
가인	아틀랜타 연방준비은행	28	28	0	0	0%
모스코우	시카고 연방준비은행	58	58	0	0	0%
미네한	보스턴 연방준비은행	39	39	0	0	0%
플	세인트루이스 연방준비은행	26	24	2	0	8%
호잉	캔자스시티 연방준비은행	50	47	3	0	6%
피셔	달라스 연방준비은행	6	6	0	0	0%
산토메로	필라델피아 연방준비은행	16	16	0	0	0%
스턴	미네아폴리스 연방준비은행	59	56	3	0	5%
〈참고〉						
버냉키	이사(02년 8월~05년 6월)	22	22	0	0	0%

사와 지역연방준비은행 총재의 투표 경향에 미묘한 차이가 관찰되는 이유는 바로 여기에 있다.

한편, 일본은행 금융정책결정회의 반대표를 살펴보자, 후쿠이 도시히코(福井俊彦) 총재가 취임한 2003년 3월부터 2005년 12월까지의 금융조절에 관한 투표 상황을 보면 개최횟수 43회 중 반대표가 나타난 것은 16회로 비율이 37%나 된다. 같은 기간 FOMC에서 반대표가 나타난 회의의 비율은 불과 8%였다. 일본은행 정책위원회는 개개인 위원들의 지론이 충돌하는 것을 허용하는 운영체제이다.

반대표를 눌러 온 그린스펀. 버냉키는 민주적일까?

일본은행은 총재나 집행부가 심의위원에게 의장의 안(案)에 찬성하도록 사전에 의견조정을 하는 일은 그다지 없는 모양이다. 반면, FOMC는 전통적으로는 만장일치를 존중하는 경향이 있다. 특히 그린스펀 전 의장은 위원회 멤버들의 컨센서스 형성을 매우 중시했다. 샌프란시스코 연방준비은행의 옐런 총재는 일찍이 FRB 이사로 있었던 무렵을 되돌아보면서 "무기명 투표라면 의장의 안에 반대했을 것이다."라고 말한 적이 있다.

과거 그린스펀 의장은 FOMC 개최 1주일 전부터 이사들의 방을 개별적으로 방문해 사실상 의견조정을 해 왔다. 개별 이사들의 주장을 듣기 위한 방문이라기보다는 그린스펀이 생각하고 있는 결론을 인식시키기 위한 것이었다. 이사들 중에는 불쾌하게 생각하는 사람도 있었다고 한다. 개별방문은 그 후 그만두었으며 FOMC 전날(보통은 월요일)에 이사회가 열려 그곳에서 그린스펀 전 의장과 이사들의 견해가 조정되었다.[주18] 지역연방준비은행 총재에 대해서는 그 정도의 사전 조정은 이루어지지 않은 듯하다. 다만 최근에는 복잡하고 섬세해진 FOMC 성명문에 대한 찬반여부를 조정하기 위해서 FOMC 개최 전에 스태프들이 지역연방준비은행 총재에게 암호화한 전자메일로 임시 안(案)을 송부하고 있다(제3장 참조).[주19]

그린스펀도 취임 후 1990년대 전반까지의 FOMC를 보면 반대표 발생률이 최근보다 높았다. 정확한 정책판단의 축적이 반대의견 조정을 가능하게 했던 것이다.

버냉키 의장은 앞으로 실적을 만들어 가는 입장이다. 당분간은 그린스펀보다 FOMC를 민주적으로 운영할 수밖에 없을 것이다. 수년간은 반대표 발생 비율이 높아질 가능성도 생각할 수 있다. 2006년 1월 30일자의 〈월 스트리트 저널〉도 어느 FRB 간부의 입을 빌어 FRB의 내부 운영이 보다 민주적이고 정책결정이 더욱 합의적으로 될 가능성을 보도했다.

멤버들의 정보 대외공개

의장 이외의 FOMC 멤버들(이사, 지역연방준비은행 총재 등)이 강연 등에서 금융정책에 대해서 발언할 때 공식적으로는 사전에 조정을 하지 않는 모양이다. 2004년 1월에 버냉키 이사(당시)는 "강연이나 증언에서 이사나 지역연방준비은행 총재 사이에서 조정이 이루어지고 있다는 오해가 널리 존재한다. 그러나 실제로 조정은 이루어지고 있지 않다."라고 말했다.

그렇지만 FOMC의 각 멤버들은 항상 FOMC의 컨센서스를 강하게 의식하면서 대외적 발언을 하고 있다. 이 때문에 시장에서 볼 때, 예상 외 혹은 자극적인 표현은 의장 이외의 강연에서는 찾아보기 힘들다. 이런 이유로 2005년 8월에 달라스 연방준비은행의 리처드 피셔 총재가 "현재의 금리인상 국면은 야구에서 말하지만 8회 말이다."라고 발언했을 때 금융시장은 FRB 간부가 조만간 금리인상 중지를 시사했다며 대소동이 일어났다. 다만, 이 발언은 완전히 실언이었으며 직후에 바로 철회되었다.

FRB의 홍보담당관은 신임 이사들에게 시장을 움직이는 발언은 피하도록 하자는 등의 미디어 대책 '수칙'을 조언해 주고 있는 듯하다. 이 때문에 이사들은 과거의 금융정책에 대해서는 언급해도 장래에 관한 발언은 자연스럽게 피하는 경향이 나타난다. 그린스펀 전 의장은 더 나아가 명확한 대외 발언의 '가이드라인'을 책정하려고 했지만 이는 실현되지 못했다.[20]

FOMC 멤버들에 비하면 일본은행의 각 정책위원들은 장래 금융정책에 관한 개개인의 지론을 대외적으로 자유롭게 표명하고 있다. 특히 6명의 심의위원들의 강연에 대해서는 집행부와의 사전조정이 전혀 이루어지고 있지 않다는 점에 유의할 필요가 있다. 시장을 향한 위원들의 발언 속에서 정책위원회의 컨센서스와 개별 견해 부분을 나누어 듣는 것이 중요하다.

회의 횟수 비교와 FOMC의 스페셜 토픽

FOMC는 연간 8회 개최된다. 한편 일본은행 금융정책결정회의는 2004년에 16회, 2005년에는 15회 개최되었다. 둘 다 긴급회의를 개최할 수 있다.

시장참가자들의 시각에서는 일본은행의 개최횟수가 너무 많은 듯 보인다. 주목해야 할 경제지표 발표가 특별히 없음에도 불구하고 회의가 개최되는 경우도 종종 있다(유럽중앙은행의 경우 금융정책 변경을 검토하는 이사회는 월 1회이다). 그렇지만 일본은행법 시행령은 금융정책결정회의 빈도를 '한 달에 두 번 정도 상당한 간격을 두고 소집하는 것을 관례로 해야 한다'고 정하고 있다. '상당한 간격을 두고'라는 조건이 있기 때문에 연말연시의 연휴, 골든 위크(Golden Week) 등 충분한 간격을 둘 수 없는 달에는 한번만 개최하게 되는데, 이 이상 횟수를 줄이기 위해서는 법 개정이 필요하다.

FOMC는 연간 8회 중 2회에 대해서는 스페셜 토픽을 논의한다. 최근에는 다음과 같은 논의가 이루어졌다.

- 2000년 6월 '통화 공급량 목표를 중지한 가운데에서의 금융정책의 장기적 전략'
- 2001년 1월 '재정적자 축소에 따른 국채감소에 공개시장조작은 어떻게 대처할 것인가'
- 2001년 6월 '생산성 증가에 대해서'
- 2002년 1월 '1990년대 일본의 디플레이션과 금융정책의 교훈'
- 2002년 6월 '1990년대의 디스인플레이션과 인플레이션 예상 모델'
- 2003년 1월 '점진적인 금융정책과 적극적인 금융정책의 비교'
- 2003년 6월 '제로금리 하의 금융정책'
- 2004년 1월 'FRB와 시장과의 원활한 대화'

- 2004년 6월 '경상적자 문제'
- 2005년 2월 '인플레이션 타깃팅'
- 2005년 6월 '주택가격과 금융정책'

반년마다의 스페셜 토픽을 관찰하는 것은 FOMC 멤버들의 그 시점의 문제의식을 파악하는데 있어 매우 중요하다. FRB 정책의 기조적 변화를 가져오는 경우가 있기 때문이다.

(1) 미국의 중앙은행은 정식으로는 연방준비제도(Federal Reserve system : FRS)라고 불린다. 이는 전미 12개 지역에 배치된 연방준비은행(Federal Reserve Bank, 이른바 지역은행)과 이를 통괄하는 워싱턴의 연방준비제도(Board of Governors of the Federal Reserve System)로 구성되어 있다(이와 같은 특이한 형태가 된 배경은 제3장 참조). 미국에서는 이 연방준비제도(FRS)를 'Fed'라는 약칭으로 부르는 경우가 많다. 'FRB'는 정식 약칭이 아니다. 연방준비은행의 머리글자를 따면 'FRB'가 되며, 또 연방준비제도이사회도 Federal Reserve Board라고 불리는 일이 있기 때문에 혼돈이 일어나는 경우가 있다. 이 책에서는 원칙적으로 'FRB'가 워싱턴의 연방준비제도이사회를 가리킨다.

(2) 《A term at the Fed》 L. H. Meyer, Harper Business

(3) 뉴욕 타임스 2005년 10월 26일자

(4) 상동

(5) 동 2005년 10월 25일자

(6) 동 2005년 10월 26일자

(7) 동 2005년 10월 25일자

(8) 동 2005년 6월 17일자

(9) 동 2005년 10월 26일자

(10) 블룸버그 뉴스 2005년 10월 8일자

(11) 뉴욕 타임스 2005년 10월 26일자

(12) 상동

(13) 블룸버그 뉴스 2006년 1월 31일자

(14) 《The Inflation Targeting Debate》 edited by Ben S. Bernanke and Michael Woodford, University of Chicago Press

(15) 블룸버그 뉴스 2005년 12월 7일자

(16) 〈중앙은행의 독립성〉 미키 타니요시(三木谷良一), 이시가키 겐이치(石垣健一) 편저, 동양경제신보사

(17) 라이트슨 ICPA 〈The Money Market Observer〉 2005년 11월 14일자

(18) 《A Term at the Fed》 L. H. Meyer, Harper Business

(19) 월 스트리트 저널 2006년 1월 30일자

(20) 《A Term at the Fed》 L. H. Meyer, Harper Business

2장

자산버블에 시달리는 FRB
– 자산가격과 금융정책의 관계

1. 자산가격의 변동이 초래하는 불안정성

J. K. 갈브레스는《A short history of financial euphoria ; 버블 이야기》에서 시사점이 많이 담긴 지적을 했다. "금융상의 기억이라는 것은 기껏해야 20년밖에 지속되지 않는다고 가정해야 한다." 버블이나 버블 후의 반동으로 괴로워해도 20년이 지나면 "큰 재난의 기억이 사라지고 지난번의 광기는 모습을 바꿔 다시 찾아온다."라고 했다.

일본의 경우 버블 경제의 정점이 1989~90년이었다고 한다면, 현 시점에서 16년~17년이 경과한 셈이다. 20년이라고 하면 앞으로 3~4년 정도 남았다. 최근의 주식시장과 도심지역의 부동산에서 볼 수 있는 붐에서 갈브레스의 우려를 미리 예감할 수 있다.

해외 각국에서도 최근, 각지에서 자산가격의 급상승이 빈번히 관측되고 있다. 벤 버냉키는 1999년에 발표한 논문(마크 가틀러와 공저)에서 다음과 같이 기술했다.

'과거 20년간 세계의 주요 중앙은행들은 인플레이션율 제어에 성공해 왔다. 인플레이션은 이제 큰 문제가 되지 않는다고 하는 것은 시기상조이지만, 중앙은행이 직면한 다음 싸움은 다른 전선(前線)에 존재한다고 생각된다. 이미 정책결정자들의 관심이 집중되어 있는데 자산가격의 급변동으로 인해 금융의 불안정성이 현저히 높아져 있다.'("Money Policy and Price Volatility")

유럽 중앙은행, BIS도 자산버블에 높은 관심

'금융정책은 자산버블에 어떻게 대처해야 할까?'라는 논의는 미국과 유럽 등에서 특히 2002년경에 현저히 활발해졌다. 세기말 경부터 주택가격 급등과 같은 자산버블에 시달리는 중앙은행이 세계적으로 증가했기 때문이다.

이 같은 문제의식을 배경으로 시카고 연방준비은행과 세계은행은 2002년 4월에 공동으로 '자산버블: 금융정책, 금융감독, 국제정책에 대한 임플리케이션'이라는 대규모 심포지엄을 열었다. 전 세계의 중

미국의 인플레이션율과 급등하는 주택가격(전년대비)

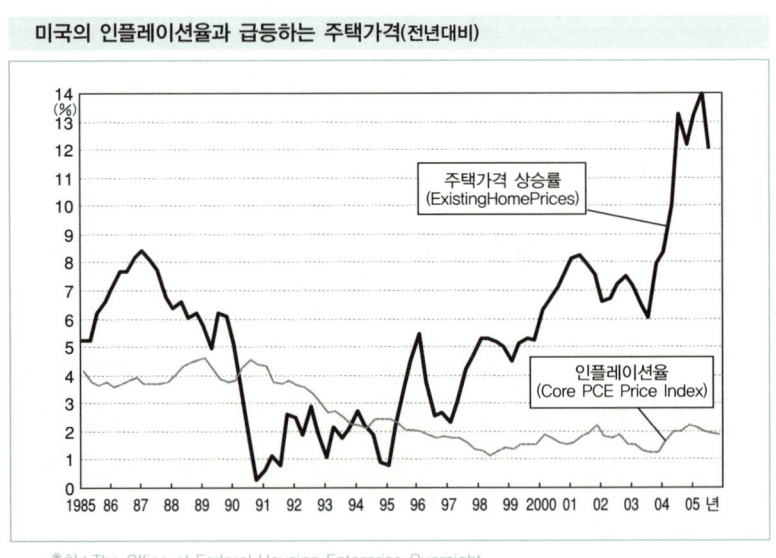

• 출처 : The Office of Federal Housing Enterprise Oversight
  U.S. Department of Commerce

앙은행 관계자와 저명한 경제학자 70여명이 논문 발표자나 해설자로 프로그램에 이름을 올렸다. 또 2003년 8월에는 오스트레일리아 준비은행이 '자산가격과 금융정책'이라는 국제 컨퍼런스를 개최했다.

국제결제은행(BIS)의 이코노미스트(C. 폴리오 & P. 로)가 2002년 7월에 발표한 논문〈asset prices, financial and monetary stability〉은 같은 해 여름에 유럽과 미국의 언론에서 큰 화제가 되었다.

이 논문은 중앙은행이 추구해 온 안정적인 저 인플레이션율의 달성 그 자체가 금융의 불균형을 확대해 버블의 온상이 된다고 지적하고 있다. 장래 인플레이션율이 안정될 것으로 예상되면 기업과 투자자들로서는 미래의 불확실성이 대폭적으로 낮아진다. 이 때문에 그들의 예상수입은 오름세로 돌아서고 나아가서는 유포리아(euphoria, 근거 없이 병적인 낙관에 빠지는 상태)가 발생하기 쉬워진다고 한다.

버블을 식별하는 것은 곤란하지만, 1960년 이후 34개국을 분석한 결과 이는 불가능한 것이 아니라고 폴리오&로는 주장하고 있다. 금융정책은 인플레이션율만 목표로 해서는 안 되며 버블 초기에 보이는 신용의 급격한 확장을 억제할 필요가 있다고 제창하고 있다.

이러한 당시의 이코노미스트들의 논의를 정리하는 형태로 버냉키 FRB 의장도 2002년 10월 15일(당시는 FRB 이사)에 '자산가격 버블과 금융정책'이라는 강연을 했다(후술). 금융정책에서 자산거품에 대처하는 일에는 현실적으로 많은 문제를 동반한다. 이런 까닭에 그린스펀 전 의장도 발언 뉘앙스가 흔들리기도 하고 고민해가면서 자산시장과 대화를 해 왔다. 그린스펀 시대의 FRB가 실제로 어떤 판단을 제시해 왔는지를 돌이켜보자.

2. 그린스펀 의장과 자산 버블

'근거 없는 열광' 숨겨진 키워드

각국의 보도기관들이 입주해 있는 워싱턴 내셔널 프레스 빌딩. 그 맨 꼭대기 13층 엘리베이터 옆에 있는 보도 자료를 배포하는 책상 위에는 그 강연 텍스트가 아무렇지 않게 놓여 있었다. 1996년 12월 5일 오후 4시(한국시간 6일 오전 6시)를 조금 넘었을 무렵이었다. 몇 시간 후 도쿄시장을 강타하고 나아가서는 아시아, 유럽 그리고 진원지인 미국 뉴욕 시장까지 연쇄적인 대 혼란에 몰아넣을 문장이 이 텍스트 속에 숨겨져 있으리라고는 그 시점에서 대부분의 기자들이 인식하지 못했다.

강연은 '민주주의 사회에서의 중앙은행의 도전(The Challenge of Central Banking in a Democratic Society)', 연설자는 앨런 그린스펀 FRB 의장이었다. FRB는 이사회 멤버들의 강연내용을 텍스트 형태로 사전에 언론에 배포한다. 보통은 강연 개시 30분 전에 배포하지만, 이 날은 만찬회 때문에 강연이 오후 7시 이후의 늦은 시간에 잡혔다. 그래서 FRB 홍보담당자가 귀가하기 전에 미리 배포했다.

내셔널 프레스 빌딩에서 남서쪽으로 백악관 남쪽의 일립스 공원을 가로질러 몇 블록을 나아가면 FRB 본부가 있다. 이날 그린스펀 의장은 드물게 저녁시간으로 정해진 강연 텍스트를 이사회 멤버들에게 회부하고 의견을 구했다. 로렌스 마이어 이사는 이 텍스트를 한 단어, 한 구절씩 읽어 나갔다.

경제사에 조예가 깊은 그린스펀 의장이 심혈을 기울여 준비한 내용이었다. 그것은 독립전쟁, 남북전쟁시절의 금융·경제정세, 1907년의 금융공황, 1914년의 연방준비제도의 탄생, 1929년의 주가폭락과 이에 따른 대공황, 제2차 세계대전과 금융정책, 1970년대의 스태그플레이션 등 경제사의 그림을 보는 듯한 전개였다.

그리고 여섯 장 째(텍스트 전체는 여덟 장)에 키워드가 숨겨져 있었다. 그린스펀 의장은 이 여섯 장 째 텍스트에서 '우리는 근거 없는 열광(Irrational exuberance)이 언제 자산가격을 과도하게 끌어올리고, 또 과거 10년간 일본에서 발생한 것과 같은 장기적인 경제수축으로 이어질지 알 방법은 없을까?' 라고 질문을 던졌다.

FRB 이사도 키워드를 놓치다

이 역사이야기 전개를 앞에 두고 읽어 내려가던 기자들도 큰 뉴스가 되지는 않을 것이라고 방심했다. 키워드는 이야기가 끝날 무렵, 게다가 의문형의 질문을 던지는 표현으로 되어 있어 임팩트는 한층 약해져 있었다. 나중에 마이어 이사도 이 질문의 중요성을 인식하지 못했다고 고백했다. 그린스펀 의장이 주빈석으로 돌아오는 적당한 틈에, 의장의 옆에 앉아 있던 NBC TV 백악관 담당기자 안드레아 미첼(1997년에 그린스펀 의장과 결혼)이 같은 테이블에 있던 저명한 비즈니스맨과 이코노미스트들에게 보도의 가치가 있는 이야기가 있는지를 물었지만, 어느 누구도 뉴스성 있는 곳을 지적하지 못했다고 한다('A Term at the Fed' L. H. Meyer, Harper Business).

이 강연을 접한 통신사들의 기사내용도 제각각이었으며 '근거 없는 열광'을 헤드라인으로 내세운 곳은 극소수였다. 도쿄 증권거래소는 이미 거래를 개시하고 있었는데, 이러한 보도내용을 보고 아침 무렵에는 소폭의 움직임으로 추이를 관망하고 있었다. 일본시각 6일 오전 10시(미국 동부시간 오후 8시)에 닛케이 평균 주가는 전일대비 74엔 37전(0.36%) 하락하는 데 그치고 있었다(한국종합지수종가 699.89 마이너스 6.41포인트, 0.91%하락).

그런데 그 후 미국 시카고 글로벡스 시스템의 S&P 500종목 선물지수 시세가 야간거래에서 급락했다는 소식이 전해지자 도쿄시장은 오전 장 후반부터 오후 장에 걸쳐 하락세가 빨라졌다. 이 날의 닛케이 평균 종가는 667엔 20전(3.19%) 하락한 2만 276엔 70전으로 떨어졌다. 그 해 최대의 하락폭이었다.

12월 6일에 도쿄와 유럽시장의 뒤를 이어 열린 뉴욕 주식시장은 다우공업지수가 오전에 144달러 60센트(2.3%) 급락했다. 그러나 그 후 더 내려갈 듯 하다가 멈춰서, 종가는 55달러 16센트 하락한 6,381달러 94센트로 하락폭의 3분의 2 가까이를 회복했다.

그린스펀 의장이 후에 자산가격에 대한 당국자들의 구두(口頭) 개입에 대해서 "초기에는 효과가 있을지 몰라도 곧 반격하게 될 것이다."라고 말했는데, 이는 이때의 일을 염두에 두고 한 말일 것이다.

구두개입에 대한 의회의 맹렬한 반발

그린스펀 의장의 '근거 없는 열광' 발언으로 주가가 급락하자, 의원들 사이에서 '중앙은행의 수뇌는 구두개입으로 국민의 자산가치를 낮춰서는 안 된다'는 비난이 들끓었다. 공화당의 중진인 트렌트 로트 상원 원내총무도 이러한 의원들을 대변해서, 12월 8일에 폭스

뉴스와의 인터뷰에서 "FRB 독립성의 정도에 대해서 약간 경계하고 있다."고 발언했다. 중앙은행에 의한 자산시장 견제는 정치가들의 반발을 초래한다는 전형적인 예이다.

이러한 소동 속에서 '근거 없는 열광' 발언으로부터 꼭 1주일이 지난 12월 12일 오전 10시, 로트 의원의 사무실에 들어가는 그린스펀 의장의 모습이 목격되었다. 로트 의원이 FRB의 독립성을 견제하는 법안을 상정한다는 억측이 나돌면서 시장은 동요하고 있었다. 그린스펀 의장은 로트 원내총무와 약 50분간 이야기를 나눈 후 사무실에서 나왔는데, 둘러싼 기자단의 질문에는 한 마디도 대답하지 않고 차량에 탑승했다. 조 코인 FRB 대변인은 기자단의 질문에 대해 "내가 알기로 두 사람은 회담을 가졌다."고 말했을 뿐이었다. 회담의 타이밍을 볼 때 그린스펀 의장이 '근거 없는 열광' 발언에 대한 해명을 위해 로트 의원을 방문한 것임은 틀림없다. 반면 FRB의 독립성 확보를 정책의 중요한 골자로 삼고 있던 로버트 루빈 재무장관은 2월 8일 NBC TV와의 인터뷰에서 그린스펀 의장의 '근거 없는 열광' 발언에 대해서 "의장은 문제를 제기한 것뿐이며 답변을 시사한 것은 아니다."라고 말했다. 주가수준에 대한 지적인 논의의 확산을 추구한 것에 지나지 않는다며 그린스펀을 변호한 것이다.

루빈의 자서전 《In an Uncertain World》에 따르면, 당시 그도 주식시장의 과열에 대해서 강한 우려를 갖고 있었다고 한다. 주가가 상승할 때마다 그린스펀 FRB 의장과 논의했다고 한다. 이 책에서 루빈은 그린스펀의 '근거 없는 열광' 발언이 주가를 의미하는 것이었는지 아닌지는 모른다고 애매한 표현을 했다. 또 루빈 자신은 정부의 고위 관료들이 주가수준에 대해 언급하는 것은 적절하지 않다고 판단해 고민하면서도 견제를 보류했다고 한다.

자산효과에 의한 경기과열을 경계

그린스펀 의장의 '근거 없는 열광' 발언에 의한 문제제기의 배경에는 FOMC의 논의에 강한 영향을 주는 FRB 조사통계국의 경제전망이 있었다. 이는 '경이적인 주가상승은 금융정책이 우리의 인식보다 훨씬 완화적이라는 것을 시사하고 있을 가능성이 있다'고 경계신호를 발하고 있었다. 이 조사통계국의 견해는 초록색 표지의 '그린북'으로 정리되어 1996년 12월 17일의 FOMC에 제출되었다.

100명 이상의 박사학위 취득자들을 거느리고 있는 FRB 조사통계국은 미합중국 최고의 씽크탱크이다. 그 분석은 연방준비제도에서 절대적인 권위를 가지며, 그 수장인 조사통계국장은 금융정책국장, 국제금융국장과 함께 FRB의 배런(Baron, 거물, 유력자)으로 불린다. 이 날 FOMC에서 당시 금융정책국장을 지냈던 도널드 콘(현 FRB이사)은 "주가상승은 실질금리가 매우 낮아 인플레이션 억제에 충분하지 않다는 것을 시사하고 있다."라고 지적했다. 그리고 "만약 버블이 형성되어 있다면 FOMC는 이를 파열시켜야 할 것인가?"라고 질문을 던졌다.

그린스펀 의장의 '근거 없는 열광'이라는 문제제기에 이어, 콘 국장은 더 구체적으로 중앙은행은 버블을 인지하고 이를 파열시켜야 할 것인지를 물은 것이다.

이 문제의식을 출발점으로, 그 후 그린스펀 의장을 비롯한 FRB가 일환이 되어 자산가격과 금융정책의 관계에 대해서 탐구를 계속했

다. 이제부터 그 조사연구 과정을 그린스펀 의장의 발언이나 FOMC
의 자료를 통해 살펴보자.

당시 페더럴 펀드 금리의 유도목표는 1995년 2월의 6%를 정점으
로, 그 해 경기하강을 배경으로 95년 7월, 12월 그리고 96년 1월 세
차례에 걸쳐 0.25포인트씩 인하되어 5.25%가 되었다. 하지만 1996
년은 거의 1년 동안 5.25%로 동결되어 있었기 때문에 경기과열 양상
이 확산되어 있었다.

금리동결의 다른 한편으로 FOMC는 1996년 7월부터 금융정책의
경향을 나타내는 '바이어스(Bias : 제5장 칼럼8 참조)'를 '긴축방향'
으로 정하고, 그린스펀 의장의 판단으로 언제든지 금리인상을 결정
할 수 있는 태세를 갖추고 있었다.

이 '긴축 바이어스'는 이듬해인 1997년 2월의 FOMC에서도 계속
되었다. 그린스펀 의장은 같은 달 26일에 상원 은행위원회에서 '근
거 없는 열광'을 직접 인용하며 "이 질문에 대해 아직 만족스러운 해
답을 얻지 못했다."라고 말했다.

의장에 의한 두 번째 문제제기가 있자 '중앙은행의 구두개입
(Jawboning)'이라는 비판이 다시금 강해졌다. 의원들 사이에서는
FOMC가 주가상승을 핑계로 금리를 인상하려 한다는 경계감이 높아
져 있었다.

그린스펀 의장은 이러한 의원들의 반발에 부딪치자, 1997년 3월 5일
에 하원 금융위원회에서 "통상의 주가모델을 적용하여 애널리스트들

의 기업수익전망이 맞다고 한다면 주가는 부당한 수준이 아니다."라고 '근거 없는 열광' 발언의 수정에 나섰다. 그러나 한편으로는 "미국 경제는 분명히 풀가동 상태에 근접하고 있다. 또 과열징후는 나타나 있지 않지만, 이 지대에 들어서면 리스크는 상승한다. 우리는 사태를 주시하고 있다."라고 실물경제의 과열을 배경으로 금리인상의 가능성을 강하게 시사했다.

반대를 무릅쓴 2년만의 금리인상

그리고 1997년 3월 20일에 상하원 합동경제위원회 청문회를 맞이한다. 증언자는 그린스펀 의장 단 한 사람. 금리인상을 단념하게 하려는 의원들의 날카로운 질문이 계속되었다.

긴장된 분위기를 일순간 풀리게 한 것은 베테랑인 폴 사베인스 상원의원(민주당)이었다. 사베인스 의원은 〈불가해한 FRB 의장의 보디랭귀지〉라는 제목의 워싱턴 포스트 일러스트 기사를 꺼내들었다. 그리고 "의장의 몸짓을 관찰했는데, 두 손으로 안경위치를 조정했지요?"라고 웃음 섞어 이야기를 시작했다.

"그게 대체 무슨 소리입니까?"라고 의아해하는 그린스펀 의장에게 사베인스 의원은 "관망자세를 의미합니다. 즉 당신이 귀찮은 문제에 말려들지 않는다는 뜻입니다."라고 농담 섞어 금리인상을 견제했다. 또한 그는 워싱턴 포스트의 일러스트를 한 장씩 설명했다. 그에 따르면 '한 손 팔굽혀펴기'가 '금리인상은 할 수 없다'는 사인이라는 것이다. 그린스펀 의장은 즉시 "세상이 넓다고는 하지만, 중앙은행 총재 중에서 한 손 팔굽혀펴기를 할 수 있는 사람을 없을 테지요."라고 경미한 터치로 반격하자 위원회장은 웃음바다가 되었다.

이 의회의 견제를 물리치고 5일 후에 열린 FOMC는 만장일치로 페더럴 펀드 금리의 0.25포인트 인상을 결정했다. 금리인상은 1995년 2월 이후 2년만의 일로 페더럴 펀드 금리 유도목표는 5.5%가 되었다. 경기과열에 따른 인플레이션 억제가 목적이었다. 주가에 대해서는, 자산효과에 의한 경기과열이라는 2차적 영향을 고려한 것으로 주가에 직접 영향을 줄 정도는 아니었다. 단 인플레이션율이 안정되어 있었기 때문에 이 금리인상에 대해서 의회의 강한 반발이 일어났다.

아시아 통화위기가 뉴욕 시장을 강타

그 후 경기확대와 노동시장의 압박이 진행되는 가운데에도 1997년 5월의 FOMC는 금리인상을 보류했지만 긴축방향의 바이어스를 결정한다. 그리고 11월까지 같은 바이어스를 유지하며 긴축으로의 임전태세를 계속했다. 그린스펀 의장이 금리인상을 단념한 것은 생산성향상으로 인플레이션이 억제되고 있기 때문에 금리인상이 필요하지 않다는 온건파적인 견해를 수용한 것이 컸다.

게다가 같은 해 여름, 태국을 발화점으로 확산된 아시아 금융위기가 가을에는 홍콩 주식시장을 강타한다. 이 때문에 1997년 10월 27일 뉴욕 증권거래소 주가가 폭락하여, 다우공업지수가 554달러 26센트(7.2%) 하락한 7,161달러 15센트가 되었다. 시장의 분위기는 버블 우려에서 버블 파열에 대한 우려로 일변했다. 이와 같은 폭락에서도 다우공업지수는 그린스펀 의장이 '근거 없는 열광'이라 경고한 1996년 12월 5일의 수준을 여전히 12%나 웃돌고 있었다.

그 이틀 후인 10월 29일, 그린스펀 의장은 상하원 합동경제위원회 청문회에 참석했다. 이 위원회의 짐 색스톤 위원장은 경제동향이 긴박하고, 여론의 관심이 높아지는 적당한 때를 보아 시의 적절하게 청문회를 개최한다. 이렇게 함으로써 지역구 유권자에 대한 어필도 할 수 있기 때문이다. 이날 청문회 장소는 상원 빌딩 안에서 가장 넓은 회의장이 주어졌다. 그곳에는 임시기자석도 마련되었고, 색스톤 위원장의 지역구인 뉴저지 주 기자단에게는 특별석까지 마련되어 있었다. 청문회 시작은 오전 10시. 그러나 통신사 기자들에게 있어서 오전 10시는 제1보를 이미 타진한 시간이다.

주가 끌어올리기 이야기로 전환한 그린스펀

평소 그린스펀 의장의 의회증언은, 증언시작 30분 전에 서두의 증언내용을 텍스트 형태로 해금상태로 기자단에 배포된다. 이 날은 그린스펀 의장이 아침에 강연 텍스트의 퇴고를 거듭했기 때문에 텍스트 배포가 늦었다. 의장은 지병인 요통치료를 위해서 매일 아침 욕조에 따뜻한 물을 가득 채우고 한 시간 정도 몸을 담근다. 그곳에서 원고를 첨삭하고 통계숫자를 체크한다. 이날 아침에도 하루 일과 중 하나인 아침 목욕으로 증언 텍스트를 퇴고했다고 한다. 이 때문에 담당자에게 텍스트가 건네진 것은 해금 10분전이라는 아슬아슬한 시간이었다. 게다가 텍스트 사본이 모자라 많은 기자들이 한꺼번에 쇄도했기 때문에 대 혼란이 일어나 몇 부의 텍스트는 흩어져 버리기도 했다.

각 언론은 몇 명의 기자가 텍스트의 서두, 말미, 중앙부 등을 분담해서 읽기 시작했다. 그린스펀 의장은 메시지를 명확하게 전달하고 싶을 때 키워드를 글의 첫머리에 배치한다. 이날의 키워드는 첫 장에 있었다. 이렇게 해서 미 동부시간 오전 10시 정각에 각 통신사는 일제히 '주가폭락은 장래 건전한 사건으로 떠올려질 것이다'라는 헤드라인을 송신했다. 그린스펀 의장은 또 "주가 하락은 미국경제의 과열을 억제하고 경기확대기간을 늘리는 일이 될 것이다."라고 말해 불안심리를 진정시키기 위해 애썼다. 11개월 전에 발표한 '근거 없는 열광' 경고에서 일변하여 주가 끌어올리기로 어조를 바꾼 것이다.

아시아 위기는 한국에도 파급되었다. 1997년 12월 FOMC는 바이어스를 그때까지의 '긴축방향'에서 '중립'으로 전환했다. 이듬해인 1998년 8월 2일의 FOMC에서도 '중립' 바이어스를 계속했다.

그런데 국제적인 금융지원이 주효한 아시아 위기가 소강상태가 되자, 미국경제에 다시금 과열징후가 나타나기 시작했다. 이에 FOMC는 같은 해 3월 31일 다시 바이어스를 '긴축방향'으로 되돌렸다. '긴축방향' 바이어스는 그 후 같은 해 7월 1일의 FOMC 회의까지 이어져 금리인상 임전태세를 갖추고 있었다.

이렇게 미 금융당국이 경기과열을 한창 경계하고 있던 1998년 8월 17일, 러시아 정부는 갑자기 루블화 평가절하와 모라토리움(Moratorium, 대외채무 변제 연기)을 발표했다. 러시아 금융위기가 발발한 것이다. 다음날인 8월 18일에 열린 FOMC는 바이어스를 다시금 '중립'으로 인하하는 등 분주하게 움직였다. 러시아 금융위기로 뉴욕 증권거래소 주가는 8월 31일에 512달러 61센트(6.4%) 폭락해 7,539달러 15센트가 되었다. 그래도 대폭적인 하락을 기록한 전년도 10월 27일의 종가 7,161달러를 5.3% 웃도는 수준이었다.

그린스펀 의장은 8월의 FOMC에서 바이어스를 '긴축방향'에서 '중립'으로 낮춘 것을 시장에 주지시킬 필요가 있다고 생각했다. 당시, 바이어스는 차기 FOMC가 종료한 후에 의사록요지를 발표함으로서 비로소 공표되고 있었다. 통상적이라면 10월 초순까지 기다려야 한다.

생각하다 지친 그린스펀 의장은 9월 4일의 캘리포니아 대학교에서 강연 일정이 잡혀 있다는 것이 생각났다. 이 강연은 금융정책의 방침 전환을 시사하는 데 있어 좋은 자리이다. 이 강연에서 의장은 9월 4일 러시아에서 파급되어 온 국제금융위기에 대해서 "미국 혼자서 번영의 오아시스에 머무를 수 있다고 믿을 수는 없다."고 비유적으로 말하면서 위기에 직면하고 있음을 명확히 전했다.

그리고 9월 19일의 FOMC 정례회의에서 0.25포인트의 금리인하를 결정했다. 그 2주 후에는 긴급 FOMC를 소집해 0.25포인트 추가 금리인하를 단행했다. 또한 11월 17일에는 세 번째로 금리를 0.25포인트 인하하여 불과 2개월 사이에 페더럴 펀드 금리는 4.75%까지 내려갔다.

미국경제는 이 저금리로 한층 더 과열되었고 주식시장의 버블은 가파르게 진행되었다. FOMC는 1999년 5월에 바이어스를 '긴축'으로 전환하고, 6월 30일의 회의에서 0.25포인트의 금리인상에 나섰다. 그린스펀 의장은 그 2주 전인 6월 19일의 의회증언에서 주가급등에 대해 "버블은 일반적으로 파열된 후에 버블이었다고 비로소 인식할 수 있는 것이다. 버블의 파열이 결코 조용한 것은 아니지만, 그 결과가 반드시 재앙적인 것은 아니다."라고 언급하며, 버블은 파열 후 치료에 전념하는 것이 중요하다는 입장을 처음으로 밝혔다.

돌이켜보면 실제로 버블화가 진행되는 과정에서, 그린스펀 의장은 버블을 인식하는 것은 매우 어렵기 때문에 파열 후의 치료에 전념한다는 정책을 확립했다. 또 그린스펀 의장이 그 중요성을 가장 먼저인식한, 생산성 향상을 원동력으로 하는 주가상승은 정당화된다는판단에 치우쳐 있었다.

FRB 조사통계국장 프렐의 경고

FOMC의 주역은 물론 의장이지만, 그 의장을 뒷받침하는 주역은그린 북을 제출하는 조사통계국장과 금융정책을 망라한 블루 북(제3장 참조)을 제출하는 금융정책국장이다.

세기말을 장식하는 마지막 FOMC는 연말이 다가오는 1999년 12월21일에 열렸다. 조사통계국장 마이클 프렐은 그린 북을 보며 향후 2년간의 실질경제성장 전망을 4%에 약간 못 미치는 것으로, 실업률을 4%부근, 물가연동 국내총생산(GDP)증가율 2% 상승이라는 매우 양호한예측을 제시했다. 프렐 국장은 거기서 잠깐 숨을 돌리고는 "우리는 경제가 매우 과열되어 있을 가능성이 있고, 어떤 면에서는 심하게 왜곡되어 있다고 판단한다."라고 강한 경고성 메시지를 발했다.

그는 주가상승을 '금융의 기관차'로 표현하며, "주가상승 효과가금융긴축 효과를 웃돌고 있다."라고 지적했다. 그리고 "1999년에 실행한 0.75포인트의 금리인상이 충분한지 여부는 아직 알 수 없다."라고 말을 맺었다.

이에 대해 그린스펀 의장은 "기조적인 인플레이션은 가속화되고있지 않으며 경기과열 시나리오를 부정하고 있다. 생산성이 주도하는 매우 강한 성장 시나리오이다. 경제의 과열이 있다고 한다면 이는 모두 자산효과에 의한 것일 것이다."라고 말했다. 그 자산효과에 대해서도 의장은 "계속되지는 않는다."고 지적, 시장 매커니즘에 의한 조정에 맡길 자세를 보였다. 이 날의 FOMC는 Y2K문제를 앞두고 있다는 점이 고려되어 금리동결을 결정했다.

버블 파열 후의 대폭적인 금리인상과 2001년 1월의 전격적인 금리인하

1999년은 IT주식의 버블을 기관차로 하는 경기과열이 진행되었는데, FOMC에 의한 금리인상은 3회(합계 0.75포인트)에 그쳐, 연말 페더럴 펀드 금리 유도목표는 5.5%로 1998년 8월의 러시아 금융위기에 따른 금리인하 폭을 해소하는 데 지나지 않았다.

2000년 해가 바뀜과 동시에 주가는 이상한 움직임을 보였다. 뉴욕증권거래소의 다우공업지수가 1월 4일에 359달러(3.2%) 급락한 것이다. 그러나 곧바로 회복해 1월 14일에는 11,722달러 98센트로 사상최고치를 기록했다. 경기과열로 인한 인플레이션을 경계한 FOMC는 같은 해 2월 2일, 3월 21일 모두 0.25포인트씩 소폭의 금리인상을 계속해 페더럴 펀드 금리는 6.0%로 상승했다.

그리고 뉴욕시장의 다우공업지수는 같은 해 4월 14일에 617달러 78센트(5.7%) 떨어진 10,305달러 77센트로 사상최대의 하락폭을 기록했다. IT기업이 주체인 나스닥 지수는 4월 14일에 355.49포인트 (9.7%) 급락해 3,321.29포인트가 되었다. 같은 해 3월 10일에 기록한 사상최고치(5,048.62포인트)에서 43%나 하락했다.

이렇게 버블이 붕괴되기 시작되면서 열린 2000년 5월 16일의

FOMC에서도 여전히 버블 붕괴에 대한 위기의식은 전혀 없었다. 지금까지의 FOMC에서는 0.25%씩 완만한 속도로 금리인상이 이루어지고 있었는데, 여기서는 0.5%의 대폭적인 인상이 단행되었다. 이 대폭적인 금리인상은 노동시장의 압박에 바탕을 둔 장래의 인플레이션 리스크를 경계한 것이었다. 4월의 실업률은 3.8%로 1991년 3월부터 시작된 경기확대 국면에서 최저로 떨어져 있었다. 이 대폭적인 금리인상이 최종적으로 버블을 터뜨리게 된다. FOMC는 2000년 5월에 페더럴 펀드 금리를 6.5%로 인상한 후 여기서 멈추게 되는데, 6월부터 같은 해 11월의 FOMC까지 '리스크 밸런스 평가(제5장 224쪽 참조)'를 계속 인플레이션 경계형으로 유지하여, 금융정책의 자세는 금리인상 방향으로 기울어져 있었다.

이 리스크 평가가 '경기 후퇴', 즉 금리인하 방향으로 전환된 것은 연말이 가까운 12월 19일의 FOMC에서였다.

그리고 그 2주 후인 2001년 1월 3일. 급격한 경기후퇴를 우려한 그린스펀 의장은 전화로 긴급 FOMC를 소집하여, 단번에 0.5%의 전격적이고 대폭적인 금리인하로 돌아섰다. 그 후에도 급격히 금리가 인하되어, 그 해 8월 FOMC 개최 후 페더럴 펀드 금리는 3.25%까지 떨어졌다. 연초의 6.5%가 눈 깜짝할 사이에 반토막이 난 것이다(9·11테러로 금리인하는 계속되어 연말에는 1.75%까지 인하된다).

FRB도 일본은행도 같은 판단실수를 했지만…

한편, 일본은행은 2000년 8월에 0.25%의 금리인상을 실시해 제로 금리정책을 해소했지만, 다음해 3월에는 양적완화정책을 도입해 사실상 제로금리정책으로 회귀했다. 이 때문에 제로금리 해소에 실패했다며 시장의 극심한 비난에 시달렸다. 그러나 위에서 살펴본 바와 같이, FRB도 2000년 5월에 마지막 금리인상(게다가 0.5%)을 단행했다가 2001년 1월부터 황급히 금리인하를 실시했다.

정책의 방향성을 7개월 전후로 급전환했다는 점은 일본은행도 FRB도 똑같다. 그렇지만 FRB를 비롯해 FOMC는 일본은행처럼 일방적인 비난은 받고 있지 않다. 그 이유는 첫째, '투기꾼' 그린스펀은 정책판단을 잘못 했을 때 손절매 타이밍을 아주 잘 맞춘다. 둘째, 2001년 1월의 긴급 FOMC에 의한 전격적인 금리인하와 같이 실패 이미지에 덧칠하는 그의 퍼포먼스는 아주 교묘하다. 또한 그린스펀은 잘못을 결코 인정하지 않는다(이것도 중앙은행의 리스크 매니지먼트?).

결국 2001년의 대폭적인 금리인하 결단은 테일러 룰(GDP 갭이나 인플레이션율에서 산출하는 페더럴 펀드 금리의 이론치)이 나타내는 금융완화 속도보다도 훨씬 빨랐다. 이러한 FOMC의 신속한 대응이 IT주식 버블 붕괴의 악영향을 누그러뜨려, 미국경제를 일본과 같은 디플레이션의 수렁에서 구출했다고 칭찬하는 평가는 많다(하지만 당시 일본은행은 금리인하 여지가 거의 없었다. 금리인하의 실탄을 충분히 손에 쥐고 있었던 그린스펀과 직접 비교하는 것은 불공정한 면도 있다).

버블 퇴치정책이었다는 것을 인정한 그린스펀의 증언

2000년 후반의 금융정책이 실은 버블 진압을 의도한 정책이었다는 것을 그린스펀 의장은 나중에 밝혔다.

2005년 3월 3일 하원 예산위원회 청문회. 여기서 그는 2000년의 금융정책에 관해서 다음과 같이 상세히 말했다.

"당시에는 페더럴 펀드 금리(6.5%)가 매우 높은 수준이었다. 그 시점에서 우리는 버블이 붕괴되기 시작하고 있다는 것을 관찰하고 있었다. 그때 우리는 페더럴 펀드 금리를 대폭적이고도 급격히 인하하여, 이미 부분적으로 축소되기 시작한 버블을 다시금 팽창시켜 화근이 되지 않도록 해야 한다고 생각했다. 그 때문에 우리는 버블 축소과정이 충분히 진행되었다는 충분한 자신감을 얻을 때까지 단기금리를 통상보다도 장기간에 걸쳐 높은 수준으로 유지했다."

이 청문회의 목적은 그린스펀 의장에게서 경제전망과 재정에 관한 견해를 듣고 예산편성에 도움이 되도록 하고자 하는 것이었다. 그의 '수수께끼 발언'(2005년 2월의 의회증언 : FOMC의 금리인상에도 불구하고, 장기금리가 내려가는 현상)에 대해서 앤더 크렌소 하원의원이 2000년부터 2001년에 걸친 역 일드 커브(장단기 금리의 역전)와 현 상황의 차이점에 대해 의장에게 질문한 것이다. 의원의 질문이 버블 파열과 직접 관계된 것이 아니었기 때문에 그린스펀 의장은 경계심을 풀고 있었을 것이다. 장단기 금리의 역전현상이 발생한 2000년의 상황을 상기와 같이 해설했다.

그린스펀의 설명에 따르면 2000년 당시, FRB는 IT주식 버블 붕괴에 대해서 '순간적인 것이 아니라 일정기간에 걸쳐 축소가 계속됐다'는 것을 관찰하고 이 수축(unwinding)과정을 확실한 것으로 하기 위해서 고금리정책을 유지한 것이라고 한다.

당시의 FRB 정책이 버블의 완전수축을 의도했다는 것이 처음으로 명백해진 것이다.

"내 판단은 잘못되지 않았다." 자신만만한 그린스펀

공식적으로 의장은 2000년의 IT주식 버블 붕괴의 상처는 얕은 것으로 끝났다고 말한다.

그러나 다수의 기업들이 파산하고, 실업률은 3.8%에서 6.3%까지 급상승해 많은 국민들이 거리를 헤매게 됐다. 그린스펀은 2001년 7월의 의회증언에서, 1990년대 말부터 2000년에 걸친 IT주식 버블과 그 붕괴에 관해 캐롤라인 말로니 하원의원(민주당)이 금융정책의 실패라고 비난하자 "나는 중앙은행으로서 마땅한 조치를 실행했다. 장래에 같은 일이 일어나도 똑같이 행동할 것이다."라고 자신만만한 태도를 보였다. 그리고 "하이테크 부문의 생산은 연평균 50%나 증가했다. 이는 완전히 지속불가능한 일이다."라고 덧붙였다.

그린스펀 의장은 버블 파열 전의 1999년에 미국경제에 대해 '생산성이 주도하는 매우 강한 성장 시나리오'를 제시하며 신경제론을 전개했다. 그러나 버블 파열 직후에는 이와 같은 하이테크 부문의 과잉생산을 지속불가능한 것이었다고 회고한다. 그린스펀 의장은 과거의 정책대응에 대해 대외적으로는 결코 잘못을 인정하지 않았다.

그렇지만 다음과 같이 금융정책을 변명하는 발언도 있었다.

"금융정책이 효과를 보이기까지는 매우 긴 시간이 걸린다. 따라서 장래의 경제전망에 근거해 정책을 실행해야 한다. 그러나 장래전망은 매우 불투명하다. 금융정책은 그 전망이 바른 것이었을 때 나타나는 플러스 효과와 우리의 예측이 잘못되었을 경우의 리스크를 함께 고려할 필요가 있다. 우리는 기대되는 플러스 효과가 판단을 잘못한 경우의 비용을 충분히 웃돌 것이라는 확신을 가질 수 있도록 노력했다(1997년 3월 20일, 의회증언).”

금융정책은 항상 잘못될 위험을 동반하고 있다. 실제로 의장이 임기 18년 반 동안 실시한 정책이 모두 최선이었던 것은 아니다. IT주식 버블에 대한 대응에 있어서도 그린스펀 의장은 진심으로 최선이었다고 생각하지는 않을 것이다.

그런데도 정책실행 후에 결코 잘못을 인정하지 않는 것은 금융정책을 비롯한 FRB에 대한 신뢰가 흔들리는 것을 경계하고 있었기 때문일 것이다.

그린스펀은 2002년 8월 30일 캔자스시티 연방준비은행이 주최한 잭슨 홀 심포지엄에서 주식버블의 예측이 어려운 이유를 “수백만 명이나 되는 주식투자자들의 예측에 우리가 이길 수는 없다. 그들은 우리보다 뛰어나다.”라고 말했다.

그 겸허한 자세에 공감하는 사람들도 많았지만, 일부 언론은 ‘앞으로 버블이 발생하면 또 붕괴될 때까지 기다린다는 것인가?’라고 강하게 비판했다. FRB에만 100명 이상의 박사들이 있다. 세계최고의 경제조사기관을 이끄는 사람이 하는 말 치고는 책임포기라고 받아들여질 수도 있는 위태로움을 품고 있다.

주택 붐에 대한 ‘마에스트로 토크’

그린스펀 의장은 능숙한 화술로 사람들을 매료시키는데 항상 논지가 일관된 것은 아니다. 오히려 논리모순을 교묘한 화술로 포장하여 비대칭적인 FRB 토크의 세계로 사람들을 유혹하는데 명인이었다고 할 수 있다. ‘마에스트로’라고 불리는 이유가 그것이다.

그린스펀 의장은 2005년 2월 17일, 하원 금융서비스 위원회의 청문회에서 주택버블에 관한 질문에 "일부 특정지역에서는 버블의 징후가 보인다. 그러나 아직 전국적인 확산은 보이지 않는다."라고 대답했다. 또한 "전체 가격수준은 과거에서도 나타났듯이 약간 하락하겠지만, 버블 붕괴와 같은 사태는 일어나지 않을 것이다."라고 덧붙였다. 의장의 기존 발언에 따르면 버블의 인식은 매우 어려운 것이다. 그런데도 지역적인 버블이라고 판정한 후 전국적인 버블은 아니

전미 도시지역·중고 주택 판매 중심가격

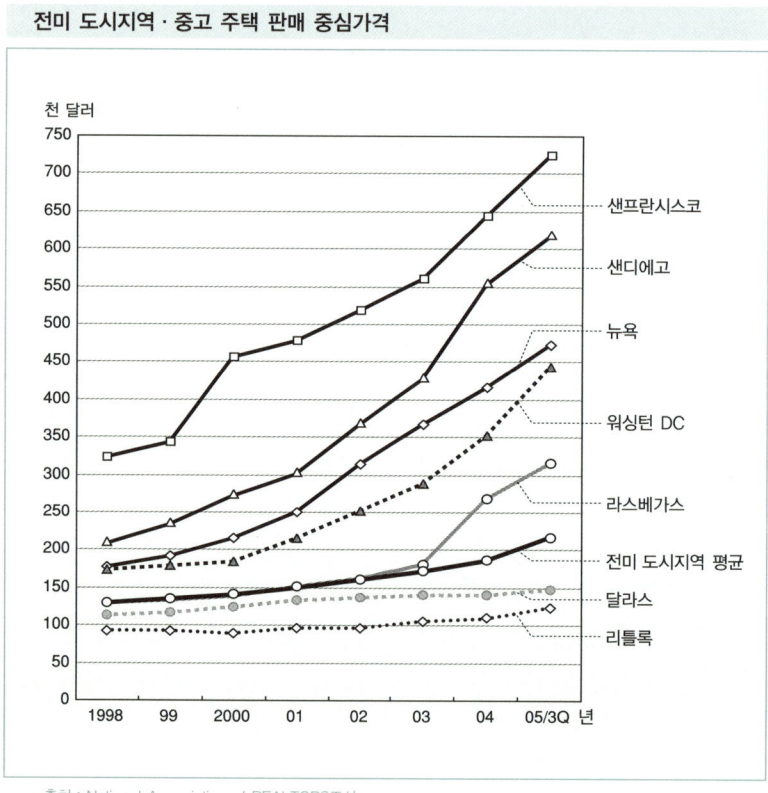

• 출처 : National Association of REALTORS조사

라고 잘라 말하고, 또 버블 붕괴는 없다고 단언한 것이다. 또한 그린스펀 의장은 5년간 2배 이상이나 주택가격이 급등한 지역이 확산됨에 따라 지역적 버블이라고 주장하기가 어려워지자, 이번에는 '프로스'라는 말을 끄집어냈다.

미국의 신문들은 프로스에 대해 카푸치노 커피 위에 떠 있는 작은 버블들이 모인 덩어리라고 해설했다. 버블이든 프로스든 내용물이 없기는 마찬가지이다.

메릴린치 사가 2005년 6월 시점에서 조사한 바에 따르면, 전국 50개 대도시권 중 약 절반 정도에서 비정상적인 주택가격 급등이 관측되었다고 한다. 지역적인 버블이라고 주장하기에는 너무도 광범위하게 확산되고 있다.

'주택 프로스'는 카푸치노 커피의 향기?

그린스펀 의장의 주택버블에 대한 발언과 IT주식의 버블 형성과정에서의 발언을 비교해 보면 선명한 대비가 떠오른다. IT주식의 버블 형성과정이었던 1999년 6월의 발언은 '버블의 인지는 불가능하며 파열 후의 치료가 중요'라는 취지였다. 2005년의 주택버블, 또는 프로스에 관한 발언은 '전국적인 버블이 아니다. 또 과거의 버블과 같은 붕괴는 없다'고 버블을 부정하는 것이었다.

이는 1996년 12월의 '근거 없는 열광'에서 진지하게 질문한 것에 대해 의회가 맹렬히 반발한 경위가 영향을 주었을 것이다. 여기서 주택버블에 대해 똑같은 경고 섞인 발언을 한다 해도 비난받을 우려가 있다. 그래서 일단 버블이 아니라고 단언하고, 형세가 위태로워지자 이번에는 경고로 받아들여지지 않는 소프트한 '프로스'라고 돌려 표현한 것이다. '프로스'는 카푸치노 커피의 어슴푸레하고 달콤한 거품이 연상되어 이 발언을 비난하는 사람은 아무도 없었다. 비난은커녕 커피타임에 적절한 화제를 제공하여 그린스펀 의장의 인기가 점점 높아졌다.

그러나 이 아련하고 달콤한 프로스에 실은 경고는 주택시장에 대해서 어느 정도의 경계심을 갖게 했다. 다만 FRB의 조사보고서 《Monetary 중앙은행의 대화－그것은 왜 중요한가(Central Bank Talk : Does It Matter and Why 콘 FRB 이사, 브라이언 삭 FRB 시니어 이코노미스트 공저, 2003년 5월 캐나다 중앙은행 주최의 회의에 제출)》가 지적한 대로 '자산가치 급등에 대한 당국자들의 발언은 효과가 없다'고 한다면, 그린스펀 의장의 '프로스' 발언의 효과는 일시적인 것에 그칠 가능성도 있다. 가령 주택시황의 하락이 계속된다면 프로스의 정점에 때마침 그린스펀 의장이 발언한 것에 지나지 않았다는 것이 될 것이다.

3. 버냉키 의장과 자산버블

버냉키 '교수'의 일본 버블 분석

이어서 벤 버냉키의 자산 버블에 대한 견해를 살펴보자.

1999년에 마크 가틀러와 공저한 논문(《Monetary Policy and Asset Price Volatility》)에서 물가안정과 금융안정이라는 두 개의 목적을 달성하기 위하여, 자산가격 변동에도 대응할 수 있는 인플레이션 타깃팅을 주장했다(당시 버냉키는 프린스턴 대학교 교수). 이 틀 안에서는 자산가격 붐일 때 금리가 인상되고 자산가격 파열시에 금리가 인하된다고 한다. 그 결과 금융공황의 가능성을 감소시킬 수 있다고 주장한다.

그리고 일본의 데이터를 사용해 버블기 전후의 바람직한 단기금리를 추산하고 있다. 이 모델에 따르면, 1988~91년에 걸쳐 일본은 자산가격의 로켓과도 같은 급상승과 생산 확대가 있었는데도 일본은행이 실제로 유도한 콜금리는 시뮬레이션보다도 크게 낮았다. 추산에 의하면, 1988년 중반에 콜금리는 8% 전후(실제로는 4% 전후), 1989~91년은 10% 전후(실제로는 4~8% 전후)로 인상할 필요가 있었다고 한다. 반대로 1992~96년 중반에는 일본은행의 금리인하가 충분하지 않았다. 시뮬레이션이 나타내는 단기금리를 일본은행이 실천했더라면 주식시장의 붐을 억제하고 그 후의 폭락도 완화할 수 있었다고 한다.

하지만 1987년 10월의 블랙 먼데이 후인 1988년에, 일본은행이 콜금리를 8%로 인상하고 1989년에는 이를 또 10%로 인상한다는 것은 상당히 격렬한 '버블 터트리기' 정책이다. 게다가 당시의 소비자물가지수는 아직 안정되어 있었다. 그 상황에서 콜금리를 8%로 인상한다는 것은 인플레이션 타깃팅 틀 내의 정책이라고 설명해도, 정치적 독립성이 FRB만큼 높지 않은 일본은행으로서는 현실적으로 이해를 얻기 어려웠을 것이다.

버냉키 FRB 이사 '안전한 버블 터트리기는 불가능'

한편 1999년의 논문과는 달리 FRB 이사의 입장이 된 버냉키는 2002년 10월 5일의 강연에서 '버블 터트리기를 위해서 급격한 금융긴축을 발동해서는 안 된다'는 포인트를 강조했다. 아마 앞서 말한 2000년의 IT주식 버블 때 FRB가 얻은 교훈이 바탕이 된 면도 있을 것이다.

▷FRB의 금융정책에 대한 나의 제언은 다음 격언으로 요약된다. '일에는 적절한 도구를 사용해야 한다'

▷금융정책은 자산가격 붐으로 생긴 불안정성을 완화하기 위한 유효한 도구가 아니다. FRB는 자산시장이 아니라 경제 전체에 금융정책을 사용해야 한다.

▷'FRB는 버블에 대해서 어느 정도 공격적이어야 할까?'에 관한 논의는 두 개 그룹으로 나뉘어 있다.

▷첫째 그룹은 '버블 억제(lean-against-the-bubble)전략(버블 발생초기에 이를 포착하여 천천히 억누르는 전략)'을 제창하고 있다. 이 완만한 대응은 진지한 연구자들 사이에서 대세를 차지하고 있다(앞서 말한 BIS의 폴리오&로의 제창도 이에 포함된다). 그렇지만 이론적으로나 경험적으로도 그러한 완만한 대응은 자산가격의 다이나믹스에서 충분히 기능하지 않을 것이다. 만약 버블 팽창과정에서 투자자가 연 10%, 20%, 또는 그 이상의 수익을 기대하고 있다면 단기금리 0.5% 인상은 그들에게 주식투자를 재고하게 할 수 있을 것인가?

▷두 번째 그룹은 '공격적 버블 터트리기(aggressive bubble popping) 전략'이다. 그들은 FRB가 위세 좋게 적극적으로 금리인상을 실시해

서 자산가격의 잠재적 버블을 제거하길 바란다. 그러나 이 제안은 우려스럽다.

▷FRB가 자산버블을 인식하는 것은 어려우며, 또 경제에 대한 심각한 타격을 입히지 않고 자산가격을 적정수준으로 이끄는 것은 불가능하다. 즉, 안전하게 버블을 파열시키는 것은 불가능하다. 위세 좋은 버블 터트리기는 경제 전체를 불황에 빠뜨릴 것이다(대공황시절의 FRB 이사 아돌프 밀러를 '공격적 버블 포퍼'의 대표적인 나쁜 예로 들고 있다).

▷버블 발생을 억제하고 금융시스템을 지키기 위해서는 미시적 레벨의 정책을 사용하는 편이 훨씬 좋은 접근법이다. 은행시스템의 자본건전성의 감독, 포트폴리오의 스트레스 테스트, 금융교육의 개선, 금융자유화 과정에 대한 주의 그리고 FRB가 '최후의 보루'로서의 역할을 할 의지 등이다.

이것은 현재 비교적 많은 FRB 관계자들 사이에서 원칙론으로서 공유되고 있는 견해이다. 그렇지만 불행히도 감독, 검사 등에 의한 미시적 레벨의 규제에도 맹점이 존재한다. 버블이라고 추측되는 붐에 현실적으로 직면해 버리면 중앙은행은 어떻게 대처해야 하는 것일까? 현재 버냉키 의장은 '그린스펀의 유산'인 주택버블을 인계받았다.

다음에 나타나듯이, 최근의 강연에서 뉴욕 연방준비은행 가이트너 총재는 고심하면서도 자산시장에 맞서야 된다고 하는 현실적인 판단을 보여주었다.

뉴욕 연방준비은행 총재인 티모시 가이트너는 2006년 1월 11일 'Some Perspective on U. S. Monetary Policy' 라고 제목을 붙인 강연에서 자산가격에 대한 자신의 견해를 밝혔다.

① 금융정책은 자산가치를 타깃이나 목표점으로 삼아서는 안 된다. 우리는 펀더멘털에 따른 적절한 자산가격의 평가방법을 거의 알지 못하며, 장래의 자산가격을 예상할 수 있는 능력을 갖고 있지 않다. 이는 자산가격의 변동이 실물경제와 인플레이션에 주는 영향을 파악하지 못하기 때문이다.

② 그렇지만, 금융정책은 생산이나 인플레이션에 영향을 주는 자산가격의 거대한 변동 임팩트에도 배려를 해야 한다. 금융자산가격은 소비, 투자, 미래성장에 영향을 준다. 자산가격의 거대한 변동이 생산이나 물가안정에 커다란 영향을 끼친다는 것은 역사상의 수많은 실례가 가르쳐주고 있다.

③ 지금까지의 경험으로 볼 때, 자산가치는 금융정책의 동향이나 그 동향에 대한 전망에 민감하게 반응한다는 것을 알 수 있다. 중앙은행의 도전은 자산가치의 변동이 어느 정도인지를 판단하고 실물경제에 주는 영향이 어느 정도가 될 것인지를 예측하는 것이다.

④ 금융시장이 복잡해지면서 그 도전이 쉬워지기는커녕 더욱 어려워지고 있다. 그렇지만 그 같은 복잡함을 인식하는 것이 자산가치의 변동에 금융정책이 현명한 판단으로 대응해야 한다는 중요성을 떨어뜨리는 것은 아니다. 이 도전에 중앙은행이 어떠한 항해를 해야 하는가? 거기에는 몇 가지 생각이 있다.

⑤ 중앙은행이 자산가치의 거대한 움직임을 포착하고, 총 수요에 대한 임팩트 추산에 자신감을 가질 수 있는 경우라면 금융정책은 이에 적응해야 할 것이다.

⑥ 중앙은행이 자산가격의 잠재적인 전망 움직임에 고민하고 있을 경우에는 좀더 세심한 주의와 배려가 필요하다. 만약 자산가치 하락이 예상대로 현실화되지 않을 경우에는, 이를 예상해서 실시한 금융완화정책은 지나친 완화가 되어 장래에 자산가격 상승을 초래할 것이다. 어찌 되었든 자산가격 예측이 어렵다고는 하나 그 예측을 정책결정의 요인으로 고려하지 않을 수는 없다.

⑦ 자산가격에 대처하는 금융정책에 있어 간단하고 명료한 처방전은 없다. 우리는 무시할 수 없는 불확실성과 살아가고 있다. 우리가 아직 알지 못하는 것을 밝혀 나가는 것은 불확실한 세계에서 직면하는 도전에 유연하게 대응할 수 있는 능력을 키워준다.

'버블을 터뜨리기 전의 세 가지 질문'

샌프란시스코 연방준비은행의 글렌 D. 루드부쉬 이코노미스트가 2005년 8월에 발표한 《통화정책과 자산가격의 버블(Monetary Policy and Asset Price Bubbles)》이라는 에세이는 버블에 대처할 때의 중앙은행의 실무적인 판단기준을 정리했다.

버블 터뜨리기로 특화된 금융정책(예를 들면, 주가를 하락시키기 위한 대폭적인 금리인상)을 발동하기 위해서는 다음의 세 가지 질문이 Yes가 되어야 한다.

① 정책결정자는 현재의 자산가치를 버블이라고 인식할 수 있는가?

→ Yes일 경우 ②로 간다. No일 경우에는 통상의 금융정책을 계속한다.

② 그 버블의 악영향은 사후 금융정책에서 옵셋할 수 없을 정도로 거대하고 심각한가?

→ Yes일 경우 ③으로 간다. No일 경우는 통상의 금융정책을 계속한다.

③ 버블 터뜨리기의 수단으로 금융정책 발동은 적절한가?(규제나 감독강화에 의해 버블에 대처하는 편이 사회적 비용을 줄일 수도 있다)

→ Yes 의 경우 버블 터뜨리기 정책을 발동한다. No일 경우에는 통상의 금융정책을 계속한다.

잉글랜드 은행 '유연한 인플레이션 타깃팅은 유효'

잉글랜드 은행은 인플레이션 타깃팅을 채택하고 있다(CPI의 전년 대비 상승률로 플러스 2%가 목표). 그러나 이 은행은 인플레이션율이 비교적 안정되어 있는 가운데 극심한 주택가격 급등에 휩싸였다. 잉글랜드 은행의 수석 이코노미스트인 찰스 빈은 인플레이션 타깃팅의 구조를 유지하기 위해 수정안인 유연한 인플레이션 타깃팅에 대한 찬성의 뜻을 표했다('Asset Prices, Financial Imbalances and Monetary Policy: Are Inflation Targets Enough?' 2003년 8월).

▷ 예방적인 행동으로 자산가격의 버블이나 불균형을 막을 수 있다는 가능성에 대해서 나는 매우 회의적이다. 이들 문제에 대한 조기 분석에는 많은 어려움이 있다.

▷ 실물경제에 타격을 주지 않고 행동을 취하려고 해도 버블이 출현했다고 확신을 얻은 때에는 이미 너무 늦다. 자산버블에 대해서 금융긴축정책을 실시하는 것은 비생산적인 결말을 초래할 것이다. 경

제는 두 가지의 디플레이션 충격('버블 붕괴'와 '늦게 나타나는 금융 긴축의 효과')에 휩싸일 것이기 때문이다.

▷내 견해를 한 마디로 정리하자면, 적극적이고 유연한 인플레이션 타깃팅을 채택하는 것이 최선이다. 이를 채택하는 중앙은행은 금리를 설정할 때에 자산버블이나 금융 불균형과 같은 장기적 영향에 대해서도 고려해야 한다. 인플레이션 타깃팅의 운영자에게는 장기적인 시야가 필요하다.

자산버블의 발생과 붕괴 후에 찾아오는 자산 디플레이션은 장기적으로 물가안정에 악영향을 준다. 따라서 인플레이션 타깃팅이라고는 해도 당장의 인플레이션율에만 사로잡히지 말고 자산시장으로도 눈길을 돌리면서 장기적인 시야에서 정책운영을 하는 것이 필요하다.

그렇지만 그가 주장하는 유연한 인플레이션 타깃팅 하의 정책판단은, 결국 명시적인 인플레이션 타깃팅을 채택하지 않았던 그린스펀 시절의 FRB '종합판단' 스타일에 한없이 가까워지게 된다.

잉글랜드 은행의 S. 워드워너, 오하이오 주립대학교의 S. G. 체케티, 제네바 대학교의 H. 겐바크 등은 중앙은행이 버블의 발생을 인식하는 것은 쉽지 않다고 말하지만, "금융정책의 틀 속에서 사용되고 있는 아웃풋 갭이나 NAIRU(자연실업률)의 계측도 용이하다고는 명확히 말할 수 없다."고 말한다. 즉 금융정책에는 본래 불확실성이 따라다니기 때문에 중앙은행이 자산버블 문제를 회피해서는 안 된다는 의미가 된다. 자산가격의 불균형에 대응함으로써 금융정책은 거시경제의 퍼포먼스를 개선할 수 있다고 주장한다.

일본의 버블 분석 '저금리 신화가 기대를 강화시켰다'

인플레이션율이 하향 안정되어 있는 상황에서 거대한 버블이 발생한 '선진례'는 일본이다. 이를 분석한《버블기의 금융정책과 그 반성(이토 오사무(伊藤修), 아리오카 노리코(有岡律子)》《버블과 금융정책(일본경제신문사 수록)》에는 흥미 깊은 지적이 있다.

▷ 버블을 일으키는 데에 금융완화(그 전제로서의 물가안정)만으로는 충분하지 않다. 기대감 강화가 필요하다.

▷ 일본은행법 제2조는 '물가안정을 도모하여 국민경제의 건전한 발전에 이바지한다'는 것을 이념으로 삼고 있다. 당장의 물가안정을 확보하는 일은 필요하지만 '건전한 발전'을 위해서는, 시야가 장기적이고 종합적일수록 좋다. 자산가격의 변동을 물가변동의 선행지표로 보고 있다면 장기적인 물가안정을 위해 자산가격의 동향도 살필 필요가 있다.

▷ 1980년 후반 일본의 저금리는 국제적 요청에 의해 거부할 수 없다는 견해가 확산되어, 저금리가 영속될 것이라는 믿음이 굳어져 버블 유발의 한 원인이 되었다.

▷ 저금리 신화가 정착된 것은 재정당국이 중앙은행을 배제하고 저금리를 국제적으로 공약한 상황이 알려짐에 따라 중앙은행의 독립적인 판단의 여지가 거의 없다는 인상을 풍긴 것도 한 원인이다. 이는 제로금리에 대해서도 시사점을 준다.

국민들이 일본은행의 국내외 정치에서의 독립성이 낮다고 보게 된 것이, 저금리 영속 신화를 불러일으키고, 그것이 기대감 강화로 이어졌다는 지적은 오늘날에도 중요하다(저금리라고는 해도 당시의 공정금리는 2.5%였지만).

2006년 현재, 시장과 국민들 사이에는 '일본은행은 재정 재건을 위해서 제로금리(또는 초저금리)를 장기간 지속할 수밖에 없다'는 견해가 광범위하게 퍼져있다. 가령 일본은행이 정부의 요청에 따라 제로금리의 장기지속 예상을 국민들이 더욱 믿도록 하는 새로운 정책 구조(예를 들면 인플레이션율이 플러스 2%에 도달할 때까지 제로 금리를 계속하겠다는 약속 등)를 도입한다면 1980년대 후반과 유사한 강한 기대감이 조성될 우려가 있다.

다만, 이 같은 중앙은행의 정책판단 기동성에 대한 의심이 사람들의 유포리아를 조장하는 리스크는 다행히도 현재의 FRB에는 해당되지 않는다(오히려 FRB의 독립성은 최종적으로 클린턴 정권시절 루빈 재무장관 즉, 정부의 주도하에 확립되었다. 제6장 참조).

투기 심리에 주는 '프로스 발언'의 영향

뉴욕 부동산업자들에게 들은 바에 따르면, 2005년 7월에 그린스펀 전 의장이 주택시장 붐을 '프로스'라고 불러 견제를 푼 직후, 화교 계 거물 펀드 등은 맨해튼 내의 소유물건을 대규모로 매각하는 등 재빠르게 반응했다고 한다.

또, 2005년 봄 무렵까지는 미국 국민의 의식 속에 '지금 사지 않으면 못 사게 된다'는 초조감이 강하게 존재하고 있었다(버블 경제기의 일본의 주택시장에도 이러한 초조감이 있었다). 그러나 그 초조함은 그린스펀 의장의 '프로스' 발언 이후 사라져 버렸다고 한다. 밀러 새 뮤얼 사가 발표한 뉴욕 맨해튼 내 아파트 가격조사에 의하면 '럭셔리

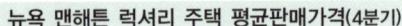

뉴욕 맨해튼 럭셔리 주택 평균판매가격(4분기)

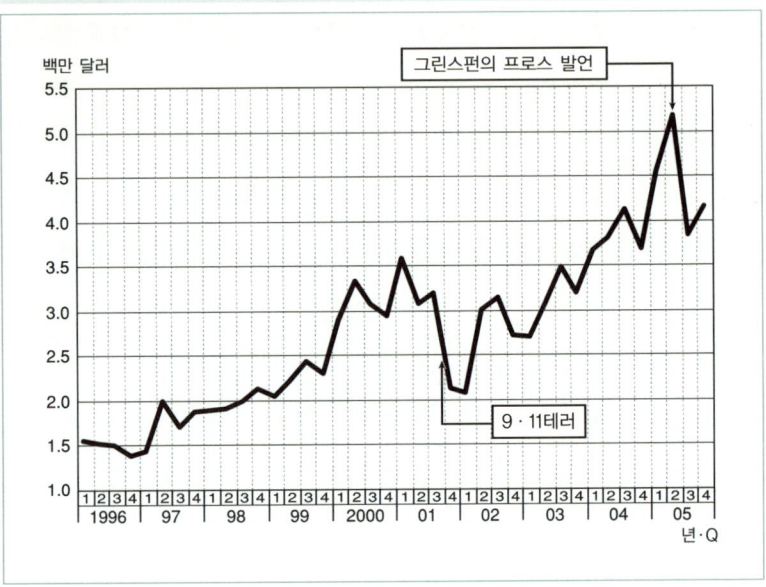

• 출처 : Miller Samuel Inc.

시장'이라고 불리는 초 고급 물건은 '프로스 발언' 직후 2005년 제3분기에 큰 하락을 보이고 있다. 2~3분기의 평균판매가격은 517만 달러였지만, 3분기에는 382만 달러로 전년대비 마이너스 26%로 급락했다. 하락폭이 1990년 이후 최대이다. 하지만 2005년 4분기에는 414만 달러로 약간 상승했다. 피크아웃이라는 느낌은 나타나 있지만 '프로스' 발언의 효과는 아직 한정적이다. 단, 향후에는 단기금리 상승의 영향이 나타날 것이다.

2006년 현재, 뉴욕의 많은 시장관계자들은 '앞으로 그렇게 심각한 일은 생기지 않을 것이다'라고 연착륙을 기대하는 전망을 보이고 있다. 그 배경을 살펴보면, 우량물건은 전 세계에서 여전히 매수주문이

들어온다는 점과(최근에는 일본 개인투자자들의 구입의뢰도 늘어나고 있다고 한다), 영국과 오스트레일리아에서 먼저 발생한 주택버블이 잉글랜드 은행, 오스트레일리아 준비은행의 적정한 금리인상으로 현재는 연착륙 궤도에 올라 있는 것도 시장관계자들의 불안심리를 억제하고 있다(장래를 낙관할 수 없지만).

버냉키 의장은 유포리아에 어떻게 대처할 것인가?

선진국의 최근 주택가격 급등에 관해서 OECD(경제협력개발기구)는 2005년 12월에 분석결과를 발표했다. 이번 세계적인 주택 붐은 전례가 없을 정도로 거대하고 기간도 긴데, 장기금리의 저하 등으로 설명이 가능하다고 한다. 주택가격이 과대평가되어 있는 나라는 일부에 지나지 않는다는 비교적 낙관적인 견해가 제시되어 있다. 하지만 인플레이션율과 금리가 상승되면 주택가격의 조정은 피할 수 없다고 보고 있다.

이렇게 되면 결국 버냉키 의장에게 시선이 쏠릴 수밖에 없다. 그는 인플레이션 억제와 자산가격의 안정이라는 중요한 과제를 짊어지고 의장직을 시작하게 되었다.

"일에는 적절한 도구를 찾아야 한다."고 2002년 FRB 이사 시절에 말한 버냉키이지만, 의장의 입장이 된 지금은 자산시장에 대한 배려가 필요하다. 가령 투기열기가 높아져 있을 때 FRB 의장이 "금리정책으로 자산버블에 대처하는 것은 적절하지 않다."라고 담담하게 말해버린다면 유포리아를 심하게 부추길 우려가 있다. 원칙적으로는 정론이지만 FRB 의장이라는 입장이 되면 말해서는 안 될 국면도 있다.

앞으로 버냉키 의장은 뉴욕 연방준비은행 가이트너 총재와 같이 현실적 노선이라는 태도를 서서히 보일 것이다. 또 그린스펀의 '토크'는 때때로 논리모순을 일으킨 것처럼 보인 때도 있었지만, 상황에 따른 논리사용법은 시장을 회유해야 하는 FRB 의장에게 필요한 기술이다.

3장

FRB의 무대 뒤
– 조직의 성립과 FOMC

1. 분산화 된 중앙은행 시스템

왜 12개 지역연방준비은행과 이사회라는 형태가 되었는가?

미국의 중앙은행인 '연방준비제도(Federal Reserve System ; FRS)'는 '분산화 된 중앙은행(Decentralized Central Bank)'이라고 불린다. 전국에 흩어져 있는 12개의 '연방준비은행=지역연방준비은행(Federal Reserve Bank)'을 워싱턴의 '연방준비제도이사회(Board of Governors of the Federal Reserve System)'가 통괄한다.

이처럼 중앙은행 시스템이 지방으로 분산되어 있는 특이한 형태가 된 것은 미국의 지방분권 움직임이 그 배경에 있다. 20세기 초, 미국의 입법·행정부는 빈발하는 금융·경제위기를 극복하기 위해서 중앙은행의 창설이 필요했다. 경제계에서는 민간주도의 중앙은행을 주장하는 월 가의 대형은행 경영자들과 지방분권체제를 주축으로 분산형 연방준비제도의 확립을 요구하는 지방의 농업종사자들과 중소사업자들이 대립했다. 연방의회는 양자의 균형점을 찾아 1913년에 연방준비법을 가결했다.

이 미국 중앙은행 탄생의 드라마는 보스턴 연방준비은행의 《연방준비제도의 여명('Historical Beginnings…The Federal Reserve' By Roger T. Johnson, Federal Reserve Bank of Boston)》에서 생

생하게 묘사하고 있다.

여명기의 연방준비제도

1913년 12월 23일 오후 6시. 우드로 윌슨 대통령은 연방준비법의 서명식을 맞이했다. 웃음을 띠며 백악관 집무실에 들어선 대통령은 의회 관계자들과 지인들 사이에서 담소를 나누고 있는 카터 글라스 하원의원(민주당, 버지니아 주)에게 눈길을 멈추고는 옆자리로 초대했다.

글라스 의원은 작은 체구이면서도 터프한 협상가로 이름난 사람으로, 연방준비법안의 성립을 주도했다. 대통령의 옆에는 이미 연방준비법안 성립의 상원 측 주역인 로버트 오웬 상원의원이 있었고 글라스 의원도 거기에 나란히 섰다.

윌슨 대통령은 글라스 의원과 악수를 나눴다. 그리고 집무 책상 의자에 앉아 금으로 만든 펜으로 연방준비법안에 서명했다. 대통령은 서명할 때마다 그 펜을 사람들에게 기념품으로 증정했다. 그리고 이를 네 번 반복하는 퍼포먼스를 보였다. 이렇게 해서 윌슨 대통령은 그 후 미국이 경제대국의 길을 걷는데 있어 큰 역할을 하게 될 금융시스템의 기초를 만들었다.

연방준비법 성립의 직접적인 계기는 1907년에 발생한 금융위기였다. 당시 미국은 파나마 운하 개통과 대 스페인 전쟁의 승리로 호황을 누리고 있었다. 1907년도 낙관적인 전망으로 새해를 맞았지만, 3월경이 되자 은행가들 사이에서는 호황을 누리고 있는 경제를 뒷받침해줄 충분한 자금을 공급할 수 없는 것이 아닐까 하는 우려의 목소리가 높아져 갔다.

이 불안감은 현실이 되어 그 해 10월에 뉴욕의 은행에서 예금인출 사태가 발생했다. 이 움직임은 순식간에 전국으로 확산되어 미국 은행시스템이 거의 마비상태에 이르게 된다. 최종적으로 JP모건을 중심으로 한 대형은행들의 노력으로 사태는 진정되었지만, 호황중의 예금인출사태라는 미국 금융시스템의 결함이 백일하에 드러났다.

금융시스템의 문제점은 명확해졌다. 중앙은행이 존재하지 않기 때문에 융통성 높은 통화(Elastic Currency)가 없고, 또 지불준비금의 유통성도 부족했던 것이다. 이제 누가 보아도 마지막 대주(Last Resort)로서 중앙은행의 존재가 필수적이라는 점은 명확해졌지만, 그 형태를 둘러싸고 의견이 극심하게 대립했다.

분산형 중앙은행의 루트

당시 미국경제는 지방에 있는 농업종사자들의 힘이 강했다. 그들은 뉴욕의 대형은행에 자본이 집중하는 것을 극도로 경계하고 있었다. 혁신주의를 표방하는 민주당 의원들은 이러한 지방의 농업종사자들이나 중소기업자들의 주장을 대변하고 있었다. 한편 보수적인 공화당 의원들은 동부대도시의 대기업과 대형은행들을 대표해 정치로부터 독립된 중앙은행 시스템을 구축하려 했다.

보수진영의 목소리를 대변하여, 먼저 공화당의 넬슨 올드리치 상원의원이 영국, 프랑스, 독일의 중앙은행을 연구하여 1911년 1월에 중앙은행 창설법안을 상정한다. 이 법안은 발권권한과 가입은행들이 가져오는 상업어음 할인업무를 할 수 있는 국가준비협회(National

Reserve Association ; NRA) 창설을 규정했다. 이 협회는 지방에 지점망을 두고 중앙의 이사회가 감독하는 형태로 되어 있었다.

이 법안이 성립되면 미국에서도 평균적인 중앙집권형 중앙은행이 창설되는 것이었다. 그러나 그 사이에 정치 환경이 크게 바뀐다. 민주당이 연방의회 선거에서 거의 20년 만에 과반수 의석을 차지하게 된 것이다. 올드리치 상원의원이 상정한 국가준비협회안은 이사회의 과반수를 민간은행 관계자들이 차지하는 등 동부 대형은행의 의향을 많이 반영한 것이어서 민주당 의원들로부터 강한 비판을 받고 결국 폐기되었다.

다음해 1912년에는 민주당 카터 글라스 하원의원(은행·금융위원회 위원장)이 금융시스템 개혁에 나선다. 글라스 의원은 하원 은행·금융위원회의 어드바이저 파커 윌리스(조지 워싱턴 대학교 경제학 교수)의 지원으로 같은 해 10월까지 연방준비법안을 마련한다. 이 법안은 민간주도의 준비은행을 전국 각지에 20개 이상 설치하고, 이들 준비은행에 발권권한을 준다는 것이었다.

윌슨 대통령이 제창한 '연방준비이사회'

글라스 의원의 연방준비법안 마련을 기다렸다는 듯, 글라스 의원이 법안의 작성을 끝낸 1912년 11월에 금융시스템 개혁을 공약으로 내 건 윌슨 민주당 대통령 후보가 대통령 선거에서 승리를 거두었다.

글라스 의원과 어드바이저인 윌리스 교수는 같은 해 12월 26일 연방준비법의 초안을 가지고 뉴저지 주 프린스턴에 있는 윌슨 대통령의 사저를 방문했다. 윌슨 대통령은 감기로 요양하고 있었지만 글라스와 윌리스 씨의 접견을 특례로 맞이했다.

윌슨 대통령은 민간주도의 지역준비은행의 창설을 골자로 하는 글라스 의원의 안을 높이 평가했다. 다만, 거기에 한 가지 추가할 것을 요구했다. 그것은 지역준비은행을 총괄하는 연방준비이사회(Federal Reserve Board ; FRB)의 창설이었다. 대통령은 이를 관석(冠石, Capstone)이라 불렀다. 대통령의 구상을 들은 글라스 의원은 대형 민간은행 주도의 중앙은행을 떠올리고는 일순 주춤했으나, 내색하지는 않고 대통령의 다음 말을 기다렸다. 대통령은 연방준비이사회(FRB)의 형태에 대해서 공적 조직이 될 것이라고 설명했다. 이를 확인하고 글라스 의원의 불안감은 사라졌다고 한다.

이렇게 해서 전국에 20개소 이상 연방준비은행(지역연방준비은행)을 설치하고 이를 총괄하는 역할로 연방준비이사회(FRB)를 둔다고 규정한 연방준비법안의 기초가 마련되었다.

12개 지역연방준비은행은 상하원의 조정의 산물

뉴욕의 대형은행 주도의 중앙은행을 구상하던 공화당과 지방분권 체제를 주장하는 민주당 의원들 사이의 대립은 점점 골이 깊어져 갔고 심의는 난항을 겪었다. 중앙지배적 금융제도에 강하게 반발하던 혁신주의 민주당 의원들은 각 주에 한 곳씩 중앙은행을 설치해야 한다고 주장했다.

수많은 논의 가운데 콜로라도 주의 존 샤프로스 상원의원의 이론이 가장 설득력을 얻었다. 이 의원은 당시 금융계에서 가장 두려워하고 있던 예금인출사태가 발생할 경우 "각 민간은행이 철도로 하룻밤

안에 상업어음을 우송할 수 있는 도시에 각각 중앙은행을 두어야 한다."고 주장했다.

이렇게 하면 예금인출사태에 직면한 민간은행은, 저녁까지 적격 상업어음을 모아 철도로 수송하면 다음날 아침에는 각 관할 중앙은행에 도착해 영업 개시까지는 전신결제가 가능하다는 것이었다. 결국 윌슨 대통령에 의한 초당파 의원들의 사전공작이 주효하여 연방준비법안은 하원을 찬성 287표, 반대 85표로, 상원은 찬성 54표, 반대 34표로 통과하였다.

하원을 통과한 법안은 연방준비은행의 설치에 대해서 '20개소 이상'이라고 규정한 반면, 상원 안은 '8개소 이상 12개소 이하'로 서로 달랐기 때문에 그 후 상하원 협의회에서 조정, 지역연방준비은행의 숫자는 상원의 안을 채택하는 것으로 타협이 성립되었다.

윌슨 대통령은 같은 해 12월 23일의 서명식에서 "나는 이 기쁨을 말로 표현할 수가 없다. 미국의 경제활동에 있어서 앞으로 많은 혜택을 가져다 줄 작업에 참가했다는 것은 실로 감개무량한 일이다."라고 기뻐했다. 데이비드 휴스턴 농무장관은 이날의 서명식에 대해서 "불가능한 일이 이루어졌다."고 일기에 남겼다고 한다.

최대의 드라마는 지역연방준비은행 소재지 결정

1913년에 연방준비법은 재무장관, 농무장관, 통화감독관으로 구성된 준비은행 조직위원회(Reserve Bank Organization Committee)를 설치하여, 이 위원회에 8개소 이상 12개소 이하의 연방준비은행 소재지 결정과 각 연방준비은행의 관할지역을 획정할 것을 의무화했다.

연방준비법의 실행과 관련해 중심인물인 파커 윌리스 교수가 "연방준비은행 소재지의 선정과정에서 가장 격렬한 논의가 일어날 것이다."라고 예언한 대로, 지역연방준비은행 소재지 선정작업은 극심한 난항을 겪게 된다.

민간주도의 중앙은행 창설 안을 지지한 대형은행 경영자들은, 1913년 연방준비법이 제정된 후 이 법이 규정하는 '준비은행 소재지는 8개소 이상 12개소 이내'라는 조항을 들며 '최대 8곳으로 해야 한다'고 주장했다. 이 8곳에는 당연히 뉴욕이 들어가게 될 것이므로, 그렇게 되면 동부를 완전히 지배하는 뉴욕의 연방준비은행이 다른 작은 7곳의 연방준비은행을 지배하에 두는 체제가 만들어질 것이라고 생각한 것이다.

반면, 지방의 농업종사자들이나 중소사업자들은 적어도 12곳 이상을 선정할 것을 주장했다. 또한 각 지역연방준비은행의 규모는 동일하게 하고, 공적인 지배체제를 강화해야 한다고 주장했다. 이처럼 연방준비법은 제정되었지만 그 세부사항은 아직 정부의 손에 맡겨져 있었다.

1만 마일의 지방 순회

1914년 1월 18일. 준비은행 조직위원회의 윌리엄 맥도우 재무장관과 데이비드 휴스턴 농무장관은 지역연방준비은행 소재지를 결정하기 위한 조사여행을 시작했다. 일행은 시카고, 세인트루이스, 캔자스시티에서, 남부의 뉴올리언즈, 서해안의 샌프란시스코, 로스앤젤레스까지 전미 15개 도시를 방문하고 각 지역에서 공청회를 열었다.

이 조사여행이 시작되자, 각 도시의 연방준비은행 유치전쟁이 전개되어 전년도까지의 중앙은행 창설에 대한 회의적인 분위기는 일변했다. 휴스턴 농무장관은 윌슨 대통령에게 보낸 문서에서 "국세국은 도시의 수를 잘못 보고한 것 아닙니까? 우리들 중 누구도 미국에 이렇게 많은 전략도시가 있다고는 꿈에도 생각지 못했습니다."라며 혀를 찰 정도였다.

조직위원회는 한 가지 방책을 생각해냈다. 미국의 민간은행에는 연방정부의 면허를 받은 국법은행과 주 정부의 면허를 받은 주법은행이 있다. 위원회는 연방준비은행에 대한 가입을 의무화할 수 있는 국법은행(주법은행의 가입은 임의)에 대해 청취조사를 실시한다. 질문 내용은 '어떤 도시의 연방준비은행 가입을 희망하는가?' 라는 것이었다. 1지망부터 3지망까지 써 넣도록 했다.

아직 각 지역연방준비은행의 관할지역 획정은 종료되지 않았지만, 조직위원회는 국법은행이 지지하는 지역연방준비은행의 소재지를 찾을 수 있었다.

설문조사로 연방준비은행의 소재지를 선정

이 설문조사를 바탕으로 준비은행 조직위원회는 지역연방준비은행의 소재 후보지로 국법은행에서 가장 높은 지지를 얻은 12개 도시의 리스트를 작성했다. 이 12개 도시는 애틀란타, 보스턴, 시카고, 신시내티, 댈러스, 캔자스시티, 미니애폴리스, 뉴욕, 필라델피아, 리치몬드, 세인트루이스, 샌프란시스코였다(알파벳 순).

조직위원회는 이 설문조사와 함께 1914년 4월 2일에 소재지 12도시를 확정했다. 이 위원회가 설문조사를 바탕으로 작성한 12개 도시 리스트 중 11개 도시가 최종적으로 선정되었고, 신시내티는 선정에서 제외되었다. 이 곳 대신 새롭게 클리블랜드가 연방준비은행 소재지로 결정되었다.

조직위원회는 12개 연방준비은행 소재지 발표와 동시에 그 관할지역을 명확히 했다.

최종적인 구역 확정에 있어 ①관할 내의 가입은행이 연방준비은행 설립에 필요한 400만 달러의 자본금을 갹출할 수 있는가? ②관할지역 내에 상업·광공업·금융업의 커넥션이 존재하는가? ③지리적 요인 및 교통·통신망 정비 상황을 고려했음을 밝혔다.

그 결과, 연방준비은행의 관할선은 반드시 주 경계와 일치하지는 않았다.

선정에서 제외된 도시에서는 극심한 비난과 반발이 잇따랐다. 특히 대도시인 볼티모어와 뉴올리언즈의 반발이 컸다. 같은 해 4월 15일, 볼티모어의 금융계, 산업계, 시민단체들은 항의집회를 열고 연단에 선 볼티모어 메릴랜드 주지사가 준비은행 조직위원회에 재검토를 강력히 요청하였다.

볼티모어는 버지니아 주의 리치몬드에 설립되는 연방준비은행의 관할지역에 들어가는데 금융이나 산업기반이 리치몬드를 능가한다. 이러한 반발에 대해 위원회는 국법은행의 설문조사를 공개하며 이해를 호소했다. 리치몬드는 관할지역의 중심부에 위치하기 때문에 민간은행의 지지가 가장 높았다. 반면 볼티모어는 금융업의 기반은 리치몬드를 능가하지만 필라델피아에 너무 가깝다는 약점이 있었다.

이렇게 해서 창설된 12개 연방준비은행과 그 관할지역은, 일부 구획선의 미세한 수정을 제외하고는 오늘날까지 그대로 이어져오고 있다.

난항을 겪은 FRB 이사의 의회승인

윌슨 대통령이 12개 지역연방준비은행을 총괄하기 위해 설치한 연방준비이사회의 이사 지명은 보류되어 있었다. 1913년 연방준비법에 따르면 7명의 연방준비이사회 멤버 중 2명은 재무장관과 통화감독관이 차지한다. 남은 5명의 멤버들에 대해서는 개별 연방준비은행 관할지역에서 선출할 것을 규정하고 있다. 이 때문에 윌슨대통령에 의한 5명의 연방준비이사회 이사 지명은 각 연방준비은행의 관할구획이 확정될 때까지 기다려야 했다.

1914년 5월 4일, 윌슨 대통령은 5명의 연방준비이사회 이사를 지명하여 상원에 승인을 요구했다. 지명된 것은 리처드 오닐 전 국무장관, 시카고의 실업가 해리 윌러, 월 가의 투자회사 쿤 로브의 파트너 폴 워버크, 캘리포니아 대학교 경제학부 교수를 지낸 아돌프 밀러, 퍼스트 내셔널 은행(앨라배마 주 버밍엄)은행장인 윌리엄 하딩 등 5명이었다.

윌슨 대통령은 민주당을 지휘하고 있었지만 균형 감각이 뛰어나 금융시스템에 정통한 월 가의 금융기관 출신자를 멤버에 포함시켰다. 그 결과 이 다섯 명의 인선은 금융계의 환영을 받은 반면, 자신의 진영인 민주당 내의 강한 반발로 인해 상원에서의 승인작업이 난항을 겪었다. 이러한 반발에 질려버린 리처드 오닐과 해리 윌러는 일찌감치 지명에서 사퇴했다.

대통령은 사퇴한 두 사람 대신에 새로이 보스턴의 민주당원 찰스 햄린과 시카고의 실업가 토머스 존스를 지명했다. 그러나 새로운 후보자는 또다시 혁신주의자들의 반대에 직면한다. 특히 토머스 존스는 당시 부정거래 관행으로 기소된 인터내셔널 하베스트 사의 대표이사였기 때문에 강한 반발에 부딪쳤다.

유럽 금융 시스템 투입에 진력한 워버크 이사

윌슨 대통령은 의회와 전면 대결하는 길을 택했지만, 의회의 의사도 확고해 존스 대표이사는 상원 은행위원회에서 반대 7표, 찬성 5표로 부결됐다.

월 가의 은행가인 폴 워버크에 대한 반발도 극심해, 상원은 청문회에서의 증언을 요구해왔다. 상원은 이미 부결된 존스 대표이사 이외에는 청문회 증언을 요구하지 않았기 때문에, 워버크는 의회의 요구로 자존심에 깊은 상처를 입고 윌슨 대통령에게 지명을 취소해 줄 것을 요청했다. 대통령은 이 요청을 받아들이지 않고 상원에서의 사전 공작을 추진했다. 그 결과, 대통령은 상원의 유력 의원들로부터 워버크의 청문회가 우호적인 것이 될 것이라는 확약을 받고 워버크를 설득시켰다. 폴 워버크는 독일의 금융자본 워버크 가의 직계로, MM워버크 사의 파트너를 지낸 후 미국으로 이주하여 월 가에서 성공한 사람이었다. 당시 최첨단이었던 유럽의 금융시스템을 미국에 이식하는 것에 강한 사명감을 갖고 있었다.

워버크는 상원의 청문회에서 윌슨 대통령의 지명을 받아들인 이유를 다음과 같이 말했다. "윌슨 대통령으로부터 '희생해 주지 않겠는가?' 라는 요청을 받았을 때, 나는 이를 거부할 권리가 없다고 판단했다. 건설적인 일을 할 수 있는 멋진 기회라고 생각하고 기쁘게 희생을 감수하기로 했다." 이렇게 은행가 워버크는 상원의 승인을 얻어냈다. 부결된 존스 대표이사 대신에 지명된 모논 철도의 프레드릭 델라노 사장을 포함한 다른 네 명의 후보들도 모두 승인을 받았다.

1914년 8월 10일, 찰스 햄린을 총재(Governor), 프레드릭 델라노를 부총재(Vice Governor)로 하고, 7명의 멤버들로 구성된 연방준비이사회가 출범되었다. 1935년 은행법은 이 연방준비이사회에 더욱 권한을 집중시켜 현재의 연방준비제도이사회(Board of Governors of the Federal Reserve System)로 발전하였다.

연방준비제도이사회는 직권상 멤버로 등재되었던 재무장관과 통화감독관이 제외되고, 총재(Governor)가 의장(Chairman)으로, 부총재(Vice Governor)가 부의장(Vice Chairman)으로 개칭되고 멤버들은 모두 총재(Governor)로 격상되었다.

2. 금융정책의 최고의사결정기관

연방준비은행의 자금벌이가 낳은 FOMC

연방준비은행(지역연방준비은행)은 당초 가입은행들이 갖고 오는 상업어음 할인을 주 업무로 하고 있었다. 연방준비제도는 독립채산제로, 주 수입원은 어음할인이나 보유증권에 대한 이자였다. 그러나 제1차 세계대전 종료 후의 불황으로 인해 어음할인 업무가 침체되었다.

미니애폴리스 연방준비은행의 자료에 따르면, 1922년의 공정금리에 의한 재할인에 따른 수입이 1920년의 3분의 1 이하로 떨어졌다고 한다. 각 지역연방준비은행은 새로운 수입원을 확보해야 할 상황에 직면했다. 1922년이 되자 12개 지역연방준비은행 모두 공개시장에서의 미 국채 매입을 적극적으로 전개하여, 같은 해 5월까지 12개 연방준비은행은 합계 수억 달러의 미 국채를 매입하였다. 이러한 조작을 통하여 각 지역연방준비은행은 시장에 대량으로 준비예금이 공급되어 경기부양에 도움이 된다는 것을 발견한다.

한 연방준비은행에는 뉴욕 연방준비은행이나 재무성과의 경쟁에서 종종 이겼다는 기록이 남겨져 있다. 그러나 각 지역연방준비은행에 의한 임의의 국채 매입은 때때로 시장에 파란을 불러 일으켰다. 그러자 1922년 5월 시장의 혼란을 막기 위해 12개 지역연방준비은행 총재 회의가 열려 공개시장 매입을 통괄하는 특별위원회 설치가 결정되었다. 위원장으로 뉴욕 연방준비은행의 벤자민 스트롱 총재가 취임하여 '연방준비은행 정부채 매매 중앙집행위원회'라는 긴 명칭의 위원회가 생겨났다.

이 위원회는 그 명칭대로 뉴욕 연방준비은행을 각 지역연방준비은행의 국채매매 경로로 삼는다는 것을 규정한 것에 지나지 않았다. 이것이 미국 금융정책의 최고의사결정기관, 즉 연방공개시장위원회(Federal Open Market Committee ; FOMC)으로 발전하리라고는 위원장으로 취임한 스트롱 총재를 이외에는 아마 아무도 생각지 못했을 것이다.

뉴욕 연방준비은행 총재의 혜안

다음해 1923년, 연방준비이사회는 중앙집행위원회를 발전적으로 해체하고, 정부채 매매에 대해서 권고하는 연방준비제도 공개투자위원회(Open Market Investment Committee for the Federal Reserve System ; OMIC)를 창설하였다. 그러나 연방준비이사회도 공개시장조작(증권시장에서의 매매에 의한 시장조작)의 의미를 충분히 이해하고 있었던 것은 아니다. 뉴욕, 보스턴, 필라델피아, 클리브랜드, 시카고 등 다섯 개 지역연방준비은행 총재가 OMIC 위원이 되고 연방준비이사회는 옵저버로서의 역할밖에 하지 않았다.

워싱턴의 연방준비이사회 멤버는 공개시장조작의 효과를 충분히 파악하지 못하고 있었기 때문에 뉴욕 연방준비은행의 벤자민 스트롱 총재가 모든 것을 지휘하게 되었다. 스트롱 총재는 은행가 뱅커스 트러스트의 은행장을 지낸 월 가의 중진으로, 공개시장 조작이 초래하는 효과를 가장 먼저 인식한 인물이다.

스토롱 총재는 1913년 연방준비법 제정에 이르는 논의에서 뉴욕에 중앙집권적 중앙은행을 창설하는 구상을 지지했었다. 그는 공개시장조작의 효과를 가장 먼저 인식하고 뉴욕 연방준비은행을 중심으로 하는 OMIC를 창설함으로써, 바라마지 않던 중앙은행을 실질적으로 뉴욕에 설치한 것과 마찬가지인 형태를 만든 셈이 되었다.

잉글랜드 은행과 뉴욕 연방준비은행과의 협조완화

OMIC는 1923년에 인플레이션 억제를 노린 정부채 매출오퍼레이션(operation, 공개시장조작)을, 반대로 1924년에는 매입오퍼레이션으로 전환하였다. 1927년에는 유럽 각국의 수요를 환기시켜 미국 농산물의 수출을 확대한다는 명목으로 영국의 중앙은행인 잉글랜드 은행과 협조하여 완화정책을 취했다. 뉴욕 연방준비은행과 잉글랜드 은행이 오늘날의 G7(선진 7개국 재무장관·중앙은행 총재 회의)에 의한 협조체제의 시초가 되었다. 1920년대의 미국 경제는 자동차업체의 대량생산 등 기술혁신이 진전되어, 노동생산성이 10년 사이에 63% 성장이라는 경이적인 상승을 기록하고 있었다. 그런데도 인플레이션은 안정되어 영국의 경제학자 존 M. 케인즈는 '연방준비제도의 승리'라고 칭송했다.

그러나 경이적인 경제발전을 배경으로 사람들은 유포리아 상태로 주식투기 열기가 고조되어 갔다. 뉴욕 연방준비은행의 스트롱 총재는 이 유포리아가 장래 주가의 대폭조정을 초래하게 될 것을 우려하여 "파멸적인 붕괴가 일어나지 않도록 투기적 융자를 억제할 필요가 있다."라고 경고하였다.

그리고 총재는 "주식시장이 재앙적인 파열을 초래할 경우, 거리를 현금으로 넘쳐나게 해서 대처할 수 있다."라는 말을 남기고 1928년 10월에 급서(急逝)했다. 스토롱 총재의 뒤를 이은 몬태구 노먼 뉴욕 연방준비은행 총재는 1929년 초부터 11회에 걸쳐 워싱턴 연방준비이사회에 공정금리를 6%로 인상할 것을 건의하지만 그때마다 거부되고 만다. 이사회는 금리인상이 아닌 구두개입과 융자규제의 강화로 시장을 진정시키도록 지시했다.

버블 붕괴를 방관한 연방준비제도

1929년 10월 24일의 암흑의 목요일. 스트롱 총재가 '유언'으로 남긴 '재앙적인 버블의 파열'이 현실화 된다. S&P 주가지수는 수일 만에 245포인트에서 162포인트로 폭락하여 시가총액은 단번에 3분의 1 이상이 날아갔다.

역사에 '만약'이라는 단어는 금물이지만, 버블 붕괴에 대한 대응으로 '거리를 현금으로 넘쳐나게 해서 대처할 수 있다'고 말해온 스트롱 총재가 살아있었더라면, 공개시장조작을 통해 대량의 자금을 공급하여 최악의 사태는 피할 수 있었을지도 모른다. 그러한 조치는 나중에 그린스펀 의장이 취한 1987년의 블랙 먼데이 직후의 대응이나 IT주식 버블 붕괴 후의 2001년의 금융완화에서 볼 수 있다. 1929년의 버블을 철저히 연구한 그린스펀 의장은 스트롱 총재의 유지를 잘 받든 것이다.

그러나 1929년 버블 붕괴에 직면한 지역연방준비은행의 총재들과 중앙의 이사회 멤버들의 귀에 스트롱 총재의 '유언'은 들리지 않았다. 이사회의 아돌프 밀러 이사는 스트롱 총재가 1927년에 실시한 금융완화가 버블을 초래했다고 지적하며 "스트롱 총재와 그에 의한 금융완화는 1929년 Crash(대폭락)의 아버지이자 어머니이다."라고 비난하였다.

필라델피아 연방준비은행의 조지 노리스 총재는 버블 붕괴 후의 치료에 대해서 "조정이 필요하다. 만병통치약은 없다."라며 주가폭락 후의 경제수축을 환영하는 모습이었다. 연방준비제도 자문위원회는 1930년 11월에 '공개시장조작으로 현재의 자연적인 자금흐름을 방해하지 않는 것이 최선의 방책이다'라며 연방준비제도에 의한 불개입(不介入)을 권고하였다.

이렇게 중앙은행이 방관하는 사이, 버블 붕괴로 인한 경제의 수축은 급속도로 악화되어 1933년 3월까지 국민총생산(GNP)이 30% 축소되었고 상업은행의 3분의 1이 소멸되었다. 실업률은 25%로 상승하였고 물가는 25%나 급락하는 등 심각한 디플레이션에 빠져들었다.

민주당의 프랭클린 D. 루즈벨트 대통령이 취임한 1933년 3월에는 거리에 실업자들이 넘쳐나고 있었고 은행의 예금인출사태가 빈발하는 등 미국 경제는 스트롱 총재가 예언했듯이 파멸적인 상황으로 빠져 들어갔다. 중앙은행인 연방준비제도의 평가도 땅에 떨어졌다.

연방준비제도의 재출발

땅에 떨어진 연방준비제도를 되살린 것은 유타 주 출신의 은행가 매리너 에클즈(Marriner S. Eccles)이다. 1933년에 불황 타개책을 심의하는 상원 청문회의 참고인으로 출석한 에클즈는, 연방정부지출의 확대에 의한 수요환기정책을 제창함과 동시에 연방준비제도의 중앙집권화를 주장하였다.

이 청문회에 출석한 렉스 터그웰 대통령 보좌관은 에클즈가 공화당원임에도 불구하고 그 제언에 끌려 그를 모겐소 재무장관에게 천거하였다. 모겐소 재무장관은 에클즈를 재무차관보로 초빙하여 개혁초안을 작성하게 한다. 이렇게 에클즈의 재정적 측면에서의 수요환기정책은 루즈벨트 대통령의 뉴딜 정책에 도입되었고, 금융정책은 연방준비제도의 개혁으로 결실을 맺는다.

에클즈는 연방준비제도에 대해서, 지역연방준비은행에 권한이 집중되어 있기 때문에 전국적으로 통일된 정책을 취하지 못하고 있는 것이 문제의 근원이라고 진단하였다. 각 지역연방준비은행은 관할지역의 상황밖에 염두에 두지 않기 때문에, 12개 연방준비은행이 제각각 다른 정책을 내놓고 있었던 것이다.

에클즈가 작성한 연방준비제도 개혁법안은 12개 지역연방준비은행이 가지고 있던 권한을 축소시켜 워싱턴의 연방준비이사회의 지배체제를 확립하는 것을 골자로 하고 있었다. 우선 연방준비이사회를 연방준비제도이사회(Board of Governors of the Federal Reserve System)로 개칭하고 지금까지 직권상 이사회에 가담했던 재무장관과 통화감독관을 제외하고, 7명의 총재(Governor)에 의한 이사회로 고쳤다. 그리고 Governor 중에서 의장(Chairman)과 부의장(Vice Chairman)이 지명되었다.

타협의 산물이었던 FOMC의 멤버 구성

뉴욕 연방준비은행이 중심이 되어 각 지역연방준비은행이 실시하던 공개시장조작은 연방공개시장위원회(FOMC)의 지휘하에 들어가게 되었다. 에클즈는 당초 FOMC의 공개시장조작 권한을 워싱턴의 연방준비제도이사회에 집중시키는 것을 노리고 있었다.

그러나 중앙관료조직으로의 권한집중을 기피하는 은행업계와의 타협으로 뉴욕 연방준비은행 총재를 FOMC의 상임부의장으로 앉히고, 남은 11명의 지역연방준비은행 총재들 중 4명에게 매년 교대로 투표권을 부여하는 현행 제도가 완성되었다.

FOMC의 지배권을 FRB가 완전히 장악하게 한다는 당초 에클즈의 구상은 실현되지 못했지만, 12명의 FOMC 투표 멤버들 중 FRB 멤버가 7표로 과반수를 차지하는 현행 시스템이 완성되었다. 또한 지역연방준비은행 총재는 기존의 Governor에서 President로 변경되었다.[주1] 그리고 각 지역연방준비은행의 President(총재) 임명은 FRB의 승인으로 이루어져 중앙지배 구도를 명확히 했다.

이 제도개혁에 의하여 미국의 분산된 중앙은행 시스템은 실질적으로 다른 선진국가들과 같은 중앙지배체제로 정비되었다. 신생 FRB의 초대 의장에는 에클즈가 취임했다.

그때까지 재무성 건물을 빌려 사용하고 있던 FRB는 재출발을 기념하여 미국 금융정책의 상징적 존재인 대리석으로 만든 '백아의 전당'으로 이전하였다. 오늘날 워싱턴에서 에클즈가 뉴딜 정책의 숨겨진 주역임을 아는 사람은 많지 않다. 그러나 FRB 관계자들 사이에서 그의 명성은 영원히 계속 살아남게 될 것이다. FRB는 에클즈 의장의 공적을 기리며 백아의 전당 건물을 에클즈 빌딩이라고 명명했기 때문이다.

에클즈 의장은 제3기, 1948년 4월까지 FRB 의장을 지냈다. 에클즈는 1948년 4월, 해리 트루먼 대통령에 의해 해임되지만 그 후 1951년 7월까지 이사로 남아 어코드(금융정책과 국채관리정책의 분리) 등 FRB의 독립성 확보에 진력을 다하였다.

3. 현재의 FRB 이사회 멤버들

FRB는 대통령이 지명하고 상원이 승인한 7명의 이사(Governor)로 구성된다. 이사의 임기는 14년으로 재임은 없다. 임기 전 퇴임한 이사의 후임으로 임명된 이사는 이어받은 임기 종료 후에 재임이 가능하다.

이사회의 의장과 부의장도 대통령이 임명하고 상원이 승인한다. 의장과 부의장은 이미 이사로 취임해 있거나, 또는 의장과 부의장 취임 시에 이사로서 상원의 승인을 얻어야 한다. 의장과 부의장직의 임기는 4년이며 재임이 가능하다. 7명의 이사는 짝수 해의 1월 31일에 임기가 종료되도록 설정되어 있다.

이사의 임기가 14년으로 매우 장기간인 것은, 정권의 의도로 이사들이 대폭 바뀌는 일을 막기 위함이다. 또한 이사의 신분은 보장되어 있으며 정부가 파면할 수 없다.

벤 버냉키 의장의 경력은 제1장에 게재했으므로 다른 이사들의 프로필을 살펴보자.

도널드 콘(Donald L. Kohn) 부의장 : 2006년 6월 23일 부의장 승격

역대 이사들 중에서도 드문 FRB 내 이사. FOMC에 제시하는 금융정책 리포트 작성을 오랫동안 담당해 온 금융정책 전문가. 그린스펀 의장의 심복이라 불렸다. 이사로서의 임기는 2016년 1월까지 보장받게 되며, 부의장으로서의 임기는 2010년 6월이다.

• 1942년 11월 7일 펜실베이니아 주 필라델피아 출생
• 1964년 우스터 대학교 졸업. 경제학 BA취득

- 1970년 캔자스시티 연방준비은행 입사. 75년까지 이코노미스트
- 1971년 미시건 대학교 경제학 박사학위 취득
- 1975년 FRB 이코노미스트
- 1978~81년 FRB 자본시장 담당 책임자
- 1981~83년 FRB 조사통계국 차장
- 2002~2006년 6월 FRB 이사

수전 슈미트 바이스(Susan Schmidt Bies) 이사 : 2001년 12월 7일 취임

리스크 관리 전문가. '뛰어난 리스크 관리에는 건전한 판단·지식·경험이 필수적'이라고 인적 자원의 중요성을 역설함. 2012년 1월까지 임기가 보장받게 된다.

- 1947년 5월 5일 뉴욕 버펄로 출생
- 1967년 버펄로 뉴욕 주립대학교 졸업. 경제학 BA 취득
- 1972년 노스웨스턴 대학교 경제학 박사학위 취득
- 1970~72년 세인트루이스 연방준비은행 지역은행시스템 담당 수석 이코노미스트
- 1977~79년 로즈 대학교 경제학 교수
- 1979년 퍼스트 테네시 코프에 입사. 전략담당 매니저
- 1995년~2001년 퍼트스 테네시 코프 집행부사장(리스크 관리·감독)

케빈 M. 와쉬(Kevin M. Warsh) 이사 : 2006년 2월 24일 취임

임명되기 전까지 대통령 경제정책특별보좌관과 국가경제회의(NEC) 사무총장으로 근무했던 와쉬 이사는, 주로 국내 재정·금융규제정책, 소비자보호문제를 담당하면서 대통령과 행정부의 고위 관리들에게 미국 경제, 특히 자본시장에서의 각종 기금의 추이와 증권, 은행 및 보험 관련 이슈들에 대해 자문해 왔다. 2018년 1월 31일까지 임기를 보장받게 되며, 과거 20년간 최연소 FRB 이사이다.

- 1970년 4월 13일 뉴욕 알바니 출생
- 1992년 스탠포드 대학교 공공정책학과 졸업
- 1995년 하버드 대학교 법학 박사학위 취득,
- 하버드 경영대학원, MIT 슬로안 경영대학원 시장경제 및 채권시장 관련코스 수료
- 1995~2002년 모건 스탠리 사의 인수합병업무 담당 부사장
- 2002~2006년 대통령 경제담당보좌관, 국가경제회의(NEC) 사무총장

랜달 S. 크로츠너(Randall S. Kroszner) 이사 : 2006년 3월 1일 취임

크로츠너 이사는 이사회에 참여하기 전에 이미 연방준비제도(FRS)에서 다양한 일을 한 바 있다. 연방준비제도이사회의 객원 연구원이었으며, 시카고 연방준비은행의 학계 자문단의 컨설턴트 겸 위원이었고 뉴욕, 세인트루이스, 캔자스시티,

미니애폴리스 연방준비은행의 객원 연구원으로 근무하기도 했다.

대통령 경제자문위원회(CEA)에 근무하면서 기업 지배구조 문제에 대한 대응책 수립에 깊이 관여했다. 은행 및 금융 규제, 연금 개혁, 기업 지배제도 개혁, 테러보험, 세제개혁, 통화위기관리, 국가 채무 재조정, 국제통화기금(IMF)의 역할 등 각종 국내외 문제들에 대해 자문을 수행해 왔다.

그 밖에도 크로츠너 박사는 미 증권거래위원회, IMF, 스톡홀름 경제대학교, 베를린 자유대학교, 스톡홀름 대학교, 런던 정경대학교의 객원연구원을 지냈으며, 시카고 대학교 로스쿨과 스톡홀름 경제대학교에서 객원 교수를 역임하기도 하였다.

주요 연구분야는 금융서비스 기업의 이익 충돌, 국제 금융위기, 기업 지배구조, 부채 재조정 및 파산, 금융 경제학 등이다. 랜달 S. 크로츠너 이사는 2008년 1월 31일까지 임기를 보장받게 된다.

- 1962년 6월 22일 뉴저지 잉글우드 출생
- 1984년 브라운 대학교 응용수리경제학 이학사(최우등)
- 1987년 하버드 대학교 경제학으로 석사 및 박사학위 취득(1990년)
- 1990~1999년 시카고 대학교 경영대학원 조교수 및 부교수
- 1999~2006년 시카고 대학교 경영대학원 경제학 교수, 조지 스티글러 미국 경제학 센터 소장, 미국기업연구소 객원 연구원, 미 경제조사국 연구원, 전미기업경제협회 이사, 노동부 노동통계국의 연방경제통계자문위원회 위원 역임
- 2001~2003년 대통령 경제자문위원회(CEA) 위원

프레드릭 S. 미쉬킨(Frederic S. Mishkin) 이사 : 2006년 9월 8일 취임

 미쉬킨 박사는 이사회 참여 전에 이미 FRB의 학계자문위원 겸 이사회 국제금융국의 객원연구원으로 활동해 왔다. 세계은행, 미주개발은행, 국제금융기금(IMF)을 비롯해 세계 각국의 중앙은행에서 근무한 바 있다. 그는 한국 금융감독위원회 국제자문단의 일원으로 활동한 바 있으며 한국은행 금융경제연구소의 자문역을 역임하기도 했다. 미쉬킨 이사는 2014년 1월 31일까지 임기를 보장받게 된다.

- 1951년 1월 11일 뉴욕 출생
- 1973년 매사추세츠 공대 경제학으로 석사 및 박사학위(1976년) 취득
- 1983~1991년 컬럼비아 대학교 경영대학원 경제학 교수
- 1996~2006년 컬럼비아 대학교 경영대학원 은행금융연구소 교수
- 1980~2006년 미 경제조사국 연구원
- 1994~1997년 뉴욕 연방준비은행 전무 겸 연구소장. FOMC 이코노미스트
- 1997~2006년 뉴욕 연방준비은행 학계 자문위원 겸 경제자문단으로 활동
- 2003~2006년 연방예금보험공사 은행 연구센터 수석 연구원

4. 전미에 둘러쳐진 지역연방준비은행의 네트워크

연방준비은행 = 지역연방준비은행

전미 12곳에 있는 지역연방준비은행의 네트워크는 FRB의 하부기관으로, 그 결정에 근거해 전국적인 결제시스템, 화폐 공급, 가입은행의 감독 및 규제, 국고의 재무대리인으로서 역할을 담당한다. 또 국민에 대한 금융교육에도 힘을 쏟고 있다.

지역연방준비은행의 본점 소재지는 다음의 12곳이다.

① A. 보스턴(메사추세츠 주)

② B. 뉴욕(뉴욕 주)

③ C. 필라델피아(펜실베이니아 주)

④ D. 클리브랜드(오하이오 주)

⑤ E. 리치몬드(버지니아 주)

⑥ F. 애틀란타(조지아 주)

⑦ G. 시카고(일리노이 주)

⑧ H. 세인트루이스(미주리 주)

⑨ I. 미니애폴리스(미네소타 주)

⑩ J. 캔자스시티(미주리 주)

⑪ K. 달라스(텍사스 주)

⑫ L. 샌프란시스코(캘리포니아 주)

각 지역연방준비은행은 앞의 숫자가 각각의 지역을 나타내는 번호이다. 또 숫자와 함께 알파벳이 관할 지역을 나타내는 기호가 된다. 알파벳은 보스턴 연방준비은행부터 A로 시작하며 뉴욕은행이 B, 필라델피아 은행이 C로 순서대로 할당되어 있다. 12번째인 샌프란시스코 연방준비은행은 L로 표시된다(지역연방준비은행의 총 자산액은 제4장에 게시).

달러 지폐에는 이를 발행한 지역연방준비은행을 나타내는 알파벳과 번호가 인쇄되어 있다.

지역연방준비은행의 중요한 역할 중 하나는 공정금리의 결정이다. 1913년 연방준비법 성립 당시에는 각 지역연방준비은행이 관할지역의 경제·금융정세에 따라 제각각 공정금리를 결정하고 이를 워싱턴의 연방준비이사회가 승인하는 형태를 취했다.

지역연방준비은행은 의회로부터 예산을 받지 않고 독립채산제를 취하고 있기 때문에, 공정금리에 의한 어음할인이 중요 수입원이었

12개 지역연방준비은행의 관할지역

미니애폴리스
시카고
클리블랜드
1
보스턴
9
2
샌프란시스코
3
뉴욕
12
7
필라델피아
10
4
캔자스시티
세인트루이스
8
5
연방준비제도이사회
11
달라스
6
리치몬드
하와이 주와 알래스카 주는
샌프란시스코 관할지역에 속한다.
애틀란타

• 출처 : Board of Governors of the Federal Reserve System

다. 다만, 1935년 은행법이 제정될 때까지는 지역연방준비은행이 정한 공정금리에 대해서 연방준비이사회가 승인을 주저했기 때문에 뉴욕의 민간은행들에게 업무기회를 빼앗기는 일도 있었다고 한다.

지방분권의 흔적 공정금리

뒤에서도 말하겠지만, 현재의 공정금리는 각각의 지역연방준비은행 이사회가 워싱턴의 FRB에 신청하고, FRB가 FOMC의 페더럴 펀드 금리 결정에 연동시켜 승인하는 형태로 되어 있다. 이 결과 FOMC의 결정 전날까지 신청하지 않은 지역연방준비은행은 적용이 늦어진다.

2005년 9월 2일의 FOMC는 페더럴 펀드 금리를 0.25포인트 인상한 3.75%로 설정한다. 이에 워싱턴의 FRB는 그 전날까지 공정금리의 0.25포인트 인상을 신청한 보스턴 연방준비은행 등 7개 지역연방준비은행의 공정금리 인상을 즉시 승인했다.

세인트루이스 연방준비은행과 클리브랜드 연방준비은행 등 FOMC 전날까지 공정금리 인상을 신청하지 않은 5개 지역연방준비은행에 대해서는 FRB가 공정금리 변경을 통지함과 동시에 인상신청을 하도록 요구했다. 이와 같이 FRB는 늦게 신청하는 일부 지역연방준비은행의 것을 기다렸다가 승인하기 때문에 지역연방준비은행에 따라 새로운 공정금리의 적용이 며칠 늦어지는 경우도 있다.

1935년 은행법 설정 이전, 지역연방준비은행의 독립성이 강했던 시절에는 각 지역연방준비은행의 공정금리 신청에 대해 FRB가 개별적으로 승인하였다. 지역경제의 특수성이 강했기 때문에 그 당시에는 각 지역연방준비은행이 독자적으로 공정금리를 설정하였다. 현행

제도 아래에서도 늦게 신청한 각 지역연방준비은행의 새로운 시세적용이 뒤로 미루어져 며칠 동안 각기 다른 공정금리가 적용되는 것은 지방분권 시대의 흔적이라 할 수 있다.

또한, 공정금리는 2003년 1월부터 주로 롬바드형 대출금리(중앙은행이 담보를 잡고 금융기관에 재할인율 수준에서 대출해 주는 금리)의 기준금리로서의 역할을 담당하게 되었기 때문에, 그 상징적인 중요성은 예전에 비해 많이 약해졌다(제4장 참조).

지역연방준비은행은 가입은행들이 출자하는 주식회사 형태를 취하고 있으며, 독자적인 이사회를 갖는다. 이사는 모두 9명으로, 가입은행이 은행업계에서 선출하는 A급 이사가 3명, 비 금융계에서 선출하는 B급 이사가 3명, 그리고 연방준비제도이사회가 C급 이사 3명을 지명한다. 각 지역의 연방준비은행 이사회는 각각의 총재와 부총재를 지명하고 FRB가 이를 승인한다.

12개 지역연방준비은행의 총재는 FOMC 멤버가 된다. 이 중 투표권을 행사하는 것은 5명으로 한정되어 있다. 공개시장조작을 담당하는 뉴욕 연방준비은행 총재는 FOMC의 부의장 자리를 맡으며 투표권을 행사한다. 남은 4명의 투표 멤버는 3개 그룹으로 나뉘어, 1년씩 돌아가며 FOMC에서 투표권을 행사한다. 다만 투표권을 갖지 않는 지역연방준비은행 총재도 FOMC의 회의에 참가한다.

5. 현재의 지역연방준비은행의 총재들

①캐시 미네한(Cathy E. Minehan)

– 제12대 보스턴 연방준비은행 총재(1994년 7월 13일 취임)

1991년 12개 지역연방준비은행 중에서 첫 여성 제1부총재로 취임. 코렌 혼 클리브랜드 연방준비은행 전 총재에 이어 여성으로는 두 번째 지역 연방준비은행 총재이다.

- 1947년 2월 15일 뉴저지 주 저지시티 출생
- 1968년 로체스터 대학교 졸업. 정치학 BA취득
- 1968년 뉴욕 연방준비은행 입사
- 1977년 뉴욕 대학에서 비즈니스 경영학 석사 취득
- 1982년 뉴욕 연방준비은행 부총재
- 1991년 보스턴 연방준비은행 제1부총재

②티모시 가이트너(Timothy F. Geithner)

– 제9대 뉴욕 연방준비은행 총재(2003년 11월 17일 취임. FOMC 부의장)

그린스펀 FRB 전 의장은 가이트너 씨가 1990년 대 후반의 아시아 금융위기에서 발휘한 수완을 높이 평가하여 뉴욕 연방준비은행 총재로 추천했다. 민주당 정권이 되면 장래 FRB 의장 후보의 한 사람으로 촉망된다.

- 1961년 8월 18일 뉴욕 출생
- 1983년 다트머스 대학교 졸업. 정부·아시아학 BA취득
- 1985년 존스홉킨스 대학교에서 국제경제학 석사학위 취득
- 1988년 미 재무성 입사
- 1999~2001년 재무차관(국제문제 담당)
- 2001년 11월~2003년 11월 국제통화기금(IMF) 정책발전국장

③찰스 플로서(Charles I. Plosser)

– 제8대 필라델피아 연방준비은행 총재(2006년 8월 1일 취임)

3월 31일부로 퇴임한 앤서니 산토메로 총재의 뒤를 이어, FRB와 필라델피아 연방준비은행 이사회로부터 2006년 6월 6일 필라델피아 연방준비은행의 총재로 임명 승인을 받은 플로서 총재는 올해 57세로, 시카고 대학에서 경영학 석사와 경제학 박사 학위를 취득하였으며 반더빌트 대학교 공대를 졸업했다. 로체스터 대학교 존 올린 경제학 석좌 교수와, 자신이 1993년부터 2003년까지 원장을 지낸 로체스터 대학교 경영대학원인 사이먼 스쿨의 브래들리 정책 연구센터 소장을 맡아 왔다. 1978년부터 사이먼 스쿨의 교수로 재직하면서 거시경제학, 경제성장, 계량경제학, 재정학, 화폐금융 등을 주로 가르쳐 왔다. 1991년부터 예비공개시장위원회(Shadow Open Market Committee)의 위원과, 미국 경제정책을 모니터하고 자문하는 유명 경제학자 자문단의 공동 의장을 맡아 왔다.

플로서 총재에 대해 필라델피아 연방준비은행의 윌리엄 스톤 수석부
행장은 "플로서 박사는 오랜 기간 동안 금융정책 및 거시경제학 관련
이슈의 분석에 탁월한 업적을 남겨 왔으며, 현재 연방준비은행이 당
면하고 있는 수지문제와 은행시스템에 대해서도 탁월한 능력을 발휘
할 것으로 기대된다."고 말한 것으로 알려졌다.

④산드라 피아날토(Sandra Pianalto)
– 제10대 클리브랜드 연방준비은행 총재(2003년 2월 1일 취임)

 인플레이션 타깃팅 도입에 적극적. "투명성을
얻을 수 있다는 의미에서 연방준비제도의 신뢰
성 향상으로 이어질 가능성이 있다."고 말한다.
은행감독, 결제시스템, 관리에도 정통해 최고업
무책임자(COO) 재임 중, 클리브랜드 연방준비은
행이 가장 효율적인 연방준비은행으로 뽑혔다.(2006년 FOMC에서
투표권을 갖는다)

- 1954년 8월 4일 이탈리아 바리데르파스비오 출생
- 1976년 아크론 대학교 졸업 경제학 BA취득
- 1983년 조지워싱턴 대학교에서 경제학 석사 취득
- 1983년 클리브랜드 연방준비은행 입사. 조사부 이코노미스트
- 1984년 홍보담당 부총재보
- 1988년 부총재
- 1993년 제1부총재 겸 COO로 취임

⑤제프리 래커(Jeffrey M. Lacker)

– 제7대 리치몬드 연방준비은행 총재(2004년 8월 1일 취임)

 연방준비은행 조사부에서의 경력이 길며, 알프레드 브로더스 전 총재의 훈도를 받았다. 금융당국의 장기적 인플레이션 전망에 대해서 "애매하게 해 두는 것의 이점은 이제 사라지고 있다."라고 지적. 인플레이션 타깃팅의 명시화를 주장한다.(2006년 FOMC에서 투표권을 갖는다)

• 1955년 9월 27일 켄터키 주 렉싱턴 출생
• 1977년 프랭클랜 앤 마샬 대학교 졸업 경제학 BA취득
• 1984년 위스콘신 대학교에서 경제학 박사학위 취득
• 1984~89년 퍼듀 대학교 경제학교수
• 1989년 리치몬드 은행 입사. 조사부 이코노미스트
• 1997년 스위스 중앙은행 객원 연구원
• 1999년 수석 부총재 겸 조사국장

⑥잭 귄(Jack Guynn)

– 애틀랜타 연방준비은행 총재(1996년 1월 1일 취임)

 1996년 1월의 취임기자회견에서 "중앙은행가의 심중에는 인플레이션 억제가 있다."라고 표명, 물가안정을 주축으로 하는 금융정책을 주장했다. 인플레이션 타깃팅의 명시에 대해서는 언급하지 않는다.(2006년 FOMC에서 투표권을 갖는다)

- 1942년 버지니아 주 스토튼 출생
- 1964년 버지니아 폴리테크닉 졸업 산업공학 BA취득
- 1964년 애틀랜타 연방준비은행 입사
- 1969년 조지아 인스티튜트 테크놀로지에서 산업경제학 석사학위 취득
- 1984~96년 제1부총재

⑦마이클 모스코우(Michael H. Moskow)

– 시카고 연방준비은행 총재(1994년 9월 1일 취임)

선대 부시 정권에서 미국 무역대표부(USTR) 차석 대표로 일본·중국·동남아시아를 담당했다.
- 1937년 뉴저지 주 패터슨 출생
- 1959년 라파예트 대학교 졸업. 경제학 BA취득
- 1965년 펜실베니아 대학교에서 응용경제학

박사 학위 취득
- 1967~77년 노동부 차관, 주택도시개발부 차관보, 대통령 경제자
  문위원회(CEA) 수석 이코노미스트
- 1991년 미 무역대표부(USTR) 차석대표
- 1993년 노스웨스턴 대학교 국제경영전략 교수

⑧윌리엄 풀(William Poole)

– 세인트루이스 제11대 연방준비은행 총재(1998년 3월 23일 취임)

동 연방준비은행의 전통인 통화주의자(Monetarist) 흐름을 계승한다.
"FOMC의 협의에서 통화 공급량에 대해 언급하는 것은 나 정도다."

라고 말한 적이 있다.

- 1937년 6월 19일 델라웨어 주 윌밍턴 출생
- 1959년 스워트모어 대학교 졸업. 경제학 BA 취득
- 1963년 시카고 대학교 경제학 석사학위 취득
- 1966년 시카고 대학교 경제학 박사학위 취득
- 1964~74년 FRB 시니어 이코노미스트
- 1982~85년 레이건 정권의 대통령 경제자문위원회(CEA) 멤버, 보스턴 연방준비은행, 뉴욕 연방준비은행의 고문 등을 역임

⑨게리 스턴(Gary H. Stern)

– 미니애폴리스 제11대 연방준비은행 총재(1985년 3월 16일 취임)

인플레이션 타깃팅 설정에 적극적이다. 그는 "인플레이션 목표치 설정의 접근방식을 채택하는 것에 장점이 있을 지도 모른다. 과거 20년간 달성한 성과를 확실한 것으로 만드는 데에 도움되기 때문이다."라고 말했다.

- 1944년 캘리포니아 주 샌 루이스 오비스포 출생
- 1967년 워싱턴 대학교 졸업. 경제학 BA취득
- 1970년 라이스 대학교 경제학 박사학위 취득
- 1982년 미니애폴리스 연방준비은행 입사. 수석 부총재 겸 조사 국장

⑩토머스 호니그(Thomas M. Hoenig)
– 제8대 캔자스시티 연방준비은행 총재(1991년 10월 1일 취임)

연방준비은행 출신 이코노미스트. 경제동향이나 금융정책에 관한 발언은 신중하며, FOMC 멤버들의 컨센서스를 표명하는 일이 많다.

1946년 9월 6일 아이오와 주 포트매디슨 출생

- 1968년 베네딕틴 대학교 졸업. 경제학 BA취득
- 1973년 캔자스시티 연방준비은행 입사. 이코노미스트
- 1981년 부총재
- 1986년 수석 부총재
- 미주리 캔자스시티 대학교에서 경제학에 대해 강의
- 중국 인민은행에서 미 은행업과 감독에 대해 강의

⑪리처드 피셔(Richard W. Fishe)
– 제11대 달라스 연방준비은행 총재(2005년 4월 4일 취임)

취임 직후인 2005년 6월, 금리인상을 야구에 비유해 '8회 말'이라고 발언하여, 시장은 금리인상의 막바지라고 해석해 국채이율이 급격히 하락했다. 이 총재의 솔직해 보이는 모습은 그린스펀 전 의장의 애매함에 익숙해 있던 시장참여자들에게는 신선하게 비춰져 높이 평가하는 목소리도 들린다.

- 1949년 로스앤젤레스 출생

- 1969년 해군 아카데미 졸업
- 1975년 스탠포드 대학교에서 경제학 석사학위 취득
- 1975년 브라운 브라더스 해리먼 입사
- 1978~79년 카터 정권에서 재무차관보로 재직하며 달러약세 문제에 대처
- 1997~2001년 미 무역대표부(USTR) 차석대표. 북미자유무역협정(NAFTA) 가입국 외에 한국, 일본, 싱가폴, 칠레 등과의 통상교섭 담당

⑫재닛 옐런(Janet L. Yellen)

– 제11대 샌프란시스코 연방준비은행 총재(2004년 6월 1일 취임)

경제·금융정책의 책정에 있어서는 그린스펀 의장도 한 수 위로 여기는 존재. 클린턴 정권 시절에 FRB 이사, 대통령 경제자문위원회(CEA) 위원장을 역임. 장래 민주당 정권이 탄생하면 FRB의 의장 후보 중 한 사람으로 주목받는다.(2006년 FOMC에서 투표권을 갖는다)

- 1946년 뉴욕 출신
- 1967년 브라운 대학교 졸업. 경제학 BA취득
- 1971년 예일 대학교 경제학 박사학위 취득
- 1971~76년 하버드 대학교 경제학 교수
- 1980년 캘리포니아 대학교 버클리 교 경제학 교수
- 1994년 8월~97년 2월 FRB 이사
- 1997년~99년 8월 클린턴 정권의 대통령 경제자문위원회(CEA) 위원장

6. FOMC의 무대 뒤

FOMC(Federal Open Market Committee, 연방공개시장위원회)에는 FRB 멤버 7명과 지역연방준비은행 총재 12명이 참가한다. FRB 의장이 FOMC 의장을 맡고, 뉴욕 연방준비은행 총재가 부의장이 된다. FRB 멤버 7명과 뉴욕 연방준비은행 총재는 FOMC에서 항상 투표권을 행사한다. 뉴욕 이외의 11개 지역 연방준비은행 총재는 모두 참가하지만 투표권은 총재 4명이 매년 돌아가며 행사한다.

뉴욕 이외의 11개 지역연방준비은행은 4개 그룹으로 나뉘어 각 그룹에서 매년 한 명의 총재가 투표권을 갖는다.

- 제1그룹 : 클리브랜드 연방준비은행, 시카고 연방준비은행
- 제2그룹 : 보스턴 연방준비은행, 필라델피아 연방준비은행, 리치몬드 연방준비은행
- 제3그룹 : 애틀랜타 연방준비은행, 달라스 연방준비은행, 세인트루이스 연방준비은행
- 제4그룹 : 미니애폴리스 연방준비은행, 캔자스시티 연방준비은행, 샌프란시스코 연방준비은행

제1그룹의 클리브랜드 연방준비은행과 시카고 연방준비은행 총재는 1년 간격으로 FOMC에서 투표권을 행사한다. 제2, 제3, 제4그룹 연방준비은행 총재는 3년마다 한 번씩 투표권을 갖는다. 클리브랜드

와 시카고는 1913년 연방준비법이 제정되기 전, 전국 50개소에 있던 준비도시(Reserve city) 가운데 뉴욕과 함께 중앙준비도시(Central Reserve City)로 지정되어 금융의 요지에 위치하고 있다는 이유로 우대되었다.

2006년 FOMC의 투표멤버는 제1그룹이 클리브랜드 연방준비은행의 피아날토 총재, 제2그룹이 리치몬드 연방준비은행의 래커 총재, 제3그룹이 애틀란타 연방준비은행의 권 총재, 제4그룹이 샌프란시스코 연방준비은행의 옐런 총재이다.

FOMC의 정례회의는 연간 8회 열린다. 연초 회의와 중간 회의는 의회에 제출하는 경제전망을 작성하기 위해서 열리며, 회기는 보통 이틀이다. 다른 회의의 회기는 하루이다. 경제정세가 급변하면 의장이 긴급회의를 소집할 수 있다. IT주식 버블 붕괴와 9·11 테러에 휩싸인 2001년도에는 정례회의가 8회, 긴급회의가 3회 열려서 11회 연속 금리인하가 결정되었다.

FOMC의 의사진행

통상 하루인 FOMC 회의는 오전 9시에 시작되어 오후 1시경에 종료된다. 회의에서 채택된 성명을 사무부에서 기자발표문으로 정리하고 오후 2시 15분 전후에 공표한다. 회의진행은 먼저 뉴욕 연방준비은행의 공개시장조작 지배인들이, 지난 회의 이후의 금융시장 동향에 관한 설명을 한 다음 FRB 조사통계국장이 미국의 경제현황과 전망에 관해 보고한다.

FRB 조사통계국이 제출하는 전미 경제현황과 전망은 녹색 표지의 보고서로 정리되어 있어 '그린 북'이라 불린다. 그린 북에 게재되어 있는 경제전망은 종종 FOMC의 방향을 결정하기 때문에 시장참가자들도 항상 주시하고 있다. 그린 북은 비공개(5년 후에 의사록 전문과 함께 공개된다)이지만, 회의 3주 후에 발표되는 의사록(요지)에 '조사 스태프의 예측…(The staff forecast…)'이라는 형태로 그 개요가 소개되므로 FRB의 최신 조사내용을 알 수 있다.

2000년 6월 27일 28일의 FOMC의 의사록(요지)에는, 조사 스태프의 전망치로 '경기확대 속도는 아마 잠재속도를 약간 밑돌 것이다'라고 기술되었다. 이 회의에서는 1999년 6월부터 시작된 금리인상의 종언이 결정되었다.

FRB 조사통계국의 설명을 바탕으로 FOMC 멤버들 중 의장을 제외한 FRB 이사 6명과 지역연방준비은행 총재 12명이 전국경제와 지역경제에 관한 의견을 표명한다. 필라델피아 연방준비은행의 산토메로 총재는 2005년 10월의 강연에서 "각 멤버들의 이러한 견해표명은 FOMC의 가장 즐거운 장면이다."라고 말했다.

담당지역 정보를 가득 담고 있는 총재들의 코멘트

필라델피아 연방준비은행 이사회 멤버에게 얻은 정보나 타운 미팅에서 들은 이야기 등을 종합하면 산토메로 총재는 통계수치를 보는 눈이 뛰어나다. 관할지역 내의 산업이 다양하기 때문에 전국의 평균적인 경제동향을 살피는 데 적절하기 때문이다.

옐런 샌프란시스코 연방준비은행 총재는 관할지역에 IT산업이 집중되어 있는 실리콘밸리가 있기 때문에, 이 총재의 코멘트에는 하이

테크 산업의 최신동향을 파악하는 실마리가 많이 포함되어 있다. 모스코우 시카고 연방준비은행 총재는 관할지역 내에 자동차를 중심으로 하는 많은 제조업체가 있어서 이들 업계의 최신정보를 제공할 수 있는 입장이다.

또 12개 지역연방준비은행은 FOMC 회의에 앞서 관할지역 기업들에게 청취조사를 실시한다. 12개 연방준비은행의 조사결과를 한 곳의 연방준비은행이 보고서로 정리하여 FOMC 회의에 제출한다. 이 보고서는 표지가 베이지 색이어서 '베이지 북'이라고 불린다.

베이지 북은, 첫 페이지에 보고서의 정리역할을 담당한 지역연방준비은행이 12개 은행 전체의 움직임을 총괄한다. 이어서 전국의 개인소비, 제조업, 금융업, 농업, 고용, 임금·물가를 항목별로 기술한다. 마지막으로 12개 은행의 조사결과를 보스턴 연방준비은행(1,A)부터 샌프란시스코 연방준비은행(12,L)까지의 순서대로 게재한다. 베이지 북은 FOMC 정례회의 전에 공표되기 때문에 회의의 향방을 점치는 데 있어서 중요한 정보를 제공한다.

'블루 북'으로 금융정책의 방향을 설명

이야기를 FOMC 의사진행으로 되돌리자. 전체의 경제동향과 전망에 관한 의견교환이 종료되면 가장 중요한 금융정책 결정을 둘러싼 협의에 들어간다. 우선 FRB 금융정책국장이 금융정책의 방향을 제시한다. 이는 푸른 색 표지의 리포트로 정리되어 있어서 '블루 북'(그린 북과 마찬가지로 리포트 전문 공표는 5년 후)으로 불린다.

블루 북은 특정 정책을 권고하는 것이 아니라 금리인상, 금리인하,

금리동결이라는 세 가지 선택에 대해서 그 장점과 단점을 객관적으로 나타내는 것이 목적이다. 또 FOMC 성명에서 금융정책의 전망을 시사하는 '가이던스(Guidance)'가 중요해지고 있기 때문에, 블루 북에 그 표현의 선택 방향도 게재하게 되었다. 블루 북은 FOMC 회의 개최 1주일 정도 전에 멤버들에게 회람된다. 원거리에 있는 지역연방준비은행 총재에게는 암호화된 전자메일로 보낸다. 2005년 12월의 회의에서는 가이던스에서 '금융정책은 완화적'이라는 표현을 삭제할 것인지의 여부가 초점이 되었는데, 이때는 회의 전에 전자메일로 멤버들간의 논의가 이루어져 회의 당일에는 거의 합의가 이루어졌다고 한다.(〈월스트리트 저널〉 2006년 1월 30일자 등)

FOMC 회의 당일에는 금융정책당국의 설명과 FOMC 멤버들의 질의응답이 종료되는 시점을 적당히 보아 의장이 전체를 총괄하고, 그 후 성명 가이던스나 적절한 금융정책에 관한 의장의 견해를 표명한다.

그 후 멤버들이 순번대로 견해를 표명한다. 의장의 견해에 따라 컨센서스를 형성하는 것을 지향한다. FOMC 구성은 1935년의 은행법에 따라 FRB가 전체를 통괄하는 구도가 만들어졌지만, 여전히 전통적으로 지역연방준비은행 총재를 포함한 만장일치를 지향하는 풍조가 있어 컨센서스를 위한 논의가 가장 고조된다.

FOMC 의사록(요지)에서 '멤버(Menber)'라고 기술되는 것은 FRB의 멤버 7명과 투표권을 가진 5명의 지역연방준비은행 총재들을 가리킨다. 또 '회의 참가자(Meeting participants)'는 투표권을 갖지 않는 지역연방준비은행 총재 7명을 더한 19명 전원을 가리킨다.

의사록에서는 발언자의 수를 최대인 '전원(all)'에서 서서히 적은 숫자인 '대부분(most)', '많은(many)', '몇 명(several)', '소수(few)', '한 명(one)'과 같은 식으로 표기한다. 이러한 인원수에 관한 표현의 차이를 실마리 삼아 다수의견인지 또는 소수의견인지를 어느 정도 추측할 수 있다.

FOMC에서는 금융정책 표결에 있어 의안을 제시할 수 있는 것은 의장 한 사람으로 한정되어 있다. 이 안이 부결되면 의장이 사임한다는 불문율도 있다. 이 때문에 "그린스펀 전 의장은 FOMC 멤버들의 견해가 양분되면 (어느 쪽 방향으로 기울어도 대응할 수 있도록) 양 진영에 발판을 쌓았다(로렌스 마이어 전 FRB 이사)."고 한다.

멤버들 사이의 의견조정이 종료된 후 금융정책 표결에 들어간다. 여기서 비로소 투표권이 없는 지역연방준비은행 총재들은 다른 멤버들과 다른 대접을 받게 된다. 이 점에 대해서 산토메로 필라델피아 연방준비은행 총재는 "19명의 멤버들은 금융정책논의에 똑같은 조건으로 참가하여, 컨센서스 형성을 위해 모두 중요한 역할을 다하고 있다. 언론이 투표권 멤버와 투표권을 갖지 않는 멤버들을 엄격히 구별하는 것은 너무 지나치다."라고 지적했다.

칼럼5 ››› FOMC 의사요지 속독술

정책운용의 투명성을 높이는 위한 목적으로, FOMC는 2004년 12월분부터 의사요지의 조기공표를 개시했다(FOMC 개최 약 3주 전에 공표). 이 때문에 의사요지는 정보로서의 신선도가 높아져 시장참가자들에게는 이를 읽고 파악하는 것이 보다 중요해졌다.

　그러나 의사요지는 상당히 많은 분량이며 당연히 영어로 되어 있다. 바쁜 금융시장 트레이더들에게는 이를 처음부터 숙독할 시간적 여유가 없다. 그래서 한정된 시간 내에 포인트를 찾아내는 노하우로 아래의 세 가지를 먼저 읽을 것을 권유한다.

　① 경제현황과 장래전망에 관한 논의 : 의사요지 중간 또는 그보다 약간 뒤쪽에 게재되어 있다. 'In their discussion of current conditions and the economic outlook'이라는 표현으로 시작되는 부분이다. 경제정세에 관한 인식이 간결하게 정리되어 있다.

　② 정책변경에 관한 논의 : 투표결과 앞에 게재되어 있다. 'In the Committees discussion of monetary policy for the intermeeting period'라는 표현으로 시작되는 부분이다. 단락 첫 문장으로 참가자들의 정책결정에 대한 견해 수렴 정도를 읽을 수 있다. 예를 들면, 전원 이론(異論)없이 0.25%의 금리인상 결정에 찬성한 경우에는 'all members favored' 또는 'all members agreed'라고 표현된다. 반면, 반대표에는 이르지 않았지만 일부의 이론이 있었던 경우에는 'all of the members indicated that could support'라고 묘사된다(2004년 6월 등).

　반대표가 나왔다고는 하지만 전체적으로는 결정을 지지하는 목소리가 높았을 경우에는 'nearly all members favored'라고 표현된다.

　③ 성명문에 관한 논의 : 의사요지의 종반에 게재되어 있다. 'In the discussing the statement to be released after the meeting'이라는 부분. FOMC 종료 직후에 발표되는 성명문은 앞으로의 정책방향성을 시장에 시사하는 역할을 담당하고 있다. 특히 최근에는 'FRB의 수사

법'이라고도 부를 정도로 독특한 언어사용이 이루어지고 있다. 그 한 글자 한 문장에 메시지가 담겨 있기 때문에, 그것이 FOMC에서 어떻게 논의되어 결정되었는지를 아는 것은 매우 중요하다.(참고 : 라이트슨 ICAP《Money Market Observer》2005년 1월 3일호)

공정금리의 결정

FOMC는 새로운 페더럴 펀드 금리의 유도목표 수준과 장래의 경기와 물가에 대한 리스크 밸런스의 평가를 담은 성명내용을 채택한다. 그리고 지시형태로 뉴욕 연방준비은행의 공개시장조작 지배인에게 통고하고 회의를 마친다.

그 후, FRB 멤버들은 FOMC 회의실과 문 하나로 연결되어 있는 FRB 의장실로 자리를 옮겨 공정금리를 결정한다. 현행제도에서 공정금리는 각 지역연방준비은행이 2주마다 신청한다. FRB는 FOMC에서 결정한 페더럴 펀드 금리 변경 폭과 같은 공정금리 신청을 승인하는 형태를 취하고 있다. 예를 들면, FOMC가 페더럴 펀드 금리의 0.25% 인상을 결정한 경우, 같은 폭의 공정금리 인상 신청을 승인하고 12개 지역연방준비은행 전체에 적용한다. 이와 같이 공정금리는 페더럴 펀드 금리에 연동되어 있기 때문에 FRB에서의 채결(採決)은 몇 분 만에 종료된다.

FOMC 성명의 해금(解禁) 시간

모든 것이 종료된 후, FRB 홍보담당관은 FOMC 성명문과 공정금리의 결정내용을 기록한 기자 발표문을 오후 2시 10분 전후에 재무부 기자실에 팩스로 보낸다. 기자실 간사는 십여 명의 상주 기자 전원에게 성명문을 복사해 주고, 전원에게 배포된 것을 확인한 후 기자실에 있는 놋쇠로 된 종을 친다.

이 종소리가 기사 해금을 알리는 신호이며, 통신사와 방송국들은 일제히 속보를 내보내는 구조이다. 이 사이 FRB 홍보담당관은 재무부 기자실과의 전화를 통화상태로 해 놓고, 이 종소리를 확인한 후 인터넷 홈페이지에 최신 성명을 게재한다.

오후 2시가 넘으면, 시장참가자들은 FOMC 성명의 발표를 기다리며 통신사 뉴스를 볼 수 있는 정보단말기를 뚫어져라 쳐다본다. 2시 15분이 지나도 발표가 나오지 않으면 회의가 난항을 겪고 있는 것이 아닌가라는 억측이 나오기 쉽다. 그러나 실제로는 기자실의 발표 경로에서 문제가 생기는 경우가 많다. 재무부 기자실의 복사기에 종종 종이가 걸리는 것이 그 원인이다. 그렇게 되면 기자 전원에게 성명문 사본을 줄 수가 없으므로 복사기가 재가동되고 성명문이 기자들 전원에게 배포될 때까지 기사 해금과 인터넷 해금이 늦어지게 된다.

(1) 당시 세계적으로 가장 존경받던 중앙은행은 잉글랜드 은행이었다. 그 수장이 Governor이며, 1913년 연방은행법은 이 최고위 호칭을 전국 지역연방준비은행 총재 12명에게 사용했다. 지역연방준비은행의 권한이 절대적이었다는 것을 말해주고 있다. 워싱턴의 이사회 멤버들은 대통령이 임명하고, 상원이 승인한 5명 중 1명을 Governor로 하고, 차석을 Vice Governor로 했다. 1935년 은행법은 워싱턴의 이사회 7명의 멤버 전원을 Governor로 하고 그 수장을 의장, 차석을 부의장으로 했다. 에클즈는 이사회 멤버 전원을 Governor로 격상시키는 한편, 지역연방준비은행 총재를 President로 개칭했다. 지역연방준비은행 총재로서는 권한이 약화된다는 의미를 담고 있었다. 이 책에서는 한국의 관례에 따라 지역연방준비은행의 President를 총재로 번역했다.

• 참고문헌
《Secrets of the temple》 William Greider, Simon and Schuster
《The Fed》 Martin Mayer, Plume
《Monetary policy in the United States》 Richard H. Timberlake, University of Chicago Press
《A History of the American People》 Paul. Johnson, Harper Perennial

4장

페더럴 펀드시장의 진실

- 그 구조와 공개시장조작의 수법

1. 페더럴 펀드 시장이란?

페더럴 펀드 금리와 미국경제의 관계

뉴욕 연방준비은행은 연방준비제도의 오퍼레이션(공개시장조작)을 도맡아 실행하고 있다. 전에 뉴욕 연방준비은행의 공개시장 데스크 담당자와 면담을 한 적이 있는데, 그는 다음과 같이 말하며 쓴웃음을 지었다. "연방준비제도는 페더럴 펀드 금리를 조작하고 언론은 이를 대대적으로 보도하는데, 월 가를 한 발자국만 벗어나면 대부분의 미국인들은 페더럴 펀드가 무엇인지를 모른다."

확실히 대부분의 미국인들(한국인들은 더욱)은 페더럴 펀드의 실태를 잘 모른다. 그러나 금융정책의 기점이 되는 것이 페더럴 펀드 금리이다. 벤 버냉키 FRB 의장은 2005년 3월 30일의 강연에서 페더럴 펀드 금리와 미국경제의 관계를 다음과 같이 해설했다.

▷ 모기지 금리, 회사채 금리, 국채 금리와 같은 장기금리는 경제에 영향을 준다. 그러나 FRB는 거의 혹은 직접적으로 이에 영향을 줄 수 없다.

▷ 그러나 FOMC는 공개시장조작을 통해서 초단기금리(페더럴 펀드 금리)에 직접적으로 영향을 줄 수 있다.

▷ 장기금리는 현재의 단기금리(페더럴 펀드 금리)뿐 아니라 장래

의 단기금리 전망에 영향을 받는다. FOMC가 장기금리를 컨트롤 할 수 있는 힘은, 시장의 기대에 영향을 미칠 수 있는 능력에 달려 있다.

▷시장의 단기금리 전망에 가장 직접적으로 영향을 미치는 방법은 '토크'이다. FRB는 성명문이나 연설, 의회증언 등으로 시장과 국민들에게 경제전망이나 금융정책의 적절한 코스에 대한 정보를 보낸다.

페더럴 펀드 시장 = 자금 도매시장

핵심을 말하자면, FRB는 ①페더럴 펀드 금리를 일정 수준으로 유도한다. ②그것이 장래 어떻게 변화할 것인지 '토크'에 의해 시장이 예상하도록 해 국채금리에 영향을 준다. ③국채금리는 모기지, 회사채, 은행대출, 소비자대출 등에 영향을 주므로, 나중에는 인플레이션율, 성장률, 실업률 등 실물경제로 효과가 파급되어 간다.

본 장에서는 뉴욕에서 취재한 페더럴 펀드 시장의 최근 상황과 뉴욕 연방준비은행의 공개시장조작에 대해서 해설하겠다.

페더럴 펀드 시장이란 한 마디로 하면 '자금 도매시장'이다(한국의 콜 시장에 해당한다). 도매시장이므로 페더럴 펀드 시장에 참가할 수 있는 것은 금융기관(은행)으로 한정되어 있다. 일반 기업이나 개인은 이 시장에 참가할 수 없다.

이곳에서는 눈이 휘둥그레질 정도의 거액의 자금이 신속하고 효율적으로 거래된다. 브로커를 통한 최근의 관행상 최저거래 금액은 2억 달러이다. 이를 밑도는 금액은 거래상대가 싫어하기 때문에 '우수리' 취급을 받게 되어 금리조건이 나빠진다. 특히 1억 달러 미만은 명확하게 금리가 달라진다.

이 시장은 텔레폰 마켓(telephone market)이며 증권거래소처럼 한 곳에서 거래가 이루어지는 것이 아니다. 초단기자금 대차(貸借)가 주류이며, 오버나이트 거래(over night : 초단기자금. 오늘부터 내일 아침까지의 자금 대차)가 중심이다. 보통은 이 시장의 오버나이트 금리를 페더럴 펀드 금리라고 부른다(기간이 수 주일이나 수개월인 텀 페더럴 펀드 거래도 있다). 아래에 이 시장의 특징을 정리하겠다.

①준비예금제도와 페더럴 펀드 시장 : 은행들은 지역연방준비은행에 계좌를 갖고 있다. 그들은 이 계좌를 통해 은행간 자금결제를 하고 있다. 또 은행은 예금 양에 따라 일정비율의 지불준비예금을 보유하도록 법률로 정해져 있다(준비예금소요액). 일본과는 달리 미국에서는 은행이 보유한 현금도 준비예금소요액에 산입(算入)되는데, 그 이외에도 은행들은 자금을 FRB 계좌에 준비예금으로 예탁하고 있다. 즉 은행들이 연방준비은행에 맡긴 자금을 서로 융통하는 시장이 페더럴 펀드 시장인 것이다.

미국의 준비예금제도에서 금융기관은 2주간의 적립기간 동안 준비예금 평균잔액이 소요액에 달하도록 자금을 조달해야 한다(단 소요액에 대해 4%까지의 적립부족, 또는 과잉적립은 차기 준비예금 적립기간으로 이월할 수 있다 : 캐리오버 제도). 소요액에 비해 준비금액이 부족한 금융기관은 페더럴 펀드 시장에서 자금을 조달해 부족한 금액을 채우기 위해 노력한다. 캐리오버를 넘는 적립부족이 발생하면 패널티가 부과된다. 이는 은행으로서는 상당한 불명예로 그 평판이 알려지면 시장에서 거래할 때 불리해질 우려도 있다(reputation risk ; 시장평가 리스크). 이 때문에 준비예금 적립기간 종료일에는 페더럴 펀드 시장의 긴장감이 매우 높다(후술).

반면, 단기적으로 자금이 남아도는 금융기관은 이를 그대로 두면 초과준비(소요액을 웃도는 준비예금)를 발생시키게 된다. FRB 계좌에는 원칙적으로 이자가 붙지 않기 때문에 일정 수준 이상의 초과준비는 금융기관에 있어서는 '낭비'가 되는 것이다. 이 때문에 그들은 그러한 단기 여유자금을 페더럴 펀드 시장에서 운용한다.

②시장규모 : 공식적인 통계는 공표되어 있지 않지만, 브로커를 경유한 최근의 페더럴 펀드 거래(오버나이트 거래)는 전체적으로 하루에 700억~850억 달러 정도(약 70조 원)라고 한다. 브로커를 경유하지 않는 은행간 다이렉트 거래도 거의 비슷한 규모로 추측된다. 금리 변동이 극심할 때에는 브로커를 통한 거래가 약간 증가하고, 조용할 때에는 다이렉트 거래가 증가하는 경향이 있다. 금리가 크게 움직이고 있을 때에는, 브로커에게 전화를 걸면 은행은 신속하게 베스트 오퍼, 베스트 비드(자금조달 희망금리)를 찾을 수 있기 때문이다.

③브로커(중개업자) : FRB는 공개시장조작에 관한 논문에서 '페더럴 펀드 시장의 브로커는 중요한 역할을 하고 있다'고 기술했다.[주1] 2006년 2월 현재, 브로커는 ICAP, 튤렛 프레본, 트래디션, 유로 브로커 등 4개사가 있다. 뉴욕 연방준비은행은 이들 브로커들과의 핫라인을 통해 수시로 시장을 모니터링하고 있다.

이들 4개 회사는 모두 페더럴 펀드 전업 브로커가 아닌, 미국채, 금리 스왑, 모기지, 레포(Repurchase Agreement ; 다시 판다는 조건부 매입),

외국환, 주식 옵션, 전력 도매, CO2배출권 등 다양한 중개를 업으로 삼는 인터딜러 브로커(inter-dealer broker)의 한 부문이다.

④시장참가자 : 브로커들이 중개하는 시장(브로커 시장)에 참가하는 금융기관은 머니센터뱅크(Money Center Bank) 등과 같은 대형은행, 지방은행, 외국은행 등 다수이다. 앞에서 기술했듯이 2억 달러 이상의 대형 거래가 많다.

페더럴 펀드는 무담보 자금거래이다. 그 때문에 재무내용에 의한 신용도에 따라 자금조달시의 금리가 달라진다. 머니센터뱅크는 이 시장에서 상대적으로 낮은 금리로 대량의 자금을 조달할 수 있다. 반면, 신용도가 낮은 금융기관은 거래상대가 되어 줄 은행이 한정된다. 이러한 금융기관은 하루 중 오후에 자금조달의 필요성이 생기면 위험하다(연방준비은행의 계좌를 비워 둘 수는 없다). 따라서 자금운용에 신중한 입장을 취할 수밖에 없다.

⑤거래시간대 : 아침 7시부터 거래는 시작된다. 오전중의 거래량 피크는 8시 반~10시 반 경. 이 후 거래량이 줄기 시작해 2시 경부터 다시금 완만하게 증가한다. 일일 최대의 거래량 피크는 저녁 5시 이후에 찾아온다. 연방준비은행의 은행간 거액결제시스템인 Fed와이어는 보통 6시 반에 종료되는데, 그와 동시에 페더럴 펀드 거래도 종료된다.[주2]

⑥금리 폭 : 기본적으로 32분의 1% 폭(0.03125%)으로 거래가 이루어진다. 단, 준비예금종료일 종반 등 금리변동이 극심할 때에는 오퍼나 비드가 0.125%, 0.25%, 0.5%와 같이 큰 폭으로 변동하기도 한다.

⑦레포 GC 금리와의 차이는 7.3bp 정도 : 일본의 콜 시장에는 유담보 콜 거래 형태가 존재하는데, 뉴욕의 경우 유담보 자금거래는 레포 GC(General Corateral)거래가 된다. T+0(즉일 스타트)의 레포 GC금리의 스프레드(오전 10시 시점)를 보면 2005년은 평균 7.3bp(베이시스 포인트 : bp=0.01%)로 추이하고 있다.[주3]

⑧뉴욕 연방준비은행의 이펙티브 레이트(평균금리) : 뉴욕 연방준비은행은 매일 브로커 경유 거래에서의 평균금리를 공표하고 있다 (다이렉트 거래는 대상 외). 이 수치는 다양한 금융거래의 벤치마킹으로 사용된다. 단, 평균금리는 하루 중 거래량이 가장 많은 저녁 5시 이후의 금리수준에 영향을 받기 쉽기 때문에 주의가 필요하다.

⑨소액 페더럴 펀드 : 미국 전역에는 방대한 숫자의 소규모 금융기관(지역은행, 저축금융기관, 신용조합 등)이 존재한다. 그들의 대부분은 여유자금을 페더럴 펀드로 방출한다. 그러나 그 금액이 소액이기 때문에(개인의 금전감각에서 본다면 거대하지만), 브로커 시장에 참여할 수 없다. 그래서 이들 소규모 금융기관은 대형은행과의 직접거래로 자금을 방출한다. 단, 이때의 금리는 브로커 시장에서 형성된 금리보다 상당히 낮아지는 경우가 많다(자본이 적을 경우 거래 비용을 감안하면 그렇게 되어 버린다).

⑩전자 트레이딩 시스템(i-Feds) : 2001년 1월에 전자 트레이딩 시스템 뱅크옥시전(Bankoxygen)이 페더럴 펀드 시장에 등장했다. 뱅크오브아메리카를 중심으로 하는 미국 대형은행들의 출자한 것으로, 일부 주요은행들이 브로커를 경유하지 않고 거액의 거래를 하고자 하는 의도였다. 그러나 은행 딜러들은 이 시스템을 그다지 이용하고

싶어 하지 않아 취급량이 저조하다. 외국환 매매나 채권 매매의 세계에서는 전자 트레이딩이 급속히 보급되었지만, 자금 대차나 금리 스왑과 같은 시장에서는 사람이 중개하는 전통적인 브로커가 여전히 주류를 이루고 있다.[주4]

2003년 10월, 뱅크옥시전은 ICAP에 매각되어 그 후 'i-Fed'로 명칭이 변경되었다. i-Fed는 거액거래와는 경쟁하지 않는 소액거래 중개를 주로 취급하고 있다. 앞서 말했듯이 소규모 금융기관이 대형은행에 직접 페더럴 펀드를 방출하면 운용이율이 상대적으로 낮아진다. 그러나 이 시스템 상에서는 복수의 대형은행들이 거액 거래와 비교적 가까운 비드를 제시하고 있다. 대형은행의 입장으로서는 방대한 수의 소규모 금융기관과 전화로 직접 거래하는 것보다 인건비, 사무비용을 들이지 않고 자금을 조달할 수 있다는 장점이 있다. 소규모 금융기관의 입장에서는 기존 브로커 경유 거래보다 유리한 자금운용이 가능해지기 때문에 이 시스템을 이용하는 소규모 금융기관들이 증가추세에 있다.

2. 준비예금 종료일의 클라이맥스

가장 큰 인터딜러 브로커의 현장

2006년 1월 초에 가장 규모가 큰 인터딜러 브로커인 ICAP의 뉴욕 사무실을 방문해 페더럴 펀드 시장의 모습을 견학했다.

이 회사의 사무실은 2001년까지 세계무역센터 내에 있었다. 하지만, 9·11테러로 인해 지금은 허드슨 강 건너 맨해튼 맞은편의 저지시티에 위치하고 있다(그라운드제로에서 지하철로 한 정거장이어서 월 가에서 의외로 가깝다). ICAP의 광대한 딜링 룸을 방문하는 사람들은 누구나 그곳에서 혼잡한 수백 명의 브로커들의 고성(高聲)에 압도된다. 다양한 금융상품이 활발하게 거래되며, 전 세계에서 자금이 유입되고 있는 뉴욕 시장의 깊이를 체감할 수 있다.

2006년 1월 4일은 준비예금 적립기간의 종료일이었다. 그 때문에 페더럴 펀드 데스크에는 특유의 긴장감이 떠돌고 있었다. 그 때의 FRB 페더럴 펀드 금리 유도목표는 4.25%였다(2005년 12월 13일 FOMC가 결정). 12월 21일부터 시작된 이 적립기간에 많은 머니센터뱅크는 순조롭게 준비예금을 진척시키고 있었다. 전날인 1월 3일은 연초라는 요인으로 페더럴 펀드 금리는 유도목표보다 플러스 7~14bp나 상승되어 있었는데, 4일의 시장은 비교적 안정된 환경 속에서 종료일의 클라이맥스를 맞이하고 있었다.

2006년 1월 4일 저녁의 페더럴 펀드 시장

〈시장용어해설〉
· 오퍼 : 자금운용 희망금리
· 비드 : 자금조달 희망금리
· 테이큰 : 제시된 오퍼를 히트해 자금을 받는 것
· 기븐 : 제시된 비드를 히트해 자금을 방출하는 것

오후 5시 전반에 유럽계 대형은행이 4-1/8%(4.125%) 전후로 자금조달 오퍼를 반복했다. 그러나 이윽고 이 은행들은 준비예금소요액을 채운 듯 시장에서 사라졌다.

브로커의 책상에 있는 뉴욕 연방준비은행의 핫라인 버튼이 밝게 점멸한다. 시장의 상황을 모니터링하는 전화인데, 오늘은 뉴욕 연방준비은행이 시장의 동향을 그다지 걱정하지 않는 듯 두 세 마디로 전화를 끊었다.

미국계 대형은행 A는 5시 30분경까지 3-7/8(3.875%)의 비드를 제시하며 가만히 상황을 살피고 있었다. 준비예금 소요액까지 아직 자금이 부족한 모습이다. 이윽고 부족액이 확실하게 계산된 듯 5시 45분에 한 외국은행이 제시한 4-3/16%(4.1875%)의 오퍼 5억 달러를 테이큰했다. 이것으로 A은행은 소요액을 다 채운 모양이다. 이 은행은 일단 시장에서 모습을 감추었다가 잠시 후 3%의 비드를 제시하기 시작했다(캐리오버가 일부 인정되고 있으므로 이 은행의 딜러는 만약 3%라는 싼 금리로 자금을 조달하여 다음 날부터의 적립기간에 운용한다면 득이라고 생각했을 것이다).

자금결제를 대형은행에 위탁하고 있는 '서드 파티'라고 불리는 은행들은 6시까지 거래를 끝내야 한다. 따라서 6시를 넘어서도 시장에 남아 있는 것은 자기 은행에서 자금결제를 하는 은행들뿐이다. 준비예금소요액을 채우지 못한 은행은 Fed와이어가 문을 닫는 6시 30분까지 거래를 완료해야 한다. 6시 30분 시점의 계좌잔고가 준비예금으로서 정식으로 카운트되기 때문이다. 6시를 넘으면 ICAP에는 은행들의 오더가 극심해진다. 딜러의 전용전화는 끊임없이 울려대고, 화면에는 계속해서 은행들의 이름이 깜박거린다. 오퍼나 비드의 주문이 눈이 핑핑 돌 정도로 오르내리며 나타났다가 사라지기를 반복한다. 6시 5분에 미국계 대형은행 B가 4-3/16%(4.1875%)의 오퍼를 제시한다. 이 은행은 이미 소요액을 달성해 잉여자금을 운용하려는 것이다. 한편 미국계 은행 C는 4-1/8%(4.125%)로 비드를 지명해 왔고, 또 다른 미국계 은행 D는 4%의 비드를 제시해 왔다. 그들은 B은행이 오퍼를 낮추기를 기다리고 있는 것이다. 지방은행들은 대형은행과 같은 금리수준을 기다리고 있다가는 조달할 수 없으므로 4-5/32%(4.1562%) 주변의 오퍼가 나오자 이를 테이큰해 갔다.

시장의 시세가 약하다고 판단한 C은행은 비드를 4%로 다운시켜 D은행의 비드와 나란히 맞추었다. 이를 보고 포기한 B은행은 6시 20분에 4%로 비드를 낮춰서 기븐하여, B, C은행 모두 자금 과부족 조정이 종료되었다. 그리고 두 은행 모두 시장에서 사라졌다.

이 시점에서 Fed와이어가 닫히기까지는 10분밖에 남지 않았다. 대부분의 은행은 최종적인 조정을 마치고 준비예금 잔액을 확정시키고 있었다. 그러나 남부의 한 지방은행이 자금조달을 남겨 놓고 있었다. 4-3/16%(4.1875%)로 끈질기게 기다리고 있었던 것이다. 그러나 조달희망금액이 1억 달러를 밑도는 소액이라 좀처럼 거래상대가 발견되지 않았다. 6시 23분에 그 은행은 4.5%로 비드를 올렸다. 브로커로부터 연락을 받은 미국계 대형은행 B가 5%라면 내어줘도 좋다고 말했다. 그러나 지방은행은 그 제의는 거절한다. 금리가 너무 높다고 생각한 듯하다. '얼른 받으면 될 텐데…' 시간이 얼마 안 남은 만큼, 필자는 남의 일인데도 조마조마했다.

그때 조금 전까지 4%의 비드를 제시했던 미국계 대형은행 C가

174

4.75%로 내겠다고 연락이 왔다. 그 지방은행은 이를 테이큰하고 겨우 준비예금소요액을 채울 수 있었다. 6시 25분 가까운 시간이었다. C은행의 백오피스는 남은 오 분 내에 Fed와이어를 이용하여 그 지방은행에 자금을 신속하게 송금해야 한다. 백오피스의 스태프들도 잘 훈련되어 있다. 참고로 뉴욕 연방준비은행이 발표한 이 날의 평균금리는 4.22%, 로 레이트(Low late)는 3.875%, 하이 레이트(High rate)는 4.75%였다. 하이 레이트는 앞선 지방은행의 마지막 거래였던 것이다.

일본 콜 시장과의 비교

시장 종료 후, ICAP의 주임 브로커는 "오늘은 비교적 조용한 시장이어서 그다지 재미없었지요?"라고 말했다. 확실히 대형은행들이 경쟁하면서 비드 업 하는 격렬한 전개는 아니었지만, 양적완화정책이 실시되고 있는 도쿄의 콜 시장에 익숙해져 있는 필자의 눈에는 충분히 박력 있는 준비예금 최종일이었다.

양적완화정책 하의 콜 시장에서는 항상 자금이 넘쳐나기 때문에 오버나이트 금리는 거의 항상 0.001%이다. 준비예금 최종일이라고 해서 시장참여자들이 자금조달로 긴장하는 일은 전혀 없다. 또 금리 폭에 대한 감각이 '미시의 세계'에 빠져들기 쉽다. 2006년 초의 일본 단기금융시장 참가자들에게 있어서 0.25%의 금리는 감각적으로 '성층권'에 달한 것이 아닐까 라고 할 정도의 '고금리'로 보이게 되는 것이다. 그러나 페더럴 펀드 시장에서는 앞서 말했듯이 0.25% 정도는 단번에 변동해 버리는 금리이다.

일반적으로는 치밀하고 세심한 작업은 미국인보다도 일본인들이 잘했던 것으로 기억한다. 그러나 효과적인 페더럴 펀드 시장의 모습을 보고 있으니, 5년에 걸친 양적완화정책에 의해 일본의 콜 시장 참가자들의 노하우나 사무 흐름을 포함한 신속성은 유감스럽게도 상당히 무뎌져 버렸다는 느낌이 든다. 2005년 가을 무렵부터 콜 시장에 참가하는 금융기관은 양적완화정책의 해제에 대비하여 리허설이라 할 수 있는 '시험 취득(자금조달상 필요는 없지만 딜러나 사무 연습을 위해서 콜 시장에서 자금을 조달하는 행위)'을 개시하였는데 과거의 상태를 회복하기까지는 수많은 난점들이 기다리고 있다.

일본의 준비예금제도는 여전히 캐리오버를 인정하지 않는다. 예전에는 준비예금 종료일에 일본은행이 100억 엔 단위의 금융조절이 가능했기 때문에 그럴 필요성이 없었지만, 장기적으로는 캐리오버가 도입되는 편이 준비예금 종료일의 금리변동을 줄일 수 있을 것이다.

칼럼6 》》 12개 지역연방준비은행의 총 자산 비교

12개 지역연방준비은행의 총 자산(2006년 2월 1일 현재)을 비교해 보았다. 눈에 띄게 큰 곳이 뉴욕 연방준비은행으로 약 3,600억 달러(약 350조 원)이다. 공개시장조작을 독점적으로 하고 있기 때문에 시장에서 구입한 국채 등으로 자산이 팽창해 있다. 2위는 샌프란시스코 연방준비은행으로 약 1,100억 달러. 이 은행은 12개 지역연방준비은행 중에서 최대의 면적과 인구를 갖고 있다. 이 때문에 달러지폐 발행액이 비교적 크다. 반면, 자산 규모가 가장 작은 지역연방준비은행은 미니애폴리스 연방준비은행으로 총 자산은 약 200억 달러이다. 뉴욕 연방준비은행의 18분의 1밖에 되지 않는다.

"지역연방준비은행이 12개씩이나 필요하지 않는 것은 명백하다. 아마 필요한 것은 4개나 6개 정도일 것이다." 아리스 리브린 전 FRB 이사는 2006년 1월 3일의 월 스트리트 저널에서 이렇게 말했다. 관할지역의 수표결재 처리는 지역연방준비은행의 일이지만, 최근 전자화, 직불카드, 신용카드의 보급에 의해 그 업무는 상당히 줄어들었다. 은행감독에 있어서도 뉴욕 연방준비은행이나 리치몬드 연방준비은행은 검사대상 은행이 증가했지만 다른 지역연방준비은행은 감소 추세에 있다. 비금융정책 업무량의 대폭적인 감소에 따라 12개 지역연방준비은행의 고용자 총수는 1994년부터 16%나 감소하였다. 그

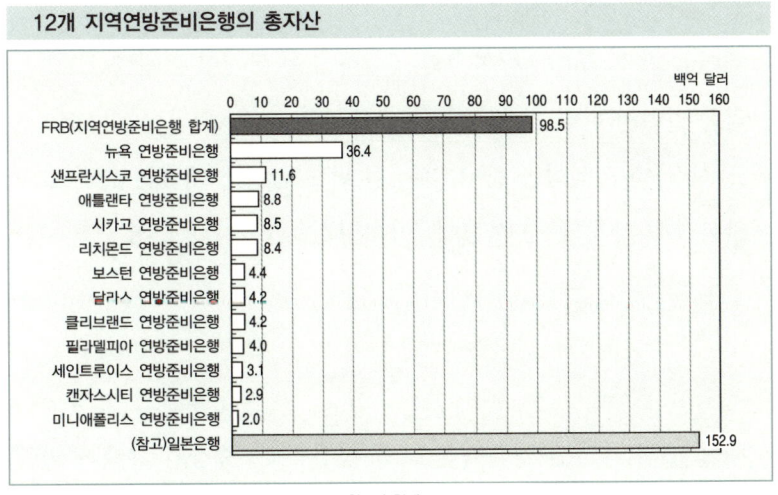

12개 지역연방준비은행의 총자산

백억 달러

FRB(지역연방준비은행 합계)	98.5
뉴욕 연방준비은행	36.4
샌프란시스코 연방준비은행	11.6
애틀랜타 연방준비은행	8.8
시카고 연방준비은행	8.5
리치몬드 연방준비은행	8.4
보스턴 연방준비은행	4.4
달라스 연방준비은행	4.2
클리브랜드 연방준비은행	4.2
필라델피아 연방준비은행	4.0
세인트루이스 연방준비은행	3.1
캔자스시티 연방준비은행	2.9
미니애폴리스 연방준비은행	2.0
(참고)일본은행	152.9

• 참고 : 지역연방준비은행의 총자산은 2006년 2월 1일 현재
　　　 일본은행의 총 자산은 2006년 1월 31일 현재.

대신 지역연방준비은행은 경제조사, 금융정책분석 등으로 그 업무가
증가해 이와 관련된 스태프는 같은 기간 25% 이상 증가했다고 한다.

　12개 지역연방준비은행을 합한 연방준비제도 전체의 총 자산은
약 9,850억 달러이다. 참고로 일본은행의 2006년 1월 말 총 자산은
152.9조 엔(약 1조 5천억 달러)이다. 양적완화정책에 의해서 일본은
행의 대차대조표는 부풀었으며 지금은 세계최대의 중앙은행이 되었
다. 뉴욕의 시장관계자들에게 이 그래프를 보이면 은근히 기분 나빠
하는 사람들이 많다.

3. 페더럴 펀드 금리의 변동 패턴

금리를 움직이는 계절 요인

　페더럴 펀드 금리에는 특유의 계절성 또는 특징이 존재한다. 그 움
직임은 멀리 바다를 건너 도쿄의 달러 데포 시장, 외환 스왑 시장(포
워드 시장)에도 영향을 준다. 페더럴 펀드 금리의 계절적 요인이 양
적완화정책 아래의 콜 시장에 '마이너스 금리거래'에 영향을 주는
경우도 있었다.

① 국채 결제일 : 금리는 상승

　매월 15일(휴일인 경우에는 다음 영업일)은 중장기 국채가 발행
(결재)된다. 특히 2월, 5월, 8월, 11월의 각 15일은 3년 만기 국채,

10년 만기 국채, 30년 만기 국채 등의 결재가 집중된다. 또 월말(때로는 월초)에는 2년 만기 국채와 5년 만기 국채의 결재가 이루어진다. 이런 날은 은행간 자금결재액이 증가하고 페더럴 펀드 금리는 FOMC가 정한 유도목표보다 상승하는 경우가 많다.

ICAP가 기록하고 있는 매 시간별 페더럴 펀드 평균금리 동향을 살펴보면, 2005년 8월 15일은 유도목표 3.5%에 대해서, 오전에는 3.57~3.59%, 오후 4시 이후에는 조금씩 상승해 6시에는 3.63%로 거래가 이루어지고 있었다. 2003년 8월 15일은 플러스 37bp나 솟아올랐다.

또한, 앞서 5년 만기 국채 발행일을 월말이라 했는데, 이는 2006년 2월부터의 변경된 것이다(종래에는 15일이었으나 부활한 30년 만기 국채 발행일이 이 날로 설정되었기 때문에 바뀌었다). 이로 인해 당장 월초의 재무부 보유자금에 여유가 생기기 때문에 캐쉬 매니지먼트 빌(CMB)이라고 불리는 단기증권 발행패턴이 크게 변화할 것으로 예상된다.

② 세금납부일 : 약간 상승

페더럴 펀드 금리에 영향을 주기 쉬운 주요 세금 납부일은 3월, 4월, 6월, 9월, 12월의 15일(휴일일 경우에는 다음 영업일)이다. 이 날들은 민간은행이나 연방준비은행에 개설되어 있는 정부의 예금계좌로 대규모의 자금이 이동하기 때문에 금리가 상승하기 쉽다.

특히, 4월 15일은 개인소득세와 법인세가 중복되어 연간 최대의 납부가 이루어지는 하이라이트 날이다. 2005년 4월 15일은 아침 9시부터 급등해 유도목표 대비 플러스 11bp에 달했다. 그 후에도 저녁까지 플러스 8~10bp 정도의 추이를 보였다.

③ 월 말일, 분기별 말일 : 상당히 상승

월말에는 자금 결제량이 증가하기 때문에 페더럴 펀드 금리가 상
승하기 쉽다. 특히 분기 말에는 크게 상승하는 경향이 있다(플러스
10~20bp 정도 상승한다) .

④ 연 말일 : 저녁에 급 저하

월말 중에서도 12월 말일만은 거꾸로 금리가 내려가는 경우가 많
다. 시장참가자들이 감소하는 시기이기 때문에, 사전에 새해 1월의
자금준비를 끝낸 금융기관이 많기 때문이다. 저녁 6시의 페더럴 펀
드 평균금리를 보면, 유도목표 대비 2004년 12월 31일은 마이너스
23bp, 2005년 12월 31일은 마이너스 20bp나 하락했다.

⑤ 준비예금 종료일(2주마다 수요일) : 저녁의 볼라틸리티(Volatility
: 휘발성)가 높아진다.

금융기관의 준비예금 진척 정도에 따라 최종일은 금리가 상승하는
날도 있고 하락하는 날도 있다. 특히 저녁 5시 이후에는 최종 조정을
하는 금융기관이 증가해 움직임이 격렬해진다.

준비예금 종료일이 국채발행 집중일이나 월말과 겹치는 경우에는
특히 주의가 필요하다.

⑥ 준비예금 적립기간의 최초 금요일 : 약간 소프트

미국에서는 금융기관이 보유하고 있는 현금도 준비예금 소요액에
산입되기 때문에, 연방준비은행 계좌의 준비예금 소요액은 일본에
비하면 놀랄 정도로 낮다. 반면, Fed와이어의 자금송금액은 일본의
일본은행 금융네트워크 시스템에 비해 금액으로는 약 3배, 건수로는

24~25배에 달한다.

　얼마 안 되는 준비예금소요액으로 인터뱅크의 방대한 자금결재를 다루고 있으면, 예상외의 입금으로 초과준비가 발생할 리스크가 있다. 초과준비가 가능한 한 발생하지 않게 하는 테크닉으로써(딜러가 솜씨를 발휘할 때이다). 적립기간 첫 주째 금요일은 자금조달을 억제하여 준비예금 잔액을 낮추고, 준비예금 진척 스피드도 억제한다(금요일의 잔액은 토, 일요일의 잔액으로도 카운트된다). 그렇게 하면 제2주째의 준비예금 소요액을 약간 높게 남길 수 있기 때문에 초과준비 발생을 피할 수 있다. 이렇게 움직이는 은행이 증가하면 적립기간 첫 주째 금요일의 페더럴 펀드 금리는 조금이나마 약해진다.

　⑦ 공휴일 전날(특히 3일 연휴 전) : 약간 소프트

　⑥과 거의 마찬가지로 준비예금 진척을 억제하기 때문에.

　⑧ 공휴일 다음날 : 약간 소프트

　휴일로 인해 미루어진 자금결제가 집중되기 때문에.

FOMC가 다가오면 금리가 급상승하는 새로운 현상

　상기의 ①~⑧의 경향과 함께 최근 현저해진 새로운 현상이 있다.

　그린스펀 전 FRB 의장은 채권시장 등에 쇼크가 일어나지 않도록, 2004년 6월 이후의 금리인상 국면에서는 페더럴 펀드 금리의 유도목표치를 사전에 시장에 알리는 입장을 취해 왔다. 이전의 금리인상 국면에서는 FOMC가 다가와도 시장참가자들의 정책변경 예상이 나뉘어 있었던 일이 많았다. 하지만 2004년 6월 이후 '신중한 속도(measured pace)'의 금리인상 국면에서는 매 회 대부분의 페더럴 펀드 시장참가자들이 0.25%의 금리인상을 이미 예상하고 있었다.

이 때문에 적립기간(2주간) 중에 FOMC 개최가 포함되어 있으면, 많은 은행들의 자금 딜러들은 '금리가 인상되기 전에 자금조달을 진행해 준비예금 잔액을 많게 하고, 금리인상이 결정된 후에는 잔액을 줄이는 편이 유리하다' 고 생각하게 되었다(준비예금은 2주간 평균잔액으로 카운트되기 때문). 즉, 준비예금 적립기간 내에 금리 재정(裁定)이 이루어지게 된다. 그 결과 FOMC 개최 전에 페더럴 펀드 자금조달을 추진하는 은행이 증가하고 금리의 상승압력이 커지는 것이다. 이 현상을 라이트슨 ICAP 수석 이코노미스트인 루 크랜도르 씨는 'FOMC 예상효과(Pre-FOMC Anticipation Effects)' 라고 부르고 있다.

예를 들면, 2005년 12월 13일의 FOMC에서 FRB는 유도목표금리를 4%에서 4.25%로 인상했다. 그러나 페더럴 펀드 시장에서는 준비예금 적립기간 첫날인 12월 8일부터 이미 현저한 금리상승이 시작되었다. 유도목표(4%)에 대해, 8일은 플러스 9bp, 9일은 플러스 16bp, 12일은 플러스 24bp나 상승했다. FOMC 개최 전날에 시장은 이미 금리인상 예상분을 반영시킨 셈이다.

2006년 1월 31일에 열린 그린스펀 전 의장의 마지막 FOMC도 시장은 사전에 0.25%의 금리인상을 예상하고 있었다. FOMC 개최 일주일 전인 1월 24일 경부터 페더럴 펀드 금리는 상승을 보이기 시작해 1월 27일은 유도목표대비 플러스 14~17bp 정도, 30일은 플러스 23~25bp 수준으로 거래가 이루어졌다. 1월 31일의 FOMC는 준비예금 최종일 전날이었기 때문에 원래는 FOMC전에 자금조달을 서둘러도 그다지 의미는 없을 터였다(곧바로 다음 적립기간이 시작되어 버리기 때문). 그러나 일찍부터 금리가 상승한 것은 늦어도 FOMC 며칠 전에는 금리상승이 시작된다는 것이 확실하므로 그 전에 준비예금 적립을 시작하면 오버나이트나 텀 물(Term Investment)의 자금조달이 시장에서 증가하기 때문일 것이다.

이 'FOMC 예상효과'는 뉴욕 연방공개시장 데스크로서는 실로 고민스러운 현상이다. 그들의 사명은 FOMC가 결정한 금리수준을 실현시키는 것이다. FOMC가 아직 금리인상을 결정하지 않았는데 그 며칠 전부터 페더럴 펀드 금리가 목표보다 10~25bp나 상승해 버리는 것은 본래 그들의 사명에서 일탈한 것이다.

FOMC 전후에 등락하는 페더럴 펀드 금리(평균금리)
유도목표와의 괴리, 2주간의 준비예금 적립기간에서의 추이

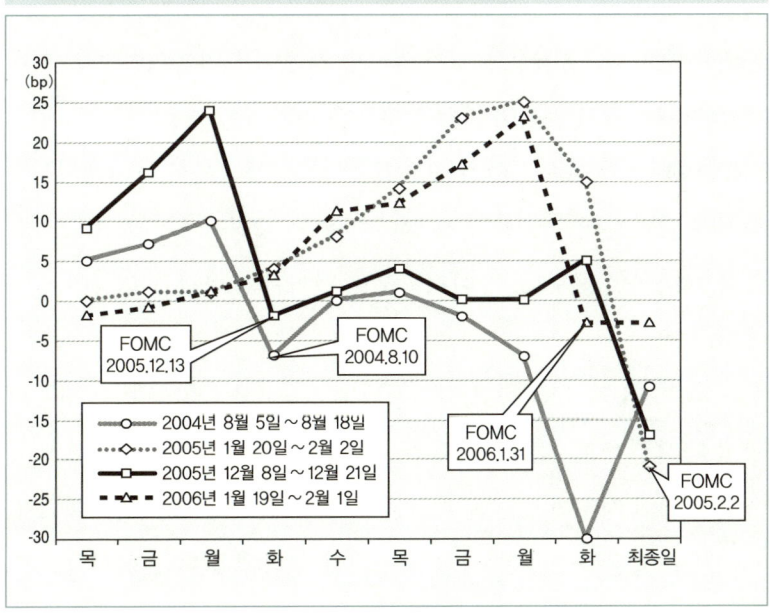

• 출처 : 뉴욕 연방준비은행 자료/

뉴욕 연방준비은행은 2004년도의 금융조절 연차보고서에서 이 현상에 대한 세 가지 방책을 제시했다.

대책① : FOMC 전에 금리가 상승해도 담담하게 여느 때와 같은 자금공급 속도를 유지하고 오버나이트 금리의 상승을 방치한다.

대책② : 오버나이트 유도목표를 유지하기 위해 자금공급을 증대시켜 FOMC전의 금리상승을 진압한다. 그러나 이 경우 은행은 FOMC 전에 준비예금 적립을 현저히 진척시키게 된다. FOMC 개최 후의 초과준비예금 발생을 회피하려면 대부분의 은행들은 준비예금 잔액을 극단적으로 줄이게 된다. 이는 은행 간의 원활한 자금결제에 필요한 일일 유동성을 저하시켜 RTGS결제(Fed와이어)에 지장을 초래할 우려가 있다. 그렇다고 해서 이를 경계하여 FOMC 후에도 연방준비은행이 자금공급을 줄이지 않으면 시장에는 자금이 남아돌아 페더럴 펀드 금리가 급격히 하락할 수도 있다.

2004년 8월 뉴욕 연방준비은행은, ②의 관점에서 오퍼레이션을 실시해 보았는데, FOMC후에 페더럴 펀드 금리가 인상된 유도목표 보다도 마이너스 30bp나 아래쪽으로 벗어나는 난감한 현상이 벌어졌다.

대책③ : ①과 ②의 중간 타협책. FOMC 전의 금리상승 압력을 적당히 억제하지만, 적립기간 후반에 남은 준비예금 소요액이 크게 감소되어 버릴 정도까지는 하지 않는다. 즉 매일의 금리가 목표에서 일시적으로 일탈하는 것은 사실상 방치할 수밖에 없다는 현실적인 입장이다.

최근 뉴욕 연방공개시장조작 데스크의 실제 오퍼레이션은 대책 ③이 채택되고 있는 듯하다. 2004년 11월 10일의 FOMC에서 이 문제가 논의되었다. 그린스펀 의장을 포함한 멤버들은 FOMC 개최 전의 페더럴 펀드 금리 상승압력을 억제하도록 기대하면서, FOMC 개최 후의 준비예금 관리에도 뉴욕 연방준비은행이 배려하는 것(즉 대책 ③을 말하는 것)을 승낙했다.

이 결론은 일본의 시장관계자들이 보면 시사점이 풍부하다. FRB는 페더럴 펀드 금리가 유도목표에서 수십 bp씩 일탈하는 것을 고민하면서도 '괜찮지 않느냐'라고 받아들이는 입장을 보였다. 이 결론에 대해 미국의 언론은 특별히 문제시하지 않고 그대로 허용하고 있다. 반면 일본에서는 2005년 6월부터 8월에 걸쳐 은행당좌예금 잔액이 목표하한선을 불과 며칠 밑돈 것만으로도 큰 소동이 일었다.

벤 버냉키 의장도 사전에 정책변동을 시장에 시사하는 전략을 취한다면 'FOMC 예상효과'는 앞으로도 계속 발생할 것이다(방향이 금리인하일 경우 FOMC 전에 페더럴 펀드 금리가 하락하여 FOMC 후에는 새로운 유도목표에 대해 상승하기 쉬워질 것이다). 이 현상은 시카고 상품거래소(CBOT)에서 매매되고 있는 페더럴 펀드 선물(1개월간 평균금리 선물)의 청산가격에 몇 bp 정도 영향을 주는 경우가 있으므로 CBOT 관계자들 사이에서는 프라이싱(pricing, 가격결정)에 이 프리미엄을 예측해 넣으려 하는 움직임이 일어나고 있다.

4. 뉴욕 연방준비은행이 담당하는 금융조절 기능

뉴욕 연방준비은행은 어떠한 금융조절을 하고 있는지 살펴보자. 양적완화정책 해제 후, 일본은행의 금융조절을 추측하는데 있어서도 뉴욕 연방준비은행의 모습은 참고가 될 것이다. 주요 수치는 뉴욕 연방준비은행이 2006년 2월 3일에 발표한 《2005년 금융조절연보(Domestic Open Market Operations during 2005)》에서 인용했다.

준비예금 잔액을 변동시키는 주된 요인

준비예금 잔액을 변동시키는 주된 요인으로는 은행권 요인과 재정요인 등이 있다.[주5] 연방준비은행이 단기적으로 컨트롤 할 수 없는 이들 요인은 '자율적 요인(Autonomous Factors)'이라 불린다. 준비예금의 증감은 페더럴 펀드 금리를 변동시키기 때문에 뉴욕 연방준비은행은 '자율적 요인'의 변화가 상쇄되도록 공개시장조작을 한다.

은행권 요인 : 은행권(달러지폐)의 감소는 금융기관에서 예금이 인출된 것을 의미하기 때문에 준비예금의 감소요인이 된다. 반대로 은행권(달러지폐)이 연방준비은행으로 되돌아오는 것(還流, 환류)은 준비예금의 증가요인이 된다.[주6] 은행권(달러지폐)의 움직임에는 원칙적으로 계절성이 있다. 예를 들면, 크리스마스 세일 기간에는 감소하고 이 시기가 지나면 연방준비은행으로 현금이 환류되어 온다. 2005년의 달러지폐 발행은 전년대비 5.4% 증가했다(전년도는 4.3% 증가).

그러나 최근에는 은행권(달러지폐)의 계절성이 해외요인으로 교

란되는 경향이 강해지고 있다. 달러는 세계의 기축통화이므로 달러화의 해외보유분이 증가하고 있기 때문이다. 2004년 1분기에는 해외로부터 미국으로의 환류가 크게 일어나 달러지폐 발행액이 감소했다(준비예금 증가요인). 반대로 2004년 6월에는 해외로의 지폐방출이 비정상적으로 급격히 증가했다(준비예금 감소요인). 2005년에도 해외요인이 달러지폐 발행액을 결정하는 주요 요인이었다. 해외요인은 기존의 계절성으로는 예상할 수 없기 때문에 금융조절을 하는데 있어서는 고민스러운 존재이다(단 FRB 조직 전체적으로는 해외의 달러화 수요에 대응하도록 유럽이나 남미 등 해외에 현금출납을 담당하는 사무소를 적극적으로 개설하고 있다. 위조지폐 대책 및 달러 패권을 유지하기 위함일 것이다).

재정요인: 재무부가 연방준비은행에 개설한 계좌(연방정부예금)에 민간은행으로부터 자금이 들어오면 그 계좌의 잔액(Treasury Balance)이 증가하고 준비예금 잔액은 감소한다. 반대로 연방준비은행 내의 정부계좌에서 민간으로 자금이 방출되면 Treasury Balance는 감소하고 준비예금은 증가한다. 미국의 경우 이러한 재정자금 흐름이 준비예금 잔액에 미치는 영향은 일본에 비해 훨씬 낮다. Treasury Balance의 2005년 일일 증감액(절대치)은 평균 7억 달러, 최대로 49.4억 달러이다(참고로 일본은 최대 7조 엔(600억 달러대에 달했다).

참고 : 자금조달의 효율화를 추진하는 미국 재무부

최근 수년간, 미 재무부는 자금조달의 효율화를 위하여 많은 개혁을 추진해 가고 있다. 그 움직임은 2004년 11월 19일에 뉴욕 연방준비은행이 발표한 《Recent Innovations in Treasury Cash Management(K. D. Garbade, J. C. Partlan and P.J. Santoro)》에 상세하게 해설되어 있다.

- 재정자금의 집중감시 : Treasury Investment Program(TIP)

2005년부터 재무성과 FRB는 재정자금의 흐름을 세인트루이스 연방준비은행에서 집중 감시하는 방법(TIP)을 취하게 되었다. 이로 인해 당국은 거의 실시간으로 연방정부의 자금 움직임을 모니터링 할 수 있게 되었다. 재무부는 연방준비은행의 정부예금 잔액으로 50억 달러라는 타깃을 설정하고 있다(세수 등이 많은 1월, 4월, 6월, 9월의 후반이나 3월, 12월 중순에는 타깃을 70억 달러로 설정). 만약 연방준비은행의 정부예금 잔액이 타깃을 웃돌 것 같으면 재무부는 남는 자금을 민간금융기관에 개설한 계좌로 옮긴다. 반대로 타깃을 밑돌 것 같으면 민간 금융기관에 맡긴 자금을 연방준비은행 계좌로 옮긴다.

- 세금징수의 전산화: The Electronic Federal Tax Payment System(EFTPS)

세금수납의 전산화가 진전되면 재무부는 납세액을 신속하게 파악할 수 있게 된다.

- 운용이율을 향상시키는 The Term Investment Option(TIO)도입

2002년 봄부터 시험적으로 실시되어 2003년 11월부터 본격적으로 시행되게 되었다. 연방준비은행의 정부계좌 잔액이 수일 후에 타깃을 웃돌 것으로 예상되면, 재무부는 여유자금을 시중에서 운용할 것을 시장에 알리고 그 다음날에 입찰방식으로 결정한다. 즉 세금을

거두는 날 등 자금이 민간에서 연방준비은행의 계좌로 크게 흡수될 때에는 재무부 스스로가 '자금공급 오퍼레이션'을 실행해 시장으로 자금을 환류시키는 것이다. 재무부가 실시하는 이 오퍼레이션의 장점은 여유자금 운용이율이 높다는 점에 있다. 재무부가 여유자금을 민간은행의 계좌(Main Account)에 맡길 경우 페더럴 펀드 금리의 주간 평균금리에서 25bp 뺀 금리가 적용된다. TIO는 입찰제로 금리가 결정되기 때문에 운용이율이 페더럴 펀드 금리에 상당히 가까워진다. 이는 납세자에게도 이익이 된다.

일본의 재무성도 2005년 8월에 '국고의 효율적 관리'를 위한 개선점을 발표했다. 앞서 말한 미 재무부의 노력에는 아직 미치지 못하지만, 이와 같은 방향으로 발을 내디딘 점은 높이 평가해야 할 것이다.

공개시장 조작의 프로세스

매일 아침 9시 전, 재무부의 캐쉬 매니저와 뉴욕 연방준비은행의 공개시장 데스크 스태프는 전화회의로 준비예금 잔액에 영향을 주는 재정요인의 예상치를 서로 맞추어 본다. 각자 개별적으로 예측한 수치를 비교하여 보통은 양자 예상의 단순평균치를 바탕으로 그 날의 방침을 결정한다.

이어서 9시를 조금 넘은 시점에서 뉴욕 연방준비은행 스태프는 전화회의로 워싱턴 FRB의 스태프와 그 날의 자금수급예상(은행권과 재정의 움직임), 시장의 준비예금에 대한 수요예상 등을 맞추어 본다. 또 공개시장의 스태프는 페더럴 펀드 브로커 등에게 전화해서 아침시장의 시세 상태를 모니터링한다.

9시 20분에 뉴욕 연방준비은행 스태프와 워싱턴 FRB 스태프, 지역연방준비은행 총재(뉴욕 연방준비은행 이외의 FOMC 투표멤버 중 한 사람)의 전화회의가 개최된다. 뉴욕 연방준비은행 스태프는 준비예금에 대한 수요와 공급전망, 금일 오전의 페더럴 펀드 시장의 상태, 글로벌 금융시장의 동향에 대해서 설명한다.

그리고 곧이어 그 날의 공개시장조작 금액이 결정된다. 시장의 준비예금에 대한 수요가 강하거나 은행권(달러지폐)이나 재정자금이 준비예금 잔액을 감소시키는 경우에는, 바로 그날 스타트하는 공급 오퍼레이션(레포) 실시가 결정된다. 반대의 경우에는 시장에서 자금을 흡수하기 위한 리버스 레포의 실시가 결정된다.

그 몇 분 후인 9시 30분에 뉴욕 연방준비은행은 오퍼레이션 대상 금융기관인 프라이머리 딜러*에 그 날의 오퍼레이션을 통지한다. 프라이머리 딜러는 2005년 2월 현재 22개사이며 그 중 일본계는 다이와 증권 아메리카, 미즈호 증권 USA, 노무라 증권 인터내셔널 등 3개사이다.

뉴욕 연방준비은행의 자금수급 예상의 '성적'

전술한 FRB 관계자회의에 의해서 결정된 자금수요 예상이 대폭 빗나가 버리면 준비예금 잔액이 예상 밖의 움직임을 보이기 때문에,

---

*primary dealer ; 뉴욕 연방준비은행이 공인한 정부증권 딜러를 말함. 연방준비은행은 공개시장 조작에 의한 정부증권의 매매를 통해 시중의 통화량을 증감시키거나 시중금리를 유도하는데, 이 공개시장조작에서 정부증권을 매매하는 상대가 공인딜러다. 공인딜러가 되려면 정부증권의 매매금액 점유율이 1%이상 되어야 하는 등 까다로운 조건과 의무가 부과되지만, 한편으로 연방준비은행의 금융정책에 관한 정보를 얻기 쉬운 등의 장점도 있다.

페더럴 펀드 금리는 크게 영향을 받는다.

참고로 2005년의 뉴욕 연방준비은행 공개시장 데스크의 예측이 실제 수치와 괴리된 금액(절대치 연간평균)은 은행권(달러지폐) 요인에서 2억 1,300만 달러(전년대비 약간 증가), 재정요인에서 4억 4,400만 달러(전년대비 약간 증가), 기타요인도 포함해 전체적으로는 8억 7,600만 달러였다(전년도는 6억 5,400만 달러). 이전과 비교하면 그들의 예측 정확성은 높아졌으며 오퍼레이션이 실패하는 경우는 대폭 줄어들고 있다.

또한 FRB는 자금수급 예상을 시장에 공표하지 않는다. 이 때문에 민간 Fed 연구자들이 자금수급과 오퍼레이션 금액을 예상한다. 자금수급과 오퍼레이션 예상은 FOMC가 페더럴 펀드 금리 유도목표를 공표하기 전까지는 매우 중요한 작업이었다. FRB의 유도금리 변경을 조기에 읽어내기 위해서는 자금수급 예상이 필요했다. 당시 자금수급 예상이나 오퍼레이션 예상을 담당한 Fed 연구자는 뉴욕에만 40명 이상이 있었다고 한다.

그러나 그린스펀 의장이 유도목표를 공표하게 된 이후부터는 오퍼레이션에서 FRB의 정책변경 암시를 읽어내는 것은 불가능해졌다. 이 때문에 현재 자금수급 예상을 담당하는 Fed 연구자들은 라이트슨 ICAP의 루우 크랜달 씨를 포함하여 불과 몇 명에 불과하다. 그러나 페더럴 펀드 시장 참가자나 레포 시장 참가자들에게 있어서 자금수급 예상이나 오퍼레이션 예상은 지금도 매우 중요한 사항이다. 연방준비은행의 오퍼레이션을 해설할 수 있는 Fed 연구자가 적어지자 이제는 그들에게 '희소가치'가 생겨나고 있다.

오퍼레이션의 종류

① 레포 오퍼레이션

뉴욕 연방준비은행은 기간이 짧은 자금공급 수단으로서 레포 오퍼레이션[주7]을 실시하고 있다. 레포 오퍼레이션에는 오버나이트를 중심으로 하는 쇼트 텀과 14일짜리를 중심으로 하는 롱 텀의 두 가지 종류가 있다(뉴욕 연방준비은행은 13일 이상을 '롱 텀'이라 부른다).

레포 오퍼레이션의 담보로는 미 국채, 에이전시 채(債), MBS(모기지 담보 증권)이 사용된다. 미 국채의 비율이 80% 정도로 압도적으로 높다.

• 쇼트 텀 레포 : 2005년은 오버나이트 레포 오퍼레이션이 204회 실시되었다(2004년은 192회, 2003년은 179회). 평균 실행금액은 65.4억 달러이다. 그 외에 13일 미만의 레포 오퍼레이션을 52회 실시했다. 쇼트 텀 레포를 실시하지 않은 날은 2005년에 영업일 중에 7일밖에 없었다. 거의 매일 실시한 셈이 된다.

• 롱 텀 레포 : 2005년은 매주 목요일에 14일짜리 오퍼레이션이 실시되었다. 평균 실질금액은 87억 달러이다. 그 외에 2005년은 28일짜리가 한 번 실시되었다(다음날 스타트). 자금흡수 오퍼레이션인 리버스 레포 오퍼레이션은 좀처럼 실시되지 않는다. 2004년은 한 번, 2005년은 제로였다. 짧은 레포 오퍼레이션으로 빈틈없이 자금을 공급하고 있기 때문에 자금흡수 필요성이 발생하지 않는 것이다.

② 아웃라이트 오퍼레이션(국채 매입 오퍼레이션)

뉴욕 연방준비은행은 채권시장의 가격형성에 왜곡을 주지 않도록 배려하면서 국채를 아웃라이트(매절)로 구입하고 있다. 이 오퍼레이션은 중장기간 지속될 것으로 예상되는 자금부족에 대응해서 실행된다(대부분은 달러화의 감소요인).

뉴욕 연방준비은행은 아웃라이트로 구입한 채권을 SOMA(System Open Market Account)로 관리하고 있다. SOMA로 보유되는 채권의 평균 잔존기간은 2005년 말에 38.0개월이었다. 2004년 말은 38.8개월, 2003년 말은 42.6개월이었다(완만하게 단기화되고 있다). 연방준비은행이 보유하는 국채에는 잔존기간에 따라서 발행액에 대한 상한(35~15%)이 설정되어 있다.

그런데 일본은행 정책위원회는 국채 구입 시, 내부 규율로서 '일본은행 보유 국채는 일본은행권 발행 잔액 이내로 한다'는 상한(이른바 '일본은행권 규율')을 설정하고 있다. 뉴욕 연방준비은행도 실제로는 이에 가까운 생각으로 국채 매입 오퍼레이션을 실시하고 있지만 일본은행과 같은 규율을 명시하고 있지는 않다. 1951년에 FRB와 재무성이 체결한 '어코드(제6장 참조)'에 의해서 금융정책과 국채관리정책은 정식으로 분리되었다. 따라서 FRB는 일본은행과 같이 '정치적 방파제'로서의 내부 규율을 내 걸 필요는 없다.

또 뉴욕 연방준비은행의 국채 매입 오퍼레이션은 달러지폐 등의 움직임을 보면서 불규칙하게 실시되고 있다. 일본은행과 같이 매월 1~2조 엔 등 규칙적으로 실시되고 있지는 않다.

③프라이머리 크레디트 프로그램(롬바드 대출)

2003년부터 FRB는 롬바드형 대출을 채택하고 있다. 적격 담보를 연방준비은행에 맡겨 두면, 금융기관은 그 범위 내에서 원하는 시기에 연방준비은행으로부터 자금을 빌릴 수 있다. 금리는 페더럴 펀드 금리 유도목표 플러스 100bp로 되어 있다(프라이머리 크레디트). 이 금리는 이론상으로 페더럴 펀드 금리나 레포 금리의 상한(Cap)이 되겠지만 실제로 페더럴 펀드 금리가 여기까지 치솟는 경우는 거의 없다. 또 이전과 비교하면 연방준비은행에서 대출을 받는 것에 대해 경계심(레퓨테이션 리스크)을 갖는 은행이 줄어들었지만, 그래도 프라이머리 크레디트를 이용하는 것에 심리적 저항감을 느끼는 은행이 많은 듯하다. 이 때문에 제도는 제공되고 있지만 실제 이용 빈도는 극히 낮다.

이 프라이머리 크레디트의 적용금리가 공정금리이다. 재무내용이 떨어지는 은행의 경우에는 프라이머리 크레디트를 이용할 수 없고 '세컨드리 크레디트'가 된다. 이 경우의 금리는 유도목표의 플러스 200bp이다.

준비예금 잔액과 페더럴 펀드 금리의 관계

뉴욕 연방준비은행은, 단기적으로는 오퍼레이션에 의해서 준비예금 잔액을 증감시켜 페더럴 펀드 금리를 유도하고 있다. 그러나 조금 긴 안목으로 보면 그렇지도 않다는 것을 알 수 있다.

FOMC는 2004년 6월부터 금리인상을 개시하고 페더럴 펀드 금리의 유도목표를 1%에서 4.5%까지 끌어올렸다(2006년 2월 현재). 3.5%나 금리를 인상했지만 그 사이 뉴욕 연방준비은행은 준비예금 소요액의 변동에 맞춰 준비예금 잔액[58]을 컨트롤하고 있다. 약간의 초과준비는 존재하지만(소요액에 대비 3~4% 정도) 그 금액은 페더럴 펀드 금리가 1%일 때나 4.5%일 때나 그다지 큰 변화가 없다.

즉, 연방준비은행은 페더럴 펀드 금리 유도목표 인상을 실현하기 위해서 준비예금 잔액을 줄이고 있는 것이 아니다. 토크 효과로 단기 금리를 유도하고 있는 것이다. 가령 FOMC가 금리인상을 선언했음에도 불구하고 시장이 이를 무시하고 유도목표보다도 대폭 낮은 금리로 항상 거래하고 있다고 하자. 이 경우 중앙은행은 단호한 태도를 보일 수 있다. 준비예금 잔액을 소요준비보다도 줄여 버리면 시장금리를 끌어올릴 수 있다. 장기적으로 보면 페더럴 펀드 시장 참가자는 뉴욕 연방준비은행을 거스르지 못하는 것이다. 따라서 금융기관은

미국의 준비예금 잔액과 페더럴 펀드 금리

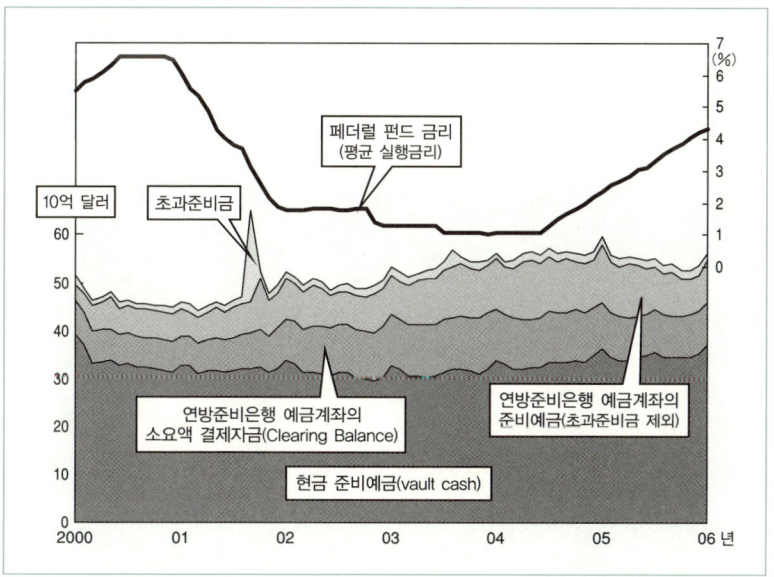

• 출처 : 세인트루이스 연방준비은행 자료

유도금리 변경 발표에 기본적으로는 따르게 된다(단, 앞서 설명한 바와 같이 특수한 날에는 오르내린다).

초과준비 내역을 살펴보면, 소규모 금융기관의 초과준비 보유액이 전체의 대부분을 차지하고 있다. 이들 소규모 금융기관들은 연방준비은행의 계좌를 쇼트시키는 것을 경계하여 항상 두터운 자금조달을 하고 있다. 반면 대형은행들은 언제든지 브로커 시장에서의 자금조달이 가능하기 때문에 초과준비 보유액이 적다.

외환시장의 개입 방법

재무부에 의한 외환시장 개입은 금 준비법(1934년)과 브래튼 우즈 협정(1944)에 의해 인정되고 있다. 한편 FRB도 연방준비법에 의거해 시장개입 권한을 갖고 있다.

재무부과 FRB라는 두 개의 기관이 개입권한을 갖고 있는 구도를 이해하기 어려운 면도 있지만, 실제로는 외환정책의 제1책임자는 재무장관에 있다는 입장이 굳어져 있다. 외환정책에 대하여, FOMC의 시장개입은 재무부와의 긴밀한 협의 하에 이루어져야 하며 IMF협정 4조(환율조작 금지)와 정합성을 유지해야 한다고 정하고 있다.

실제적인 개입은 재무부와 FRB의 위탁을 받은 뉴욕 연방준비은행이 실행하고 있다. 또 개입자금은 1978년 이후부터 재무부와 FRB가 절반씩 부담하게 되었다(예를 들어, 98년 6월 17일의 개입액은 8억 3,400만 달러였는데, 재무부 4억 1,700만 달러, FRB가 4억 1,700만 달러를 각각 부담했다).

재무부의 개입자금은 환율안정기금에서 지불된다. 그러나 1960년대에 환율안정기금만으로는 달러의 고정시세 유지가 어려워지자, 1962년에 재무부의 권유로 FRB도 시장개입에 자금을 제공하게 되었다. 뉴욕 연방준비은행은 FOMC가 정한 페더럴 펀드 금리 유도목표를 유지하기 위해서 외환시장 개입으로 준비예금 잔액의 증감을 오퍼레이션으로 상쇄하게 되어 있다.

칼럼7 》》》 비전통적 오퍼레이션으로 달려온 FOMC

페더럴 펀드 금리를 제로 퍼센트까지 인하해도 경기가 후퇴하고 디스인플레이션이 계속되어 디플레이션 위기가 눈앞에 닥친다면 FRB는 어떠한 금융정책을 실시할 것인가? 주식이나 회사채, 토지를 대규모로 매입해 디플레이션에 대항할 수는 있을 것인가?

필자(가토)의 개인적 인상으로는, '비전통적 금융정책(통상적으로는 실시되지 않는 정책)'이나 '이례적인 금융정책'에 나서 자산가격의 유지에 휘말려 버린다면 나중에 되돌아 올 수 없을지도 모른다는 등의 경계심을 가진 사람들은 그다지 많지 않다. 그린스펀 전 의장이 쌓아 올린 높은 독립성이라는 비호 아래에서 정치적인 트라우마(trauma)를 느낀 적이 없을 것이다.

그렇다고는 하나 그들도 납세자 부담이라는 개념에는 민감하다. FRB 스태프들은 2001년 1월에 FOMC 멤버들에게 '통상의 금융조절 대상으로서 상응한 자산은 무엇인가?'라는 분석을 보고했다.[주9] 여기서는 주식, 회사채, CP(commercial paper), 모기지 등 모든 자산이 검토되었다. 주식을 구입하는 것에 대해서는 부정적인 견해가 나타나 있었다. 주식의 구입은 연방준비제도, 즉 납세자를 개개의 기업 마켓 리스크에 처하게 한다. 국민들에게 주식에 대한 설명도 필요하다. 또한 연방준비제도는 구입한 주식이 다양한 규모와 업종의 기업 주가에 편향된 영향을 주지 않는다는 것을 보증해야 한다. 너무 많은 골칫거리가 생기는 것이다.

연방준비법의 문제도 있다. 한때 버냉키가 주장했던 것과 같이, 가령 광범위한 리스크 자산을 대량으로 구입하는 금융정책을 FRB가 실시하려 한다면 현실적으로 연방준비법의 벽에 부딪치게 될 것이다. 연방준비법 제14조는 FRB가 매입해도 되는 것을 다음과 같이 규정하고 있다.

'연방정부 채무(국채), 주정부 채무, 군(郡) 채무, 은행인수어음(BA), 환어음, 전신환, 외국환, 외국 정부채, 금' 여기서 언급되어 있지 않은 자산, 예를 들면 주식, 토지, 회사채, CP, 모기지 등을 FRB가 구입하기 위해서는 연방준비법의 개정이 필요하다. 현실적으로 심각하고 장기적인 디플레이션에 빠져 있다면 또 모르되, 디플레이션이 나타나 있지 않은 예방책 단계에서는 의회의 반응이 불투명하다. 몇몇 FRB 이코노미스트들은 '이례적인 금융정책'을 검증하는 논문을 1999~2000년경에 썼다.[주10] 이들 논문은 '필요해지면 실행해야 할지도 모른다. 그러나 법 개정 등 장애물이 많아, 가령 의회를 설득할 수 있다 해도 효과는 불확실하다'며 신중한 입장을 보이고 있다.

FOMC는 2002년 1월 29일~30일에 비전통적 금융정책의 유효성에 관한 논의를 했다(이 시점에서 버냉키는 아직 FRB 이사로 취임하지 않았다). FOMC 멤버들은 그러한 정책을 채택해야 하는 시나리오가 실현될 가능성은 매우 낮지만, 그렇다고 해서 완전히 무시해서는 안 된다고 결론지었다. 이 날의 논의에서 '이례적인 정책' 의 효과는 불확실하기 때문에 디플레이션에 대해서는 예방적인 접근이 중요하다는 결론이 도출되었다.

이날 FOMC 스태프들이 보고한 분석은 같은 해 6월 '디플레이션을 막는다 ; 1990년대 일본 디플레이션의 교훈' 이라는 제목으로 공표되었다(대외적으로 문제가 있는 부분은 편집된 듯함). FRB의 공식적인 견해가 아니라고 했지만, 집필자로 13명이나 되는 이코노미스트들의 이름이 올라 있는 것을 보면 대규모 프로젝트였음을 알 수 있다.

그 해 8월 버냉키가 FRB 이사로 취임했다. 당시 FOMC는 이미 페더럴 펀드 금리를 1%대로 인하했음에도 불구하고 미국 경제의 디스인플레이션 추세는 계속되고 있었다. 연초에 논의한 테마가 현실적으로 염려되기 시작했다.

2002년 11월 21일, 버냉키 이사는 이러한 우려를 떨쳐버리기 위해서 FRB에는 다양한 수단이 있다고 적극 주장했다. 제로금리정책 이외의 수단으로서는 ①적격담보 기준을 완화해 제로금리로 은행에 대량의 자금을 공급한다. ②중장기금리를 끌어내리기 위해 국채를 무제한으로 구입한다. ③광범위한 자산(회사채 등 민간채무나 외국 증권 등)을 구입한다 등이다. 당시, 역시 디플레이션을 우려하고 있던 그린스펀 의장도 버냉키에게 자극을 받았는지, 의회증언이나 강연에서 국채의 대량구입이나 광범위한 자산구입 등의 디플레이션 대책을 피로(披露)했다.

그러나 FRB 스태프들 사이에서는, 그와 같은 '비전통적 정책'이 얼마나 현실적인 것인가에 대하여 회의적인 견해를 드러내는 목소리가 나오기 시작했다. "스태프들은 그 문제에 대한 버냉키와 그린스펀의 자신감에 공감하지 않았다."고 마이어 전 이사는 말했다.[주11] 지금 되돌아보면 당시 면담했던 어느 FRB 관계자는 "사고실험(思考實驗)으로서는 여러 가지 선택지가 있지만 현실적으로는 글쎄…."라는 고민을 드러냈었다.

이런 가운데 FRB는 2003년 3월 마이클 우드포드 프린스턴 대학교 교수를 초청해 세미나를 개최했다. 우드포드 교수는 FRB가 광범위한 자산을 대량으로 구입하는 전략은 실패할 운명에 있다고 확언했다. 장기금리를 안정시키기 위한 가장 좋은 수단은 중앙은행이 단기금리를 장기간 지속할 것임을 시장이 믿게 하는 것이라고 주장했다(프리 커미트먼트 전략. 일본은행이 제로금리정책과 양적완화정책 하에서 채택한 '시간축 정책'과 거의 같음).

마이어 전 이사는 "위원회(FOMC)가 '이례적인 금융정책'에 대한 자신감을 잃어감에 따라, 그들은 통상의 금리정책에 계속 의지해야 한다고 의식하게 되었다."라고 해설하고 있다. 그 결과의 표출이 2003년 8월의 FOMC 성명문일 것이다. '상당기간 금융완화를 계속할 수 있다'는 메시지를 발표해 FOMC는 장기금리를 누르려 했다. 이는 우드포드 교수가 말한 프리 커미트먼트 전략의 채택이라 말할 수 있다(제5장 참조).

(1) 《Alternative Instruments for Open Market and Discount Window Operation》 (2002)

(2) 《Intraday Trading in the Overnight Federal Funds Market》(뉴욕 연방준비은행 S. 힐튼 외, 2005년 11월 11일)에 시장의 하루 모습이 해설되어 있다.

(3) ICAP 조사의 오전 10시 시점의 페더럴 펀드 금리와 레포 GC 오버나이트 금리를 비교했다. 페더럴 펀드 금리는 《HEFFR》, 레포 GC는 《i-Repo》(ICAP의 전자 브로킹 시스템)의 인덱스를 사용

(4) 상세한 내용은 《메이저리그와 다다챠마메로 풀어보는 금융시장》 다이아몬드사, 제7장 참조

(5) 그 외에 외국 중앙은행 등이 FRB에 자산을 맡기는 'Foreign RP Pool'이나 수표 처리와 관련된 'Float' 등이 있다.

(6) 이 구조의 상세한 내용은 《신 도쿄 머니마켓》(토단 리서치, 유비각)을 참조

(7) 레포=Repurchase Agreement. 다시 판다는 조건 부 매입

(8) 뉴욕 연방준비은행은 은행들에 대해 준비예금 외에 은행간 자금결재용 일일 유동성을 확보하기 위한 'Clearing Balance'를 맡고 있다.

(9) 《Alternative Instruments for Open Market and Discount Window Operation》 (2002)

(10) 예를 들면 《Monetary policy and price stability》 K. Johnson 외(1999). 《Monetary policy when the nominal short-term interest rate is zero》 J. Clouse 외(2000)

(11) 《A Term at the Fed》 L.H. Meyer, Harper Business

5장

신전의 문을 열다
– 시장과의 대화를 어떻게 추진하는가?

1. FOMC 성명, 그 10년의 궤적

앨런 그린스펀 의장이 연방준비제도에 남긴 중요한 유산 중 하나는 '비밀의 신전'이라 불리는 조직의 문을 열어 투명성을 높인 점이다. 1994년까지 연방준비제도는 금융정책의 중요 부분인 페더럴 펀드(FF) 금리의 유도목표조차 공표하지 않았다.

민간금융기관의 FRB 연구자들이 뉴욕 연방준비은행의 공개시장조작의 미묘한 변화에서 페더럴 펀드 금리의 변경 유도치를 해독하는 시절이 계속되었다. 그린스펀 의장은 이 최고 기밀사항의 즉시 공개를 단행한다. 그린스펀 의장은 1987년에 취임했는데, 2기 째에 접어든 91년부터 그 중간점을 경과한 시점에서 겨우 실현됐다. FOMC가 금융정책의 최고결정기관이 된 1935년에서 약 60년이 경과한 것이다.

신중하면서도 과감한 그린스펀 의장

이 쾌거는 그린스펀 의장이 신중하면서도 대담한 성격을 함께 갖고 있었기 때문에 비로소 실현된 것이다. 그린스펀 의장은 금융정책이 시장에 미치는 영향을 주의 깊게 계산하였는데, 특히 금리인상 국면으로 전환되어 첫 번째 실시되는 금리인상의 영향을 강하게 경계해왔다. 그리고 새로운 정책도입에 따른 플러스적 측면이 크다고 판단되면 과감하게 행동에 옮기는 것이 그린스펀의 장점이다.

그러한 의장이 18년 반에 걸친 임기 중에서 가장 신중하게 추진한 금리인상은 1994년 2월의 FOMC(연방공개시장위원회)일 것이다. FOMC는 당시에도 연간 8회 개최되고 있었다. 그 중 연초와 연중의 모임은 의회에 제출하는 '중장기 경제전망 작성'으로 회기가 이틀로 설정되어 있다. 1994년 2월에는 3일과 4일에 열렸는데, 멤버들 사이에서는 금리인상이 확실시되고 있었다. 게다가 4일은 금요일이었다.

기존의 방식에서는, 페더럴 펀드 금리의 유도목표 인상을 결정해도 뉴욕 연방준비은행이 다음 주 초인 7일에 공개시장조작을 실시할 때까지, 시장참가자들은 금리인상결정을 알 방법이 없었다. 그린스펀 의장은 1989년 2월 이래 5년 만에 실시되는 금리인상이, 이러한 형태로 비밀리에 추진됨으로써 시장이 어떻게 반응할 것인지 강한 불안감을 느끼고 있었다.

이러한 혼란을 피하기 위해서 그린스펀 의장은 결정사항을 바로 공표하기로 한다. 결정사항이 시장에 즉시 스며들도록 방법을 전환할 필요가 있다고 생각한 것이다. 그린스펀 의장은 정보의 힘을 믿고 그 발표의 주체가 됨으로써 정보를 더욱 효율적으로 이용할 수 있다는 플러스적 측면이 크다고 판단했다.

금리인상의 공을 울리다

1994년 2월 3일의 FOMC 회의 첫날. 그린스펀 의장은 한바탕 경제사정에 대한 논의가 정리되자, "이번 회의에서 금리인상이 결정되면, 나는 이를 즉시 공표하는 것을 매우 긍정적으로 생각한다."라고 말을 끄집어냈다.

1994년까지는 지역연방준비은행 12개 은행의 요청을 받아 FRB가 결정하는 공정금리만이 즉시에 공표되어, 아나운스먼트 효과의 큰 역할을 담당하고 있었다. 1994년 2월 3일의 회의에서 그린스펀 의장은 "공정금리 발표는 공을 울리는 것과 같은 효과가 있을 것이다."라고 설명했다.

이에 다른 FOMC 멤버들도 총론에서 의장의 제안에 찬성했고, 발표의 형식이나 법률문제 등에 대한 의견조정이 이루어졌다. 그리고 그린스펀 의장을 포함해 전원이 이번 금리인상 성명을 선례로 하지 않는다는 신중한 자세를 보이며, 발표형식에 대한 막바지 조정에 들어갔다.

그린스펀 의장은 "우리가 항구적으로 발표한다고 결정하면 발표 주체는 FOMC가 된다. 그러나 이번 발표를 선례로 하지 않는 것이라면 내가(의장이) 발표하는 형태가 된다."라고 말했다. 이에 대해 에드워드 베이니 필라델피아 연방준비은행 총재(당시)는 "만약 의장이 발표해서 상황이 뜻대로 전개되지 않으면 FOMC는 의장을 해임할 것이다."라고 농담으로 응했다. 로버트 패리 샌프란시스코 연방준비은행 총재(당시)도 재빨리 "그것 참 좋은 안이로군."하며 베이니 총재를 지지하자 일동은 한바탕 웃음에 휩싸였다.

이렇게 해서 역사적인 FOMC의 성명 발표는 온화한 분위기 속에서 정리되었다. 이 날의 편안한 분위기로 봐서, 다음날 페더럴 펀드 금리 인상폭을 둘러싸고 격렬한 논의가 전개될 것이라고는 그 누구도 예상하지 못했다.

"명치가 아프다."

다음날의 FOMC 회의는 금융정책 논의부터 시작되었다. 여기서 금리인상이 결정되면 연방준비제도의 핵심 정책인 페더럴 펀드 금리 유도목표를 즉각 발표하기에 나선다. 그린스펀 의장은 5년만인 금리 인상이 시장에 주는 영향을 경계해 0.25포인트의 소폭의 금리인상을 제안했다. 그러나 예상을 뛰어넘은 과열된 경제지표를 보고 0.50포 인트의 대폭적인 금리인상을 요구하는 멤버들이 늘어 의장 지지파와 거의 맞설 정도가 되었다.

FOMC에서는 의장안이 부결되면 의장이 사임한다는 불문율이 있 다. 그린스펀이 제안한 0.25포인트 금리인상안이 부결되면, 전날 베 이니 총재가 말한 의장 해임 농담이 현실화되어 버리는 것이다.

마침내 결심한 그린스펀 의장은 멤버들의 설득을 시도한다. "나는 1948년부터 계속 경제예측에 종사해왔다. 그리고 1948년 이후 월 가와 인연을 맺어 왔다. 그러한 내가 지금 명치에 통증을 느끼고 있 음을 여러분들에게 솔직히 말씀드릴 수밖에 없다. 지금까지 내 감은 상당히 적중했다. 나는 시장을 계속 지켜봐 왔는데 지금은 (대폭적 인 금리인상의) 시기가 아니다. 그 시기는 곧 다가올 것으로 생각된 다. 만약 FRB 조사 스태프의 예측이 맞는다면 1.5포인트의 금리인 상은 쉽게 실현될 것이다. 그러나 지금은 대폭적인 금리인상을 할 때가 아니라는 것을 이해해주길 진심으로 부탁드린다."라고 절절히 호소했다.

이에 대해 0.50포인트의 금리인상을 주장해 온 파리 총재는 "의장, 당신은 주장을 매우 강하게 표명했다. 그 논점을 우리는 기꺼이 고려하게 될 것이다. 0.50포인트의 금리인상을 주장하는 멤버들은 이번과 다음 번 회의의 간격이 크게 벌어져 있다는 것을 우려하고 있을 지도 모른다. 타협점으로서 회의 사이에 전화회의 같은 것을 설정해 그 사이에 경제가 어떻게 변화했는지 여부를 지켜볼 수도 있다."라고 응했다.

의장의 심혈을 기울인 설득에 감명 받아, 멤버들은 만장일치로 0.25포인트 금리인상을 결정하였다.

갑작스러운 성명발표로 혼란에 빠진 기자실

1994년 2월 4일 오전 11시. 미 재무부 기자실에 설치된 팩스로 메시지가 왔다. 발신원은 미 연방준비제도이사회(FRB). 기자실이 설치되어 있지 않은 FRB는 발표문을 모두 재무부 기자실에 송부한다. 이 긴급성명에는 '금일 그린스펀 의장은, FOMC가 준비 상황에 대한 압력을 다소 강화하기로 결정했다고 발표했다.(Chairman Greenspan announced today that the Federal Open Market Committee Decided to increase slightly the degree of pressure on reserve positions)' 라고 기록되어 있었다.

FOMC가 금융정책에 관한 결정사항을 공표하여, 처음으로 신전의 문을 개방하기 시작한 순간이었다. '준비 상황' 이라 함은 공개시장조작을 담당하는 뉴욕 연방준비은행이 시중에 공급하는 자금량을 말하는 것으로, 이를 다소 긴축시킨다는 것이다. 즉 0.25포인트의 소폭적인 금리인상을 의미하고 있었다. 현재의 성명과 같이 수치화된 페더럴 펀드 금리의 변동폭과 새로운 수준은 전혀 나타나 있지 않았고, 성명발표가 처음이라는 점도 있어 내용을 확인하지 않고는 기사로 꾸미기가 곤란했다. 발표의 주체가 FOMC가 아니라 그린스펀 의장으로 되어 있어, 이번 성명의 발표가 선례가 되지 않는다는 사실은 기자들이 알 턱이 없었다.

재무부의 기자들은 FRB 대변인이나 시장의 이코노미스트들에게 전화취재를 개시했다. 재무부 기자클럽 〈블룸버그 뉴스〉의 빈센트 쥬다이스 기자는 "중요한 발표라고는 직감했지만 내용을 완전하게 파악하기까지 시간이 조금 걸렸다."라고 당시를 술회했다.

그린스펀 의장의 당시 발표는 성명발표 전날에야 FOMC 멤버들의 합의를 얻어낸 갑작스러운 경우였기 때문에, 혼란은 기자실에 그치지 않고 시장에도 큰 파란을 불러왔다.

2004년, 가이던스가 붙은 금리인상 국면

그 10년 후인 2004년 6월 30일. FOMC는 페더럴 펀드 금리의 유도 목표를 0.25포인트 인상해 1.25%로 한다고 결정했다. FOMC의 금리 변경은 2003년 6월 25일 0.25포인트의 금리를 인하한 이후 1년만의 일이었고, 금리인상은 2000년 5월 16일(0.50포인트 인상해 6.50%로) 이래 4년만의 일이었다.

같은 해 6월부터 5기째 임기에 접어든 그리스펀 의장은 금융정책의 총 마무리에 착수하려 하고 있었다. FRB 대변인은 이날 오후 2시 7분에 FOMC 성명을 재무부 기자실에 송신했다.

기자실 간사는 공평을 기하기 위해 기자 전원에게 성명문 사본이 배포된 것을 확인한 후 2시 18분에 기자실에 마련된 종을 울린다. 기사의 해금 신호인 종소리를 듣고 각 통신사나 방송국들은 일제히 성명내용을 속보로 타전하기 시작한다. FRB에서 팩스를 수신해 해금까지 11분이나 걸린 것은 기자실 복사기에 종이가 걸렸기 때문이다. 이러한 해프닝이 없었다면 FOMC의 성명은 실제로 몇 분 더 빨리 전달될 수 있을 터이다.

과거 10년간 FOMC 성명은 '페더럴 펀드 금리 유도목표 수준', '경기·물가 목표를 달성하는 데 있어서의 리스크·밸런스 평가', '표결수' 등 단계적으로 정보량을 축적해왔다. 그리고 2004년 6월, 금리를 인상한 후의 성명에서는 '신중한 페이스로 완화정책을 해제할 가능성이 높다.(Policy accommodation can be removed at a pace that is likely to be measured)' 라는 금융정책의 가이던스(지침)도 더해져 시장과의 대화에 만전을 기했다. 이미 시장은 0.25%의 소폭 인상을 인식하고 있었으므로 1994년 2월과 같은 혼란은 피할 수 있었다.

고용통계의 충격

2004년 6월, 금리인상 국면으로 전환시킬 것을 결정한 계기는 그 2개월 전에 발표된 3월의 고용통계 때문이었다. 그린스펀 의장은 경제통계에 대한 독특한 분석수법을 구사하며, 금융정책의 책정에 있어서도 데이터를 매우 중시해왔다. 자연히 시장관계자들도 데이터 주도형인 그린스펀 의장의 수법을 알기 때문에 경제통계에 주목한다. 경제통계 중에서도 고용통계가 특히 중시되는 것은 커버 범위가 넓고, 발표일이 주요통계 중에서 가장 빠르게 발표되기 때문이다. 고용통계는 매달 12일을 포함한 주에 조사하며, 그 다음 달 첫째 주 금요일에 발표된다. 2월의 고용통계는 4월의 첫째 주 금요일에 해당하는 2일에 발표되었다. 2004년 중반까지 FOMC는 잉여노동자가 많이 남아 있다는 것을 이유로 1%의 초저금리를 유지해 왔기 때문에 시장 참가자들은 고용동향을 주시하고 있었다. 그리고 2004년 봄이 되자 이 잉여노동자 무리가 움직이기 시작했다.

경제의 트렌드는 천천히 양성된다. 특히 생산성이 급격히 향상되고 있기 때문에, 기업은 수요가 늘어도 서둘러 고용을 확대할 필요가 점점 줄어들고 있다. 이렇게 고용 없는 경기확대가 계속되고 있었다. 경제 트렌드의 변화는 수면 밑에서 에너지를 축적하면서 서서히 진행되어, 수면 위에 그 모습을 나타낼 때에는 큰 힘을 발산한다. 그리고 시장에 폭력적인 변화를 일으킨다.

록 업 룸(Rock up Room)에 긴장이 감돌다

2004년 4월 2일 오전 8시. 노동부 기자실이 떠들썩했다. 노동부 통계국 담당공무원이 배포한 3월의 고용통계에 기자의 눈이 못 박힌 듯 멈추었다. 거기에는 지표가 되는 농업부문을 제외한 고용자수가 '30만 8,000명 증가'라고 기록되어 있었다. 〈블룸버그 뉴스〉가 민간 이코노미스트 71명을 대상으로 실시한 사전 조사에서의 예상 중앙치는 12만 명 증가였다.

그런데 실제로 발표된 수치는 이 예상치보다 2.5배나 높았고, 가장 많은 예상을 한 시티그룹 조사부의 20만 명 증가보다도 10만 명 이상 이나 웃돌았던 것이다.

노동부 통계국의 담당공무원은 기자실에 모인 기자들에게 모든 통신회선을 차단할 것을 지시했다. 미국 정부는 거시경제 통계발표에 따른 시장에서의 시세형성을 원활하게 하기 위해서 통신사나 방송국 기자들에게 미리 통계자료를 제시한다. 기자들은 해금시간까지 기사를 작성하고 해금시간의 해제와 동시에 이를 발신한다.

통계를 작성·발표하는 노동부와 상무부는 기자실을 마련해 해금시간까지 외부와의 통신을 금지시키고 문도 잠근다. 이 때문에 기자실은 '록 업 룸(Rock up Room)'이라는 별명으로 불리기도 한다. 30평도 안 되는 좁은 방 안에 갇힌 기자단은 일제히 키보드를 두드리기 시작한다.

해금시간 1분 전인 8시 29분. 통계국 담당공무원이 통신회선 재접속을 신호하면 기사 체크를 마친 에디터들은 발신할 태세를 갖춘다. 8시 29분 50초부터 담당공무원에 의한 카운트다운이 시작되고, 8시 30분 00초에 각 통신사 에디터들이 엔터키를 누름과 동시에 '3월의 미국 비농업 부문 고용자수 30만 8,000명 증가'라는 속보가 시장참가자들이 주시하고 있는 컴퓨터 스크린에 뜨게 된다.

고용통계의 영향력은 의장의 증언과 동격

고용자수 대폭증가 소식을 접한 시장참가자들은 금리인상이 예상보다 빨리 실시될 것으로 판단한다. 이에 정책금리의 인상으로 가격이 내려갈 우려가 있는 미 국채에 대한 매도가 집중되었다. 10년 만기 국채 이율은 전날의 3.88%에서 단번에 0.26포인트 급등해 종가 베이스로 4.14%가 되었다. 이날의 시장참가자들의 예상은 2개월 후에 적중하게 된다.

이 날의 이율 상승폭은 2003년 7월 15일과 맞먹는 기록이었다. 2003년 7월 15일은 그린스펀 의장이 의회에서 장기국채의 대량 매절 오퍼레이션 등 '특별한 정책을 필요로 하는 상태에 접어들 가능성은 극히 적다'고 증언했었다.

시장에 가장 큰 영향을 주는 FRB 의장의 중대발언과 동등한 영향력을 고용통계가 여전히 갖고 있음이 입증된 셈이다.

2004년 3월의 고용자수는 극적으로 상승했고, 같은 해 1월분이 예상의 9만 7,000명 증가에서 15만 9,000명 증가로, 2월분이 예상의 2만 1,000명 증가에서 4만 6,000명 증가로 각각 상향 수정되었다. 1분기를 평균적으로 보면 월 평균 17만 명의 증가를 보였다.

이 지표는 그린스펀 의장이 전력을 다해 해결하려고 했던 잉여노동자를 흡수할 수 있는 수준이었다. 미국에서는 계속해서 노동력 인구가 증가하고 있어 고용 증가분이 모든 잉여노동자 흡수로 이어지는 것은 아니다. 그렇지만 잉여노동자 흡수분기점으로 여기고 있는 월간 15만 명 증가를 웃돌았다는 의미는 크다.

FOMC 멤버 중 리치몬드 연방준비은행의 브로더스 총재(당시)는 잉여노동자 흡수분기점이 월간 약 11만 명 증가라는 계산을 제시했다. 이 추산은 최근 더욱 내려가는 경향에 있는데, 월간 17만 명의 증가는 잉여노동력 해소에 대한 전망을 밝게 하기에 충분했다.

인내심도 한계에

당시 FOMC는 완화정책의 해소(금리인상)시기를 간파하는데 있어서 '인내심이 강해질 수 있다.(It can be Patient in removing its policy accommodation)' 라는 가이던스를 성명에 명시했다. 금리인상 시기를 결정하는 데 있어 졸속을 피하고 천천히 시간을 들이겠다고 선언한 것이다. 그린스펀 의장은 이 느긋한 정책결정 과정에 대해서 "잉여노동자 문제 외에도, 인플레이션율이 낮은 수준에 있기 때문에 천천히 시간을 들여서 금리인상 시기를 살펴보는 사치스러움이 허용된다."라고 설명했다.

3월의 고용통계에서 이 '사치스러움'을 허용했던 두 가지 근거 중 하나인 '잉여노동자' 해소에 대한 전조가 먼저 나타났다. 그러나 12일 후, 이번에는 인플레이션율의 하향안정을 위협할 수도 있는 노동부 통계가 발표되었다.

바로 3월의 CPI(소비자물가지수)이다. 이 지수는 전월대비 0.5%가 상승하여, 민간 이코노미스트들의 예상 중앙치(0.3% 상승)를 웃돌았다. 물가지표로서 특히 주목받는 핵심지수(변동이 큰 식품과 에너지를 제외한 물가지수)는 전월대비 0.4% 상승하여, 역시 이코노미스트들의 예상 중앙치(0.2% 상승)를 웃돌았다.

트렌드를 측정하는데 있어 중요한 핵심지수의 전년 동월대비는 1.6% 상승으로 2월의 1.2% 상승에서 크게 위로 벗어나 있었다. 이 지수는 2003년 11월부터 2004년 1월에 걸쳐 3개월간은 전년 동월대비 1.1% 상승에 그쳤지만, 이 시점에서 바닥을 친 후 2월 1.2% 상승, 3월 1.6% 상승이라는 오름세로 전환되어 있었다.

이 CPI 통계를 보고 민간 이코노미스트들은 금리인상 예상시기를 더욱 앞당겼기 때문에 미 국채의 매각 분위기는 한층 고조되어, 이 통계가 발표된 4월 14일의 10년 만기 국채 이율은 종가가 4.37%까지 상승하였다.

디플레이션 위기 극복을 선언

CPI 발표 6일 후인 4월 20일, 그린스펀 의장은 상원은행위원회 청문회에 참석했다. 거기서 의장은 "디플레이션은 이제 문제가 아니다."라고 표명했다. 주식버블 붕괴로 인해 의장이 온 정열을 쏟아 싸워 온 일본형 디플레이션의 공포에서 완전히 탈출했음을 선언했다. 경기회복에 대한 자신감 넘치는 그린스펀 의장의 발언에 대해 미 국채시장은 순순히 반응했다. 10년 만기 미 국채의 이율은 종가 베이스로 전일대비 0.08포인트 상승한 4.46%가 되었다.

경기 변동기에는 경제동향에 대한 의원들의 관심도 높아져, 경제전망의 최고권위자라 불리는 그린스펀 의장이 나서야 할 곳이 그만큼 많아진다. 의장은 그 다음날인 4월 21일, 이번에는 경제·금융정책을 집중적으로 토의하는 상하원 합동경제위원회 청문회에 참석했다. 그리고 "디스인플레이션 트렌드는 아마 종식되었을 것이다."라고 선언한다.

한편 그린스펀 의장과 2인 3각을 하던 퍼거슨 FRB 부의장은 4월 23일 유럽협회가 워싱턴에서 개최한 금융통화회의에 참석했다. 부총재는 그린스펀 의장의 디플레이션 위기극복 선언에 이어 "디스인플레이션(물가상승률 하락) 과정은 종식된 듯하다. 물가상승률은 확실히 안정되고 있다."라고 말했다. 또한 "만약 연방준비제도가 물가안정의 유지가 불안하다고 결론지었다면 이에 적절한 행동을 취할 것임을 나는 확신한다."라고 덧붙여 금리인상을 강하게 시사했다. 의장을 중심으로 FRB 집행부가 금리인상 방향으로 내딛은 것이 이것으로 명확해졌다.

벤 버냉키 FRB 이사(당시)는 CPI 핵심지수보다 정확도가 높은 PCE(개인소비지출) 가격지수의 핵심 항목을 보고, 전년대비 1~2%의 상승을 적정수준으로 한다는 견해를 표명했다. PCE 핵심가격지수는 2003년 8월과 같은 해 12월에 전년 동월대비 0.8% 상승으로 1~2%라는 목표권을 밑돌고 있었다.

이 가격지수는 여기서 바닥을 치고 2004년 2월에는 1.1% 상승한다. 이는 FRB 수뇌부의 '디플레이션 위기극복 선언'을 뒷받침하는 중요한 요소 중 하나였다. CPI 핵심지수는 2004년 3월에 전년 동월대비 1.6%로 상승한 후 4월에는 1.8%로 상승이 가속화되었다.

잠에서 깨어난 강경파

2004년 4월에 찾아온 '미국 경제의 봄'은 그린스펀 의장 등에게 있어서는 기쁨의 놀라움이 된 듯하다. FOMC 멤버들 중에서 경기 비관파에 가장 치우쳐 있던 리치몬드 연방준비은행의 브로더스 총재도 4월 16일의 강연에서 "미국 경제는 내가 생각했던 것보다도 훨씬 활기가 있는 듯하다."라며 기쁜 오산이었음을 솔직하게 인정했다.

이어서 총재는 인플레이션 저지를 최우선 과제로 거론하며 "강경파의 날개를 다시 펼치게 할 준비를 하고 있다."며 기쁨을 표현했다.

브로더스 총재는 1993년 취임 이후부터 인플레이션 저지를 중시하는 강경파의 선봉장으로서 중요한 위치를 차지해 온 인물이다.

그러나 관할지역에 제조업 기업을 많이 거느리고 있는 리치몬드 연방준비은행의 특수성으로 인해, IT주식 버블 붕괴 후 디플레이션 위기에 직면하자 강경파의 날개를 접고 성장을 중시하는 온건파로 전환했다. 2004년 3월 24일에는 "FOMC 멤버들의 평균적인 견해보다 나는 디스인플레이션 리스크가 크다고 본다."라며 비관적인 견해를 토로했을 정도이다.

그리고 불과 1개월 후 브로더스 총재는 "나는 지금, 8월 퇴임하기 전에 강경파의 날개를 다시금 펼쳐 날아갈 수 있도록 날개의 먼지를 떨어내려 하고 있다."라고 말한 것이다. 이 총재의 발언은 FOMC 멤버들이 2004년 3월을 분기점으로 인플레이션에 대한 인식을 180도 전환시켰다는 것을 상징하고 있다.

이러한 경기의 급전환을 배경으로, 2004년 5월 4일의 FOMC 회의를 앞두고 시장참가자들의 움직임이 바빠졌다. 다만 이 시점에서는 3월의 FOMC 성명이 '완화해제에 있어서 인내심이 강해질 수 있다'는 가이던스를 계속했기 때문에, 이 가이던스를 바꾸지 않고 갑작스럽게 금리인상에 나설 것이라는 시각은 많지 않았다.

오히려 일단 FOMC가 가이던스를 금리인상을 시사하는 내용으로 바꿀 것이라는 억측이 확산되고 있었다. 이처럼 성명에 의한 가이던스는 금융당국의 방향성을 시사해주지만 시장참가자들의 예단을 낳고 기동적인 정책운용을 저해하는 리스크를 동반한다.

성명문 가이던스를 둘러싼 주목도가 높아지는 가운데 열린 5월 4일의 FOMC 정례회의는 예상대로 '인내심이 강해질 수 있다'라는 문언을 삭제한다. 그 대신 '신중한 페이스로 금융완화정책을 해제할 가능성이 높다.(policy accommodation can be removed at a pace that is likely to be measured)'라는 가이던스가 새로이 등장했다. 이것으로 '금융완화 해제' 즉, 금리인상을 천천히 신중하게 추진할 수 있다고 표명함으로써 2003년 6월에 도입된 실질적인 마이너스 금리 해소를 위한 준비가 마련되었다.

물가의 리스크에 대해서도 '물가안정목표에 대한 리스크는 균형 잡혀 있다.(the risk to the goal of price stability have moved into balance)'라고 그 전까지의 '거의 균형'에서 '거의'를 빼고 완전중립이 되었음을 확인했다. 다만, 이 '신중한 페이스로 금융완화정책의 해제'라는 가이던스는 유연한 금융정책을 저해할 수도 있다며 멤버들 사이에서도 약간의 이견이 있었다.

이러한 반대 의견을 누르고 그린스펀 의장이 '신중한 페이스의 완화해제'를 성명에 명시한 이유는 무엇일까? 이를 푸는 열쇠는 그 전년도인 2003년 5월의 FOMC 성명과, 이에 따라 그린스펀 의장 등이 발표한 메시지로 인해 생긴 시장의 혼란과 관계되어 있다.

2. FOMC 성명은 양날의 검

시장과의 대화를 원활히 하기 위해서 도입된 FOMC 성명은 시장에 대한 영향이 큰 만큼 양날의 검이 될 수도 있다. 특히 경기동향이 급변하고 있을 때 멤버들의 급격한 견해 변화를 성명문에 직접적으로 표현할 경우 시장에 주는 쇼크가 배가된다.

2002년은 IT주식 버블 붕괴로 인한 침체에서 완만한 회복과정에 들어가고 있었는데, 발걸음이 둔해 2003년에는 디플레이션 경계가 높아지고 있었다. 2003년 3월 19일의 이라크와의 전쟁 돌입은 불확실성을 더욱 부추겨 경제활동이 강한 압박을 받았고, 또한 버블 후유증으로 인한 합병증으로 디플레이션 불안증후군이 만연해 있었다.

이라크 전쟁에서의 단기 승리를 확신하는 분위기가 고조된 2003년 4월말이 되어도 경기 부양감은 전혀 나타나지 않았다. 이렇게 경제전망이 불투명해지자 그린스펀 의장은 의회의 요구에 따라 청문회에 나섰다. 의장 특유의 잠긴 목소리로 "미국 경제는 여전히 현저하게 보다 높은 페이스로 확대되는 방향에 서 있다고 확신한다."며 침체된 분위기를 띄우려 힘껏 노력했다.

그러나 손앞에 있는 경제통계는 모두 다 하락세였다. 의장은 "그 확대 타이밍과 정도는 여전히 불투명하다."라고 자신의 심정을 토로할 수밖에 없었다. 또한 "인플레이션율은 이미 낮은 수준이다. 이 이상 눈에 띄게 하락하는 것은 환영할 수 없다.(With price inflation already at a low level, substantial further disinflation would be an unwelcome development)"라며 디스인플레이션 리스크에 대해 처음으로 언급했다. 이 인플레이션율에 관한 그린스펀 의장의 발언은 6일 후로 다가온 FOMC 성명의 예고이기도 했다.

성명문에 디스인플레이션 리스크를 명기

2003년 5월 6일 오후 2시 15분. FOMC는 처음으로 디플레이션을 경계하는 성명을 발표했다. 성명은 물가안정에 대한 리스크에 대해서 '앞으로 인플레이션율은 상승하기보다는, 이미 낮은 수준에서 환영할 수 없는 현저한 하락으로 향할 확률이 얼마 안 되기는 하지만 크다.(the probability of an unwelcome substantial fall in inflation, though minor, exceeds that of a pickup in inflation from its already low level)'고 지적하며, 디스인플레이션 진행에서 디플레이션에 이르는 리스크를 처음으로 명시했다.

성명에 담긴 디스인플레이션 리스크는 그린스펀 의장이 6일 전 의회증언에서 말한 내용과 같은 취지의 것이었다. FOMC 성명은 경기와 물가에 대한 '리스크 밸런스 평가(Assessment of the balance of risks)' 항목에서 '인플레이션율이 이미 낮은 수준에 있다'며 허용범위 하한에 있음을 지적한 후, 인플레이션율이 한없이 제로 퍼센트에 가까워지는 디스인플레이션 리스크를 걱정하는 견해가 승리하고 있다는 인식을 명확히 한 것이다.

FOMC 성명의 '리스크 밸런스 평가'는 시장과의 대화를 원활하게 하기 위해서 2000년 2월부터 도입되었다. FOMC에 부과된 '최대한의 고용확보'와 '물가안정'이라는 두 가지 목표를 달성함과 동시에 '경기의 하강국면' 또는 '경기과열로 의한 인플레이션 상승' 중 어느 쪽에 기울어 있는지를 표기하는 하나의 척도였다.

그린스펀 의장은 1994년에 성명 발표를 단행한 후, 이를 전례로 삼지 않는다고 하면서도 금리변동을 결정한 회의에서는 성명 발표를 계속했다. 금리가 동결될 경우에는 FOMC의 종료시각만을 공표했다. 그리고 1998년 12월에 금리뿐 아니라 장래의 정책방향성을 제시하는 '바이어스(Bias)' 가 변경된 경우에도 성명으로 발표한다는 방침을 내 놓았다. '바이어스' 는 차기 FOMC 회의까지의 이른바 '금융긴축' 또는 '완화' 권한을 의장에게 부여하는 것이었다.

당시 이 바이어스는, FOMC 회의 6주 후에 발표되는 FOMC 의사록(요지)에 처음으로 나타나 있었다. 공표는 다음 회의 종료 후가 되기 때문에 영향력은 작았다. 1999년부터 그린스펀 의장은 이 바이어스에 대해, 변경이 있을 경우 즉시 공표하는 태세를 갖추었다. 같은 해 5월 18일의 FOMC 회의가 그 첫 케이스가 되었다.

1999년 5월 18일의 FOMC 성명은 금융정책의 동결을 나타내고, 한편으로 '인플레이션적인 불균형 확대가 우려되기 때문에 금융긴축 방향을 시사하는 디렉티브(지시서)를 채택했다.(the Committee was concerned about the potential for a buildup of inflationary imbalances that could undermine the favorable performance of the economy and therefore adopted a directive that is tilted toward the possibility of a firming in the stance of monetary policy)' 고 표명했다.

디렉티브에는 FOMC가 공개시장조작을 담당하는 뉴욕 연방준비은행에 내린 지시가 쓰여 있다. 이처럼 바이어스는 금융정책과 직결되어 있었다. 이 때문에 그린스펀 의장에게는 다음 번 회의까지의 사이에, 상황에 따라 자기 재량으로 금리를 인상할 수 있는 권한이 부여되었다.

그린스펀 의장은 1988년 3월부터 1989년 2월의 금리인상 국면에서 바이어스에 근거한 회의 사이의 금리인상을 자주 이용했다. 이는 FOMC 정례회의에서 컨센서스 형성이 곤란한 경우 차기 회의까지 데이터를 주시하면서 그린스펀 의장이 바이어스 방향에 따라 금리를 인상하였기 때문이다.

1988년부터 1989년의 금리인상 국면에서는 모두 12회의 금리인상이 실시되었는데, 이 중 절반인 6번이 바이어스에 근거하여 의장 재량으로 단행한 금리인상이었다. 그 결과 페더럴 펀드 금리의 유도목표는 1989년 2월의 마지막 금리인상으로 9.75%까지 상승해, 그린스펀 의장 재임 중 최고 수준에 달했다. 그만큼 중요한 금융정책 수단이었던 바이어스 제도인 만큼, 1999년 5월에 즉시 공표를 단행하겠다고 했을 때의 임팩트는 강렬한 것이었다. 10년 만기 국채의 이율은 긴축방향의 바이어스가 발표되기 전날의 5.636%에서 6월 11일까지 약 0.40포인트나 급등한 6.032%가 되었다. 다만 이때는 의장 재량권에 의한 금리인상은 단행하지 않고 같은 해 6월 29일~30일에 열린 그 다음 회의에서 페더럴 펀드 금리의 유도목표를 0.25포인트 인상해 5.0%로 하였다.

그린스펀 의장은 바이어스의 즉시 발표에 시장이 과잉반응을 보이자 바이어스 제도 그 자체를 폐지하기로 한다. 퍼거슨 FRB 부의장을 중심으로 하는 특별위원회가 대안을 검토하여, 2000년 2월부터 현재의 '리스크 밸런스 평가' 방식으로 전환했다. '리스크 밸런스 평가'는 순수하게 FOMC의 경기인식을 나타내는 것으로, 단기적인 금융정책의 방향과는 관계가 없기 때문에 뉴욕 연방준비은행에 대한 디렉티브에는 포함되지 않는다. 즉, 시장과의 대화가 그 주안점이다.

'리스크 밸런스 평가'를 두 개로 분할

2003년 5월 FOMC 회의에서는, 그린스펀 의장을 비롯한 집행부가 우선 '기존의 리스크 밸런스 평가방식은 인플레이션율 하락이 환영할 수 없는 수준까지 진행되는 사태를 내다보지 못했다'고 지적하며 '리스크 밸런스 평가'의 틀을 변경하자고 제안했다.

논의 결과, 연방준비제도의 목표인 '지속적인 경제성장'을 달성하는데 있어서의 리스크는 '거의 균형이 잡혀 있다'고 하는 한편, 물가에 대해서는 '이미 낮은 수준의 인플레이션율은 디스인플레이션이 어느 정도 더 진행될 확률이 상승할 확률보다 높다'는 식으로, 별개의 문장으로 설명한다는 것으로 일치했다.

'리스크 밸런스 평가'를 도입했을 때의 기준은 '경기악화' 또는 '인플레이션율 상승 진행'의 양자택일, 또는 어느 쪽에도 치우치지 않는 '리스크 균형' 밖에 없었다. 그러나 버블 붕괴의 후유증으로 디플레이션 압력이 높아져 있던 2003년 당시에는 '경기악화 방향'과 '물가하락 방향' 상태로 당초의 '리스크 밸런스 평가방식'은 기능부전에 빠져 있었다.

이렇게 해서 2003년 5월 성명에서는, 리스크 평가를 '경제성장의 확대 또는 악화', '인플레이션율의 하락 또는 상승'으로 분석하여 종합판단을 나타낸다고 하는 새 기준을 내 놓았다. 이를 토대로 FOMC는 인플레이션율이 한없이 제로에 가까워지는 디스인플레이션 리스크가 크다는 것을 명확히 했다.

그린스펀 의장은 FOMC가 열리기 직전의 의회증언에서 디스인플레이션 리스크에 대해 언급하며 성명문 변화를 예고했다. 그러나 '리스크 밸런스 평가'의 새 기준은 시장참가자들의 예상범위를 뛰어넘고 있어, 이 성명 발표는 시장에 큰 반향을 불러일으켰다.

즉, FOMC가 디플레이션 회피를 위해서 익일물 금리를 대폭적으로 인하할 것이라는 강한 예단(豫斷)이 생긴 것이다. 이 FOMC 성명 발표로, 뉴욕 금융시장의 30년 만기 미 국채 이율은 전일 종가수준에서 단번에 0.10포인트 하락한 3.78%가 되었다.

'비전통적 금융완화'도 예단을 부풀림

시장에 예단을 허용하지 않겠다는 '리스크 밸런스 평가'의 당초 목적에서 본다면 이는 위험한 징후였다. 그러나 그린스펀 의장을 비롯해 FOMC 멤버들은 시장의 예단을 없애기는커녕, 장기국채의 매입 오퍼레이션(아웃라이트 오퍼레이션) 확대 등 '비전통적 금융완화'에 대해 종종 언급했기 때문에 채권시장에서는 대폭적인 금융완화를 실시할 것이라는 비정상적인 기대감이 생겨났다.

그린스펀 의장은 같은 해 5월 21일의 의회증언에서, "우리는 현재 익일물 금리를 정책목표로 삼고 있지만, 이는 간혹 그렇게 하고 있을 뿐이며 경제적으로도 법적으로도 지속해야 할 의무는 없다. 중장기 금리가 충분히 높기 때문에 이를 목표로 하면 유동성을 공급할 수 있다."라고 호언했다.

의장의 발언은, 금리인하를 계속해서 일본과 같이 익일물 페더럴 펀드 금리가 제로 퍼센트로 떨어지더라도 중장기 금리는 아직 충분히 높기 때문에 이번에는 그 중장기 금리를 목표로 대량의 유동성을 공급할 수 있음을 나타낸 것이었다. 익일물 금리가 제로 퍼센트가 되어도 금융정책이 코너에 몰리는 일은 결코 없다고 강조함으로써 국민들의 불안감해소를 노린 것이었다.

또한 그린스펀 의장은 6월 3일, 베를린에서 열린 통화회의에서 디플레이션에 대한 강한 경계를 연발했다. 의장은 디플레이션에 대한 대처방침은 아직 충분히 확립되어 있지 않다고 전제한 후, 특히 금리가 제로 퍼센트에 접근하는 것은 리스크가 크다고 지적했다. 마지막으로 디플레이션에 대해서 '폭넓은 방화벽'을 설정할 필요가 있다며 강한 경계태세를 호소했다.

이러한 의장의 강한 발언은 거꾸로 대폭적인 금융완화로 이어질 것이라는 연상효과를 불러와, 활기가 붙은 시장은 장기국채를 매입하기 시작했다. 이렇게 해서 2003년 6월 16일은 10년 만기 미 국채 이율이 3.07%라는, 디플레이션 리스크를 포함하는 수준까지 급격히 하락했다.

5월 6일의 FOMC 성명이 디스인플레이션 리스크를 전면에 내세움으로써 시장에 강한 예단을 불러일으켰는데, 이에 대해 그린스펀 의장이 이를 시정하는 움직임을 취했더라면 이런 상태까지 장기금리가 과도하게 하락하는 사태는 막을 수 있었을 것이다.

나누어진 Fed 연구자들의 관측기사

그린스펀 의장 등의 디플레이션 경계 발언에 자극받아, 시장참가자들은 6월 25일의 FOMC에서는 페더럴 펀드 금리가 0.50포인트 인하되어 0.75%가 될 것이라고 예측했다. 저명한 Fed 담당기자인 〈워싱턴 포스트〉의 존 베리(현 블룸버그 뉴스의 칼럼니스트)는 6월 19일자 지면에서 0.50포인트 금리인하가 결정될 가능성이 높다는 관측 기사를 게재했다. 그런데 다음날 〈월스트리트 저널〉의 FRB 담당 그렉 이프 기자가 '시장에서는 0.50포인트 금리인하 관측이 뿌리 깊지만, 테이블 위에는 여전히 0.35포인트의 금리인하 안이 남아 있다'며 소폭적인 금리인하에 그칠 가능성도 있다고 추측했다.

당시 FRB 내에서는 급변하는 경제동향을 바탕으로 수뇌부의 경기 상황에 대한 판단이 수시로 바뀌고 있었다. 이렇게 해서 미국 언론을 대표하는 두 Fed 연구자들의 기사가 금리인하폭 예측에서 나뉘는 사태로 이어졌다.

주목받은 6월 26일의 FOMC는 금리인하폭을 0.25포인트 억제한 후, 성명에서 '경기 상승·하강 리스크는 균형', '물가는 디스인플레이션 방향의 리스크가 약간 높다'는 5월 회의와 같은 두 개 척도를 제시했다.

회의에서 대부분의 투표 멤버들이 ①이미 경기 확대 징후가 나타나 있다, ②이미 금융정책은 매우 완화되어 있다, ③감세효과가 앞으로 나타날 것이다, 라는 견해를 표명하여 소폭의 금리인상으로 정리

227

되었다. 샌프란시스코 연방준비은행의 파리 총재(당시)는 '앞날이 여전히 불투명하다'며 마지막까지 0.50포인트의 대폭적인 금리인하를 주장했다. 소폭의 금리인하에 단 한 사람만 반대표를 던졌다.

2주 만에 극적으로 호전

그린스펀 의장은 6월 3일의 강연에서 "3, 4월의 경기악화에서 5월에는 안정되었다. 하지만 내가 가진 통계자료를 최대한 긍정적으로 본다 하더라도 경기의 상승은 아직 시작되지 않았다."라며 경기회복에 대한 자신감을 갖지 못했다.

퍼거슨 FRB 부의장은 6월 11일 뉴욕의 재팬 소사이어티의 강연에서 "최근 발표된 생산이나 고용에 관한 통계는 모두 실망을 주는 내용이었다. 미국경제는 단기적으로 상당히 불확실성이 증가하고 있다."라고 말했다. 6월 11일의 시점에서 FRB 수뇌부는 여전히 경기전망에 대해 자신감을 갖지 못한 모습이었다.

그러나 그 후 2주 사이에 FRB 멤버들의 경기인식은 극적으로 호전된다. 그리고 25일의 FOMC 회의에서는 '경기확대 징후가 나타나고 있다'는 자신감으로 이어졌다.

한편 시장참가자들은, 6월 11일의 퍼거슨 부의장의 발언부터 FOMC가 열린 25일까지 FOMC 멤버들에 의한 경기에 관한 언급이 전혀 없어, 같은 달 11일까지 의장과 부의장의 비관적 발언을 바탕으로 대폭적인 금리인하를 예상한다.

FOMC 멤버들에게는 회의 전 1주일 동안과 회의가 열리는 주의 금요일까지 경기나 금융정책에 관한 발언을 삼간다는 합의가 있다. 블랙아웃이라고 불리는 것으로 의장만이 유일하게 예외이다. 〈워싱턴 포스트〉의 존 베리 기자가 0.50포인트 금리인하 관측 기사를 쓴 6월 18일의 시점에서는 경기인식의 극적인 호전이 취재망에 걸리지 않았을 것이다.

그리고 19일, 〈워싱턴 포스트〉의 보도로 시장에 0.50포인트의 뉘앙스가 강하게 전달되자, 그린스펀 의장 등이 이를 시정하기 위해서 〈월 스트리트 저널〉의 그렉 이프 기자를 통해 "0.25포인트 금리인하 안은 여전히 테이블 위에 놓여 있다."라는 메시지를 전한 것이다. 블랙아웃 기간 중에 FRB 수뇌부가 시장에 메시지를 전하기 위해서는 FRB 의장, 또는 의장의 뜻을 전달받은 간부가 FRB와 가까운 기자에게 은근히 흘리는 것 외에는 방법이 없다.

칼럼9 》 그린스펀 전 의장과 금융담당기자들과의 관계

그린스펀 전 의장은 연방준비제도의 투명성을 높였다고 평가받고 있는데, 이는 FOMC 성명 발표나 그 확충에 대한 평가이지, 기자들과의 접촉은 오히려 폴 볼커 전 의장 시절보다 후퇴했다. 볼커는 의회증언 등이 끝난 후 기자들이 둘러싸고 질문하는 이른 바 '매달리기' 취재에도 쉽게 응해주었다.

반면 그린스펀 의장은 기자단들의 그러한 취재에 대해 결코 응해주지 않았다. 의장의 의향을 알고 난 후 금융담당기자들이 의장을 둘러싸는 일이 없어졌다. 그린스펀 의장의 명예학위 수여식 등에서 일반뉴스를 취재하는 기자가 이러한 그린스펀 의장의 성격을 잘 모르고 마이크를 들이대는 경우가 종종 있다. 이때에도 그린스펀 의장은 전혀 모른체하며 지나치고는 총총히 차량에 오른다.

그린스펀 의장은 신문에 게재된 인터뷰가 원인이 되어 달러 급락사태를 초래한 폴 오닐 재무장관에 대해서 다음과 같이 말한 적이 있다. "재무장관. 젊은 기자들이 당신과의 신뢰관계를 배려하는 일은 없습니다. 그들은 다른 수많은 기자들과 똑같이 행동했을 뿐입니다. 당신의 발언을 취재해 이를 갖고 달려갑니다. 나는 그것이 좋다고는 생각하지 않습니다. 하지만 세상이란 그런 것이지요."(《the Price of Loyalty》Ron Suskind 참조)

그린스펀 의장은 기자회견을 하는 것이 장점보다 단점이 더 크다고 판단했을 것이다. 1995년 이후 기자회견은 전혀 하지 않았다. 그린스펀 의장이 이야기를 하는 사람은 전술한 존 페리 기자나 그렉 이프 기자 등 극히 한정되어 있었다.

정책결정회의를 마친 후 총 기자회견, 차례대로 이루어지는 각 언론사와의 단독회견 등 더할 나위 없이 극진한 일본은행은 국제적으로 본다면 매우 열린 중앙은행이라고 할 수 있다. 신임 버냉키 FRB 의장도 명쾌한 발언을 주로 하고 있어, 전 의장시절에 비해 접촉기회가 많아질 것이라고 기대하는 경제담당기자들이 많다.

종합판단에서도 '디스인플레이션 리스크'를 명시

0.25포인트의 금리인하를 결정한 2003년 6월 25일의 FOMC는, 성

명에서 '경기 상승·하강 리스크는 균형', '물가는 디스인플레이션 방향의 리스크가 약간 높다'는 5월 회의와 같은 두개 척도를 제시한다. 또한 종합판단으로 '디스인플레이션 우려가 지배적이다'라고 5월의 성명보다 디플레이션에 대한 경계를 보다 선명히 드러냈다.

5월의 FOMC 성명은 디스인플레이션 리스크를 처음으로 시사한 후, 종합판단에서 '경기의 악화 리스크'를 표명하고 있었다. 이에 대해서 5월 성명의 종합판단에서는, FOMC가 디스인플레이션보다 경기악화를 경계하고 있다는 오해를 살 우려가 있다며 이견을 보인 멤버들도 있었다. 그 때문에 6월 회의에서는 종합판단도 '디스인플레이션 우려'를 전면에 내세우게 되었다.

또 파리 총재가 0.5포인트의 금리인하를 주장한 것에 대해서 대부분의 멤버들은 경기호전의 견해를 보이며, 소폭적인 금리인하에 그쳐야 한다고 표명했다. 또한 몇 명의 멤버들은 "0.50포인트의 금리인하를 실시하면 시장에서 금리인하의 종결이라고 오해할 우려가 있다. 시장이 그러한 판단을 하도록 하는 것은 우리가 의도하는 바가 아니다."라고 덧붙였다.

그린스펀 의장 등 집행부로서는 0.25포인트의 금리인하로 좀더 금리인하의 여지를 남겨, 리스크 밸런스의 종합판단에서 '디스인플레이션 우려가 지배적이다'라고 하면 장기금리를 저수준으로 유지할 수 있으리라고 생각했을 것이다. 그러나 이 판단은 안이했다. 지난 5월 리스크 밸런스 변경이 시장에 예단을 야기했던 것과 같이, FOMC는 매입 포지션 팽창의 반동에 직면하게 된다.

그린스펀 의장의 '시간축' 표명

시장참가자들은 채권의 매입 포지션이 쌓이자 매도시기를 탐색하기 시작하고 있었는데, FOMC 성명 발표를 계기로 매도가 집중한다. 가령 금리인하 폭이 0.50포인트였다고 하더라도 나올 재료는 다 나와 팔려했을 것이라는 시장관계자들이 많았다. 소문에 사고 뉴스에 판다는 시장의 정석대로 전개되어 버렸다. 10년 만기 미 국채의 이율은 0.14포인트 상승한 3.39%가 되었다.

2003년 7월 15일. 반년마다 FRB 의장이 경제전망과 금융정책에 대해서 증언하는 의회증언이 하원의 금융서비스위원회에서 열렸다. 그린스펀 의장은 서두에 읽는 증언 텍스트 중에서, 두 번에 걸쳐 "극히 완화적인 정책 입장을 필요한 한 장기간에 걸쳐 계속한다."고 시간축 효과(프리 커미트먼트 효과)를 노린 발언을 반복했다.

의장은 사전에 증언 텍스트를 준비하여 그 속에 메시지를 담는데, 그린스펀 의장은 애매한 표현을 사용하였기 때문에 그 진의를 읽어내기가 어려웠다. 그러나 이때는 명확한 메시지를 반복해서 표명하였다. '시간축' 효과를 노리며 장기금리의 급등을 억제하는데 전력투구했다. 아마도 의장은, 새로이 설정된 1%라고 하는 초저금리를 '필요한 한 장기간 계속한다'고 시장에 약속하면 기간이 긴 금리도 끌어내리는 효과가 나타날 것이라고 생각했을 것이다.

그러나 시장참가자들은 그린스펀 의장의 의도와는 반대로 채권매도에 나섰다. 의장증언 전날에 3.726%였던 10년 만기 국채 이율이 7월 15일의 의장증언으로 인해 3.983%로 급등해 버렸다.

'비전통적인 금융정책'은 필요 없다

이는 시장참가자들이 '6월의 FOMC에서 특별한 정책을 필요로 하는 사태에 다다를 가능성은 매우 적다는 결론에 달했다'는 그린스펀 의장의 또 다른 발언에 강하게 반응했기 때문이었다. '특별한 정책'이란 익일물 금리가 제로 퍼센트로 내려갈 경우에 사용하는, FOMC 멤버들이 반복해서 표명해 온 '비전통적 금융정책'을 말하는 것이다. 6월의 FOMC에서는 이런 과감한 금융정책을 취할 필요가 없다는 컨센서스가 이루어졌음을 명확히 한 것이다. 6월 FOMC의 0.5포인트 금리인하로 인해 비전통적 금융정책의 도입까지 염두에 두고 있던 시장참가자들은, 의장의 발언으로 극단적인 금융완화 가능성이 사라졌다고 판단한 것은 당연하다.

그 다음날, 이번에는 상원 은행위원회가 연 청문회에서 그린스펀 의장은 전날의 시장반응을 시정하려는 목적으로 "나는 테이블에서 무엇인가를 치워버린 것은 아니다."라며 비전통적 정책은 여전히 검토과제라고 변명했다. 그러나 그 전날 그 자신이 '비전통적 금융정책은 필요 없다'는 것이 FOMC 정례회의의 대세의견임을 명확히 한 만큼 옹색한 해명에 지나지 않는다는 것은 명백했다.

7월 15일의 하원 청문회에서 "당신은 6월의 FOMC 후 장기금리가 상승한 것에 실망하지 않았는가?"라는 한 의원의 질문에, 그린스펀은 "시장은 이미 0.50포인트의 금리인하를 예상하고 있었기 때문에, 금리인하가 0.25포인트에 그치면 장기금리가 상승할 것이라는 것은 예상하고 있었다. 서프라이즈냐고 묻는 것이라면 대답은 'No'이다."라고 아무렇지도 않은 듯 말했다. 그러나 새로운 시장의 반란을 접한 의장의 마음속이 결코 평온하지는 않았을 것이다.

시간축 도입에 7명이 반대

2003년 8월 12일에 열린 FOMC 회의에서, 그린스펀 의장은 시장의 반란에 대한 진정화에 나선다. 의장은 이 난국을 극복하기 위해 FOMC 성명에 처음으로 장래의 정책의도를 나타내는 가이던스를 담는다. 이 날의 회의는 페더럴 펀드 금리의 유도목표를 1%로 동결함과 동시에 이 초저금리를 '상당기간에 걸쳐 계속한다.(the Committee believes that policy accommodation can be maintained for a considerable period)' 라는 방침을 정하고 성명에 명시했다.

콘 FRB 이사는 '상당기간' 이라는 시간축을 시사하는 가이던스 도입에 대해서 "디스인플레이션이 진행되는 가운데 명목금리가 하락하여 전통적인 금융정책만으로는 시장의 기대에 부응할 수 없게 되었다."라고 설명했다.

FRB의 수뇌부에서는 비전통적 금융정책의 효과에 대한 회의적인 견해가 팽배해 있었다.

그래서 통상의 익일물 금리인하를 최대한 이용함과 동시에, 정책 방향성을 나타내는 언질을 시장에 줌으로써 정책효과를 높이는 방향이 모색되었다.(제4장 칼럼7 참조)

그러나 시장에 강한 예단을 불러일으킬 우려가 있는 '상당기간에 걸쳐 완화정책을 계속한다' 는 문장을 성명에 삽입하는 데 대해서는 신중한 견해도 많았고, 8월 12일의 FOMC는 이러한 의견이 분출되었다. 그린스펀 의장은 투표권을 갖지 않는 지역연방준비은행 총재들까지 포함해 19명의 멤버 전원에게 '상당기간'을 성명에 삽입할 것인지에 대한 의견을 들은 바, 7명이 반대의견을 표명했다.

FOMC 성명은 그린스펀 의장 등 집행부가 초안을 작성해 투표권을 가진 12명의 FOMC 멤버들이 표결한다. 이때는 '상당기간'이라는 시간축 도입에 반대하는 의견이 많았기 때문에 그린스펀 의장은 '상당기간'이라는 부분만 표결에서 제외하는 이상한 사태가 벌어졌다.

불확실성을 포함하는 FOMC 성명

다음 달인 9월 16일에 열린 FOMC는 1%의 초저금리를 '상당기간 계속한다'는 문장을 성명에 게재하는 한편, 경기동향 판단에서 '노동시장은 약해졌다'고 지적했다. 8월 FOMC 성명의 '고용관련 통계는 제각각'에서 하향 수정된 셈이다.

8월의 FOMC에서 9월의 FOMC 사이에는, 고용정세를 분석하는 데 있어 가장 중요한 고용통계가 8월분 밖에 발표되지 않는다. 그 8월의 농업부문을 제외한 고용의 예상치는 9만 3,000명 감소로 겉보기에는 확실히 약해져 있었다. 그러나 그린스펀 의장은 한 달간의 통계로는 판단할 수 없다며 졸속을 항상 경계해왔다. 이 통계 하나로 단번에 고용이 악화되고 있다고는 판단할 수는 없다.

그린스펀 의장이 가장 주목하는 통계 중 하나인 주간 실업보험 신규신청건수는 5월의 45만 건을 피크로 9월의 FOMC에서는 고용 전체의 증감 분기점으로 여겨지는 40만 건 전후까지 감소해 있었다. 이 통계는 고용이 플러스로 전환되고 있음을 시사하는 것이었다.

아니나 다를까 10월 3일에 발표된 9월의 고용은 플러스로 전환되었다. '고용은 약해졌다'고 한 9월 FOMC 성명과 완전히 반대가 된 것이다. 고용통계는 매월 12일을 포함한 주에 조사를 실시한다. 9월의 고용통계 조사는 FOMC의 전 주에 실시되었는데, 그 시점에서 고용이 플러스로 전환되었던 것이다. 물론 FOMC가 열린 9월 16일에는 조사결과가 아직 나와 있지 않았지만, 고용통계보다 앞서 실시되는 실업보험 신규신청건수도 있고, 게다가 FRB는 독자적으로 폭넓은 기업조사를 하고 있다. FOMC의 성명에 담긴 당월 고용사정이 완전히 반대 판단을 내린 셈이 되었다.

콘 FRB 이사는 2003년 6월 20일, 캐나다 중앙은행 회의에 제출한 조사보고《중앙은행의 대화—이는 왜 필요한가?(브라이언 삭 FRB 이코노미스트와의 공동 집필)》에서 FOMC 성명에 대해 "시장의 기대를 숙성시키는 금융정책의 중요한 요소라고 간주할 필요가 있다."라고 지적했다.

그러나 그 성명에 담긴 경기인식이 잘못되어 있다면 시장에 잘못된 기대감을 낳게 한다. 세인트루이스 연방준비은행의 풀 총재는 2003년 8월 21일의 강연에서 "금융정책이 예측 불가능한 정보에 근거해 결정되고 있는 한, 정책에서 불확실성을 완전하게 없앨 수 없다는 것을 강조해야 한다."라고 말했다. 이와 같이 FOMC 멤버들 사이에서는 성명에 의한 시장유도에 대해서 신중한 견해도 많이 있다.

'상당기간'은 근거를 잃다

2003년 12월의 FOMC 회의에서는 금융정책의 목표인 '최대한의 지속적 성장'과 '물가안정'에 대한 리스크 평가에 대해서 '경기의 상승·하강 리스크는 균형'이라며 기존의 판단을 지속한다. 반면 물가는 '인플레이션율이 하락할 확률이 낮아져, 지금은 인플레이션율의 상승확률과 거의 같아졌다.(The probability of an unwelcome fall in inflation has diminished in resent months and appears almost equal to that of a rise in inflation)'라며 그때까지의 디스인플레이션 경계형에서 중립으로 끌어올렸다. '상당기간에 걸쳐 금융완화를 계속한다'는 판단근거는 '디스인플레이션 진행 리크스'였기 때문에 물가 리스크를 중립으로 되돌림으로써 이제 그 근거를 잃게 되었다.

그러나 12월의 성명에서는 새로운 리스크판단 뒤에 'However(그렇지만)'라고 하고는, 10월 성명과 똑같이 '인플레이션율이 매우 낮다는 점과 자원의 이용이 느슨해져 있다(실업자 등의 비가동자원이 존재한다)는 점에서 위원회로서는 금융완화정책을 상당기간 유지할 수 있다고 확신하고 있다.(However, with inflation quite low and resource use slack, the Committee believes that policy accommodation can be maintained for a considerable period)'고 덧붙였다.

이 '상당기간'이라는 시간축이 남겨진 것은, 8월에 7명이나 되는 FOMC 멤버들의 반대를 누르고 그린스펀 의장이 '상당기간'이라는 시기를 명시하는 가이던스를 도입했기 때문이다. '상당기간'이라 호언해놓고 불과 4개월 만에 지울 수는 없었을지도 모른다. 이 날의 표결 범위는 '리스크 밸런스 평가'의 변경까지로, '상당기간'이라는 시간축은 투표사항에 조차 들어가지 못했다. 그린스펀 의장이 8월에 7명의 멤버들의 반대를 누르고 넣은 '상당기간'을 체면 때문에 억지로 유지했다는 관측이 시장관계자들 사이에서 퍼져나갔다.

그러나 디스인플레이션 극복에도 불구하고 12월의 FOMC에서 '상당기간'이라는 시간축이 유지되자 시장참가자들 사이에서는 '상당 기간'이라는 표현이 좀더 계속될 것이라는 견해가 우세해졌다.

그러는 와중에도 경제상황은 더욱 호전되었으며, 그린스펀 의장은 2004년 1월 27일, 28일의 FOMC 성명에서 '상당 기간'을 간단히 삭제해 버렸다. 그리고 새로운 성명에 '완화정책을 해제하는데 있어서 인내심이 강해질 수 있다.(the Committee believes that it can be patient in removing its policy accommodation)'라는 가이던스를 도입했다.

그린스펀 의장의 대응능력에 물음표

FOMC 종료 후인 1월 28일 오후 2시 15분. 'FOMC가 성명에서 '상당기간'을 삭제'했다는 각 통신사의 속보가 월 가 금융기관의 컴퓨터 스크린에 뜨자마자 국채시장과 주식시장에서는 매도가 쇄도했다. 결과적으로 성명은 시장참가자들의 의표를 찌르는 형태가 되었고, 금융시장에서는 일대 혼란이 일어났다. 시장에서는 그린스펀 의장의 시장과의 대화능력을 의문시하는 목소리가 다시금 높아졌다.

그린스펀 의장은 성명서에서 '상당기간'을 삭제하는 대신 '인내심이 강해질 수 있다'는 새로운 표현을 도입했다. 새로운 FOMC 성명은 '인플레이션이 매우 낮고 또한 사용되지 않은 자원(실업자 등)이 존재하기 때문에 완화정책을 해제하는데 있어 인내심이 강해질 수 있다'고 표명했다. 2003년 12월까지의 '상당기간'의 대상은 '금융완화의 유지'였지만, 2004년 1월의 성명에서의 '인내심이 강해질 수 있다'의 대상은 '금융완화 해제' 즉 금리인상으로 변화되었다. 여기서 FOMC는 기존의 '금융완화'를 유지하는 시간축에서 '금리인상'으로 자세를 전환한 것이다. 그런데 시간축을 명시한 '상당기간'이라는 표현이 삭제된 쇼크가 예상외로 커서 시장이 혼란에 빠진 것이다.

이렇게 그린스펀 의장이 금리인상을 위해 성명을 조정하고 있는 사이에도 수면 아래의 미국 경제는 에너지를 축적하고 있었다. 실질 GDP는 FOMC가 1%로 금리인하를 결정한 2003년 2분기에 전년대비 3.7%증가하여 1분기의 1.7%증가에서 급반등한다. 금리인하가 필요 없었음을 나타내고 있다. 또한 FOMC가 1%의 실질 제로금리를 '상당기간 계속한다'고 선언한 3분기의 실질 GDP는 7.2%성장으로 강력한 반발력을 나타냈다. 그리고 4분기에 3.6%증가, 2004년 1분기에는 4.3%가 증가하여, 3.5%내외라고 했던 잠재성장률을 훨씬 웃도는 호조세였다.

지행지표와 일치하는 금융정책

한편 2003년 6월, 지행지표인 실업률이 이번 경기확대 국면에서는 최악인 6.3%로 뛰어올랐다. 기이하게도 FOMC가 1%로 금리를 인하한 시기와 일치했다. FOMC의 금융정책이 지행지수와 동일선상에 늘어선 것이다. 그린스펀 의장은 금융정책이 실제로 효과를 발휘하기까지는 1년에서 1년 반 정도의 타임러그가 있기 때문에 경기를 예측해서 정책을 결정한다고 주장하고 있지만, 실제로는 지행지표인 고용통계와 완전히 일치하고 있다. 게다가 미국에서는 노동시장의 유동성이 높기 때문에 고용통계는 경기일치지수에 가깝다는 견해도 있다.

GDP가 견조한 성장을 지속하는 가운데, 2004년 3월의 고용통계에 급반등이 일어난다. 실로 교과서적인 전개였다. 실업률도 2003년 11월에는 6% 대를 깨고 5.9%로 하락한다. FOMC가 금리인상으로 선회하기 시작한 2004년 4월에는 5.5%까지 급격히 하락했다. 이와 같은 경제통계의 호전을 바탕으로 그린스펀 의장은 2004년 4월 21일에 열린 상하원 합동경제위원회 청문회에서 미국경제의 동향에 대해 "오랜 동안 잠재성장률을 밑도는 약한 성장이 지속되어 왔지만, 작년 중반부터 힘 있는 확대로 전환되어 2004년 들어서도 이를 지속해왔다."라고 말한다. "이러한 환경에서 고용 페이스는 더욱 좋아질 것이고, 지금까지보다 한층 대규모로 지속적인 고용증가를 불러일으킬 것이다."라며 고용이 더욱 확대될 것이라는 낙관적인 전망을 드러냈다.

그 2주 후인 5월 4일에 열린 FOMC 성명이 '신중한 페이스(measured pace)로 금융완화정책을 해제할 수 있다'며 금리인상 시기를 모색하는 국면으로 전환된 것은 전술한 대로다.

'Measured'에 담긴 목적

Measured는 형용사로서 사용되며 ①정확하게 측정된 ②조정된 ③신중한 ④박자가 맞는 등의 폭넓은 의미를 가진다. 영어 네이티브들도 이 말의 의미를 파악하기 힘든 듯 2004년 6월의 의회 청문회에서 그린스펀 의장에게 한 의원이 그 의미를 묻는 장면이 있었다.

그린스펀 의장은 Measured라는 단어를 성명에 채택한 이유에 대해서 "의미하는 바가 넓기 때문이다."라고 정직하게 답했다. FOMC 성명의 목적은 대중에게 금융정책의 방향성을 제시하기 위한 것인데, 금융정책의 손발이 묶이는 것을 경계한 그린스펀 의장은 가능한 한 애매한 단어를 고른 것이다.

실제 그린스펀 의장은 Measured의 의미에 대해서 '점진적(gradual)'이라고 바꾸어 말하면서도 "금리동결도 소폭 또는 대폭의 금리인상도, 나아가서는 금리인하도 가능하다는 의미이다."라고 구체적인 정책대응을 들어 설명했다.

금융정책의 출발이 늦은데 대한 우려

이 그린스펀 의장의 Measured에 관한 설명에 대해 시장참가자들은 소폭의 금리인상이 될 것이라고 해석했다. 그 결과 미 국채 시장에서는 금융완화상태가 장기화되어 인플레이션 압력이 높아질 것이라는 경계심이 강해져 매도가 우세해졌다. 10년 만기 국채 이율은 0.05포인트 상승한 4.55%가 되었다.

시장 관계자들 사이에서 인플레이션 가속을 눈앞에 두고 FOMC가 비하인드 더 커브(대응이 늦음)가 되는 것이 아닐까 하는 불안감이 높아지는 것도 당연했다.

버냉키 FRB 이사(당시)는 '신중한 페이스로'에 대해서 "무조건적인 약속이 아니다. 긴축 페이스는 경제여건의 변화에 대응해 갈 필요가 있다."라고 말해 인플레이션이 가속화되면 금리인상 페이스를 빠르게 할 수도 있다는 것을 명확히 했다. 그러나 '신중한 페이스'가 일단 성명에 포함되자 '상당기간'이나 '인내심 강하게'와 마찬가지로 시장의 판단을 주저하게 만들었다.

대폭적인 금리인상 시사가 혼란에 박차

그린스펀 의장은 2004년 6월 8일 위성을 통해 런던에서 열린 국제 통화회의에 참가했다. 여기에서 인플레이션 상승압력을 저지하기 위해서 '필요한 조치를 취할 용의가 있다'고 말한다. 금융당국도 인플레이션에 상승압력에 대해 대응이 늦어질 것이라는 시장참가자들의 우려를 없애는 데 기를 쓰고 있었다. 의장은 "연방준비제도에 의한 윤택한 유동성 공급은 점점 더 불필요한 것이 되어 갈 것이다."라고 지적하며 금융완화정책의 해소를 강하게 시사했다.

그린스펀 의장은 '신중한 페이스로 금융완화를 해소해 간다'라고 한 5월의 FOMC 성명에 대해, "현 시점에서는 가장 좋은 판단에 근거하고 있다."라고 지적한 후, 이 결정은 조건부이며 필요해지면 문언을 삭제할 수 있다고 설명했다.

또한 "기업은 시장점유율을 잃는 것을 두려워하기 때문에, 코스트 상승분을 모두 가격에 전가시키는 일은 없을 것이다."라고도 지적하며, 인플레이션은 억제될 것이라는 인식을 표명했다. 그 후 "인플레이션 전망에 대한 판단잘못이 드러난다면 물가안정 목표를 달성하기 위해 필요한 조치를 취할 것."이라며 대폭적인 금리인상도 선택의 하나라고 강조했다.

이러한 의장의 발언이 알려지자 국채시장에서는 0.50포인트의 대폭적인 금리인상을 예상하는 분위기가 조성된다. 때문에 정책금리의 변경에 민감하게 반응하는 2년 만기 국채 이율은 0.04포인트 상승한

2. 69%로, 10년 만기 국채 이율은 4. 78%로 뛰어올랐다.

이는 5월의 FOMC 성명이 '신중한 페이스'로 금리인상을 자제할 것이라는 자세를 보였기 때문에 완만한 금리인상으로는 강한 인플레이션 상승압력을 막지 못하게 될 것이라고 반응했던 것이고, 이러한 시장의 반응을 시정하고자 '대폭적인 금리인상도 마다하지 않겠다'는 금융정책당국자들의 강한 발언에, 이번에는 대폭적인 금리인상을 할 것이라고 과잉 반응한 결과였다.

가이던스의 함정

짧은 성명문이 시장관계자들 사이에서 끊임없이 의심을 낳게 된 것이다. 모든 상황을 되돌아보면, 성명에 첨가된 가이던스는 변경 직후에 시장에 파란을 불러일으킨다는 것을 알 수 있다. 5월의 FOMC 성명에서 '신중한 페이스'의 금융완화정책의 해제 방침이 제시되고 나서 시장은 약 2개월에 걸친 혼란에 휩싸였다. 그리고 겨우 안정을 되찾은 6월 30일에 때맞춰 FOMC가 열렸다.

이 날의 FOMC는 예상대로 페더럴 펀드 금리의 유도목표를 0.25 포인트 인상한 1.25%로 하고, 이후의 금리인상에 대해서도 '신중한 페이스'로 실행될 가능성이 높다고 표명했다. 다만 '신중한 페이스'로 금리인상이 실행되는 근거로, 지난 5월의 FOMC 성명은 '실업자 존재'와 '저수준의 인플레이션'을 지적했는데, 6월의 성명에서는 실업자를 시사하는 '자원이용의 완화'라는 표현을 삭제하고 '인플레이션 기조가 비교적 낮은 수준에 그칠 것이라는 기대'라는 표현으로 압축했다.

6월의 FOMC 회의 후에도 멤버들은 강연 등에서 실업자를 이유로 신중한 페이스로 금리인상이 가능할 것이라고 언급했지만, 성명에서 '실업자를 시사하는 표현' 삭제를 정당화하는 경제동향의 변화는 2005년까지 나타나지 않았다. 이는 대통령선거가 2004년 11월로 다가옴에 따라 최대의 초점이었던 '실업문제'를 FOMC 성명에 담는 것이 부시정권에 마이너스가 될 것이라고 판단했기 때문일 것이다.

이렇게 다양한 의도를 숨기면서 그린스펀 의장은 임기 중의 마지막 금리인상 국면에 돌입했다. 그러나 '신중한 페이스로 완화정책을 해제할 가능성이 높다'고 한 가이던스에 대해서는 FOMC 멤버들 사이에서도 '장래의 금융정책의 방향을 결정짓는 표현은 성명에 어울리지 않는다'며 반대하는 견해도 많았다.

금융정책은 '장기 프로그램'

'신중한 페이스로 완화정책을 해제한다'는 가이던스는 성명의 서두에 언급되어 있는 '금융정책은 완화적'과 연계되어 있다. 금융정책은 여전히 '완화적'이므로 이를 '서서히 해제한다'는 논법이었다.

금리인상을 '완화 해제'라고 에둘러 표현한 것은 그린스펀 의장 특유의 수사법으로, 금리인상 또는 긴축이라는 어두운 이미지를 연상시키는 표현을 피하기 위함이다. 이 '완화적'이라는 말이 FOMC 성명에 처음으로 등장한 것은 2002년 1월로 거슬러 올라간다.

버블 붕괴에 따른 2001년의 대폭적인 금리인하가 일단락 된 같은 해 12월, 페더럴 펀드 금리의 유도목표는 1.75%까지 떨어져 있었다. 그때부터 FOMC는 금리인상을 모색하기 시작했고, 이러한 의도를

'여전히 금융정책은 완화적'이라는 표현에 담았다. 그리고 '완화적'이라는 표현은 2005년 11월의 FOMC 성명까지 약 4년간에 걸쳐 계속되었다.

그린스펀 의장의 우직할 정도의 인내심 강한 성격과 일치한다. 이 의장은 2004년 6월의 의회증언에서, 2003년 6월부터 페더럴 펀드 금리 유도목표를 1%로 유지한 것에 대해서 "경제가 변화하지 않았다는 것은 아니다. 금융정책은 장기적인 프로그램에 의해 운영되고 있다. 경제동향에 즉흥적으로 대응한다면 효과적인 정책을 취할 수 없다."라고 말했다.

1년 반에 걸친 '전환 작전'

IT주식의 버블 붕괴로 인해 대폭적인 금리인하가 단행된 2001년을 장기 프로그램에 근거한 버블 치료의 제1단계로 본다면, 2002년 1월부터 FOMC 성명에 '금융정책은 완화적'이라고 삽입함으로써 '완화의 해제' 즉 정책전환에 착수한 것이다.

그런데 버블 붕괴의 후유증은 예상을 뛰어넘는 중증이었고 곧바로 디플레이션 위기가 엄습한다. 결국 2002년 11월과 2003년 6월 두 번에 걸쳐 추가 금리인하에 나서게 된다. 여기서 다시금 장기 프로그램을 발동시켜 2004년 6월까지 1년간을 '상당기간' '인내심 강하게' 페더럴 펀드 금리를 1%로 유지하며 경기부양을 도모하게 된 것이다.

2004년 6월부터 '신중한 페이스'의 금리인상을 개시한 그린스펀 의장은, 2005년 12월의 FOMC 성명에서 '완화적'이라는 표현을 삭제하여 장기프로그램에 의거한 정책전환 작전을 마무리했다. 12월의 FOMC 성명은 '완화적'이라는 표현을 삭제했다는 점에서 기존의 '신중한 페이스로 완화해제'는 종료되었음을 의미하며, 새로이 '신중한 긴축'으로 전환되었음을 알리는 신호였다.

그러나 그린스펀 의장은 '완화적'이라는 말과 '신중한 페이스'를 동시에 삭제하면 시장을 혼란에 빠뜨릴 것이라고 경계했을 것이다. 정책전환에 따른 성명의 변경에 시장의 반응은 극도로 민감했다.

그리고 2006년 1월 3일에 공표된 12월의 FOMC 의사록에서 '추가 금리인상의 횟수는 그다지 많지 않다'는 FOMC 멤버들의 인식을 명시하여, 성명서에 기술되어 있던 '신중한 긴축'이 한두 번으로 종료될 것임을 시사했다.

그때까지 FOMC 의사록은 차기 회의가 끝나고 나서야 공표되고 있었다. 그러나 공표까지의 기간을 단축시킨다는 방침에 따라 2005년부터는 멤버들이 전자메일로 문안을 조정하고 최종적으로 메일로 문안의 찬성여부를 묻는 시스템으로 바뀌었다. 그 결과 시장참가자들은 차기 회의 전에 직전 회의의 상세한 내용을 파악할 수 있게 되었다. 이로 인해 의사록의 영향력이 커지자 지역연방준비은행 총재들은 발언내용을 의사록에 더 많이 게재할 것을 촉구하게 되었다고 한다.

2006년 1월 31일 오전 9시 퇴임 당일, 그린스펀 의장은 1987년 8월의 취임 이래 149번째 FOMC 정례회의에 임했다. 이 날의 회의에서는 2004년 6월 이래 14번째 0.25포인트 금리인상을 결정하여 페더럴 펀드 금리는 4.50%가 되었다.

또한 이날의 성명은, 2005년 12월의 '좀더, 약간 신중한 긴축가능성이 높다.(some further measured policy firming is likely to be needed)'에서 '좀더 약간의 긴축가능성이 있다.(Some further policy firming may be needed)'로 톤이 다운되었다.

이날의 성명은 2004년 5월부터 계속되어 온 '신중한(measured)'이라는 키워드를 삭제하여, 후임 버냉키 의장에게 프리핸드(freehand)를 주는 배려를 보였다.

'마지막이 좋으면 모든 것이 좋음'

그린스펀의 오른팔로서 의장을 보좌해 온 콘 이사는《중앙은행의 대화, 그것은 왜 중요한가?》라는 조사보고서에서 '중앙은행은 물가안정과 잠재성장률 부근에서 경제활동의 안정화를 달성했는지 그 결과에 근거해 평가받을 필요가 있다'고 했다.

2006년 1월의 실업률은 4.7%로 거의 완전고용상태로 개선되었고, FOMC가 중시하는 개인소비지출의 핵심가격지수도 연간 1.9%로 안정되었다. 법률에 의해 의무화되어 있는 FOMC의 '최대고용'과 '물가안정'이라는 정책목표가 달성된 것이다.

인내심 강한 금융정책과 교묘한 시장과의 대화로, 그린스펀 의장은 FOMC의 정책목표를 달성하여 18년 남짓의 마지막을 장식할 수 있었다. 그러나 인내심 강한 금융완화의 지속으로 인해 부작용도 나타나 있다. 콘 이사는 2005년 6월 15일 뉴욕에서 열린 강연회에서 "금융정책은 경제안정과 물가안정을 목표로 해왔다. 저금리는 한편으로 자산가격 상승과 저축률 저하, 지출증가를 조장했다."라며 금융완화정책의 부작용을 인정했다.

또 "낮은 저축률과 자산가격의 급등, 과잉지출은 거시경제의 불균형을 초래하고 있다. 이와 같은 현상은 미 연방준비제도가 경기 전체의 안정을 확보하기 위해 실시한 정책의 부산물이다."라며 그린스펀 금융정책의 마이너스 측면을 처음으로 언급했다.

그린스펀의 유산

과거 5년간, 주택가격은 대도시권을 중심으로 2배 이상 급등했다. 그린스펀 의장은 이를 프로스라고 부르며 버블과 같은 비참한 결말에는 이르지 않을 것이라고 장담했다. 그렇지만 가계는 소득이 저조한 가운데에서도 자산가격 급등을 이용한 차입에 의해 소비를 늘려온 만큼 주택시장의 침체가 경기하락의 요인이 될 수 있다.

또 소득을 웃도는 지출로 가계채무는 비대화되었고, 이어 경상수지 적자도 사상 최대규모로 부풀어 올랐다. 버냉키 신 의장에게 있어서는 그린스펀의 빚을 떠안은 셈이다. 그린스펀은 신전의 문을 열어 금융정책에 새로운 바람을 끌어들인 전설의 의장으로 기억될 것이다. 버냉키로서는 모든 것이 이 빚을 어떻게 처리하느냐에 달렸다고 할 수 있다.

2005년 11월 3일, 그린스펀 의장은 상하원 합동경제위원회 청문회에서 "누구나가 품고 있는 커다란 의문은 미국이 어떻게 국내총생산 대비 6%에 달하는 경상적자를 안고서 기능할 수 있도록 하는가 하는 점이다. 이는 수많은 퍼즐 중 하나다."라고 단언했다.

또한 미국의 경상적자에 대해서 "나는 그 이유를 글로벌화를 반영한 하나의 시장현상이라고 보고 있다. 그러나 이러한 현상이 영원히 계속되는 것은 아니다."라고 경고했다.

콘 이사는 "금융정책은 그 결과에 근거해 평가되어야 할 것이다."
라고 지적했는데, 그린스펀 시대의 최종 결과는 아직 나오지 않았다.

(1) 그 후 발표된 최종확정치에서 2004년 3월의 비농업부문 고용자 수는 3만 6,000 명 증가, 2월이 5만 5,000명 증가, 1월이 12만 2,000명 증가였다.

(2) 미 상무부는 그 후 PCE 가격지수의 전면개정을 실시하였다. PCE 핵심지수의 최종확정치는 2003년 8월에 전년동월대비 1.2%상승, 9월에는 1.1%상승으로 바닥을 쳤다. 그리고 12월에는 1.3%상승으로 돌아섰고 2004년 1월에는 1.5%, 3월 1.8%, 4월 1.9%로 가파르게 상승하였다.

(3) 인플레이션율을 뺀 실질금리는 PCE 핵심가격지수를 기준으로, 페더럴 펀드 금리 유도목표를 1%로 인하한 2003년 6월의 시점에서 마이너스 0.3%, PCE 핵심가격지수가 1.9% 상승한 2004년 4월에는 마이너스 0.9%까지 확대되었다.

6장

FRB는 어떻게
독립성을 얻었는가?

− 백악관, 의회와의 관계

1. 중앙은행의 독립성이란?

왜 독립성이 요구되는가?

최근에 FRB와 미국 정부의 관계는 매우 양호하다. 예를 들면, 2004년 6월 FRB가 페더럴 펀드 유도금리를 연속적으로 인상하기 직전에 스노 재무장관은 "금리상승은 경제회복에 따른 자연스러운 현상이며 기업이나 투자자는 그 변화에 대처할 수 있을 것이다. 금리상승이 경기회복을 저해하는 것이 아니다."라고 발언했다. 대통령 선거를 앞둔 시기임에도 불구하고 FRB의 금융긴축 자세를 지지하는 입장을 취했다.

반면, 일본에서는 2005년 11월경부터 양적완화정책 해제에 의욕을 보이는 일본은행에 대해서 정부와 여당의 요인들로부터 강력한 견제와 비판이 잇따랐다. 심지어 일본은행이 정부에 협조하지 않는다면 일본은행법을 개정할 것이라고 시사하는 발언까지 보였다. 실로 좋은 대조이다.

중앙은행은 정부의 일부를 구성하는 기관이기 때문에, 정부로부터 문자 그대로 완전히 '독립'한다는 것은 있을 수 없다. 가령 중앙은행의 독립성을 '목표의 독립성'과 '수단의 독립성'으로 분류해서 생각해보자. 중앙은행은 보통 법률에 의해서 그 목표가 설정되고 있다.

따라서 중앙은행의 독립성은 '수단의 독립성'을 의미하는 것이 된다. 그러면 선거로 뽑히지 않은 중앙은행원들에게 금융정책의 판단과 운영을 맡기는 것이 왜 바람직한 것일까? 가장 큰 이유는, 무엇보다 수년마다 찾아오는 선거를 의식하지 않을 수 없는 정치가들에게 금융정책을 맡기면 단기적인 시야에서 금융완화나 금융긴축을 실시할 우려가 있기 때문이다. 제1장의 버냉키와 상원의원과의 질의응답에서도 보았듯이 지역구 유권자들의 고용환경은 국회의원에게 있어가장 중요한 문제 중 하나이다. 인플레이션율 억제보다는 고용확대로 이어지는 경기확대 방향으로의 금융정책을 바라는 바이어스가 나타나기 쉽다. 이와 같은 정치권의 요청과 압력에 따라 금융정책을 실시하게 되면, 국민이나 시장은 '당국은 인플레이션율을 안정시키려는 의도도 없고, 능력도 없다'고 간주하게 되어, 기대 인플레이션율은 상승해 버린다. 이런 이유로 인플레이션율을 안정시키기 위해서는 중앙은행의 독립성이 중요한 요소가 된다.

그런 까닭에 FRB 이사의 임기는 정치의 영향에 좌우되지 않도록 국회의원들의 임기보다도 훨씬 긴 14년으로 설정되어 있다(뒤에 언급하겠지만 그래도 영향을 받는 경우가 있다).

한편 FRB 의장은 선거라는 국민의 심판을 받지 않음에도 불구하고 미국경제에 절대적인 영향력을 갖고 있다. 이 때문에 FRB는 의회에 대해 설명책임(accountability)을 지게 된다. FRB 의장이나 이사가 의회에서 빈번하게 증언하는 것은 바로 이 때문이다.

14인의 대통령 중 12명이 FRB에 압력을…

역사를 되돌아보면, FRB도 전에는 백악관의 강력한 압력을 받아 왔다. A. F. 브리머 FRB 전 이사가 1989년에 쓴 논문[주1]에 따르면, FRB이 창설된 후 14명의 대통령(월슨에서부터 선대 부시)중에서 12명의 대통령은 FRB에 대해 어떠한 형태로든 압력을 가해 왔다고 한다. 이들 대통령은 금리인상에 반대하거나 FRB의 인사에 영향력을 행사했다. 그러면 최근과 같이 FRB가 높은 독립성을 유지하게 된 배경에는 대체 어떠한 경위가 있었던 것일까? 포인트를 요약하면 다음의 네 가지가 있다.

① FRB 정책판단에 대한 신의

첫째로 정책이 정권과 대립했을 때 FRB의 판단이 맞는 경우가 많았다는 점을 들 수 있다. 그러한 경험들이 축적되자 월 가나 국민들은 FRB의 독립성을 지지하게 되었다. 단, 여기에 이르는 과정에서는 정권에 대항한 FRB 의장이 정권에 의해 사실상 해임되는 등 결사적인 '혈투'가 벌어졌다.

② FRB 독립성을 옹호하는 언론

폴 볼커 의장의 시대가 지나자, 정권 실세들이 FRB를 비판하는 발언을 하면 언론으로부터 집중적으로 비난받는 일이 늘어났다. 이 때문에 여론에 대한 악영향을 의식한 정권 측은, 표면적으로는 FRB에 대한 비판을 피하게 되었다.

③ 의회와의 교묘한 교제방식

그린스펀 의장에게는 특별히 뛰어난 능력이 있었는데, 때로는 기회를 엿보며 공화·민주 양 진영에 접근해 양자를 교묘하게 회유해 왔다. 그린스펀도 초기에는 종종 의회와 마찰을 일으켰다. 1991년과 1996년의 의장 재임용 시에는, 인플레이션 억제정책을 취하고 있던 그린스펀을 기피해 상원의 승인이 수개월간 늦춰진 일도 있다. 당시 그린스펀은 '임시의장'이라는 굴욕을 겪기도 했다(후술). 그러나 그 후에는 다양한 해석을 할 수 있는 그 특유의 애매한 발언과 발 빠른 처신으로 여야 양측에 거점을 쌓고 의원들의 지지를 얻을 수 있게 되었다. 퇴임 시에는 그의 칭찬을 아끼지 않는 의원들이 늘어났다.

④ 루빈 전 재무장관의 큰 역할

마지막으로 로버트 E. 루빈 전 재무장관의 존재가 큰 영향을 주었음을 잊어서는 안 된다. 그는 '시장중심경제(market-based economics)'를 중시해, 정권의 실세였음에도 불구하고 FRB의 독립성을 옹호하는 것이 미국경제에 이익을 줄 것이라고 줄기차게 주장했다.

그러한 성공체험이 지금의 정권에까지 계승되어, FRB의 독립성을 존중하는 부시 대통령, 스노 재무장관 등의 현재의 태도로 이어지고 있다. 루빈이 없었다면 그린스펀은 마음껏 활약하지 못했을 것이다.

제2차 세계대전 이후부터 현대까지의 FRB와 백악관의 마찰의 역사를 되돌아보면, 위와 같은 포인트로 정리될 수 있을 것이다.

2. 맥케브에서 볼커까지의 FRB와 정부의 대립

진흙탕 싸움 끝에 어코드 체결

제2차 세계대전의 전비조달을 위해 미국의 국채 발행액은 방대하게 누적되어 있었다. 이 때문에 전쟁 중에서부터 전후에 걸쳐 FRB는 정부의 강한 요청에 따라 국채금리를 안정화시키기 위해서 국채가격유지정책을 계속하고 있었다(시장에서 국채를 매입해 장기국채 금리를 2.5%로 고정).당시에는 금융정책의 최종적인 판단은 재무장관의 승인을 바랄 수밖에 없었다.

그러나 한국전쟁에 따른 경기확대와 인플레이션율 상승에 대처하기 위해 FRB는 국채가격유지정책의 중지와 금리인상을 모색한다. T. B. 맥케브 의장은 정부와의 마찰을 바라지 않았지만, 스프라울 부의장과 에클즈 이사(전 의장)라는 FRB내에서 가장 큰 영향력을 가진 두 명의 논객에 밀려 금융정책의 독립성 확보를 향해 움직이기 시작했다.

이 때문에 국채금리의 하향안정화를 바라던 트루먼 대통령과 슈나이더 재무장관은 격노한 나머지 FRB 간부들에게 강한 압박을 가한다. 친 대통령파인 FRB 이사가 협력한 듯한 정보 누설, 대통령 측의 노골적인 허위발표(FRB가 협조자세를 나타냈다는 성명), 이에 사임을 각오한 에클즈 이사의 신문에의 폭로 등 가히 진흙탕 싸움이라 부를 정도의 정치적 투쟁이 계속되었다.

1950년 11월에 한반도의 긴장감이 고조되자 백악관은 제3차 세계대전을 각오하기 시작했다. 그렇게 되면 재무부는 전비조달을 위해서 새로이 국채발행을 늘릴 수밖에 없게 된다. 재무부는 FRB에 대해서 "지금은 국가 비상사태이다. FRB는 장기국채금리를 2.5%이하로 유지해야 한다."라고 주장했다.

그러나 백악관의 너무나도 과도한 요구는 여론과 언론의 반발을 사기 시작했다. 또한 금융정책문제를 심의하던 P. 더글러스 상원의원이 이끄는, 양원 경제합동협의회 소위원회(더글러스 위원회)가 제출한 최종보고서도 FRB의 주장을 옹호했다. '정부가 국채에 대해서는 인위적인 시장을 만들면서, 민간에 대해서 정부자신이 지키려 하지 않는 금융상의 도덕을 강요할 수는 없다. 격리되고 폐쇄된 국채시장은 정부의 신용을 유지시키기는커녕 오히려 파괴하게 된다.'주2

비판여론이 높아지자 결국 정부와 재무부 측이 양보할 수밖에 없었다. 슈나이더 재무장관이 입원했기 때문에 장관의 심복인 재무차관 윌리엄 M. 마틴이 FRB와의 최종조정에 들어갔다. 1951년 3월 4일에 FRB와 재무부는 어코드(금융정책과 국채관리정책의 분리한다는 협정)를 체결한다. 이로써 FRB는 독립성의 기초를 쟁취하는 데 성공한다.

맥케브 충격해임

어코드 성립 직후에 이를 납득할 수 없었던 트루먼 대통령과 슈나이더 재무장관은 맥케브 FRB 의장의 사임을 촉구한다. 사실상의 해임이었다. 어코드 발표 후 불과 5일 후인 3월 9일, 맥케브 의장은 사임을 표명했다. 그리고 신임 의장으로 약관 40세의 마틴 재무차관보를 임명하는 충격적인 인사가 발표되었다.

〈뉴욕 타임스〉는 마틴의 임명에 대해서 '이지머니(easy-money ; 저금리 자금)를 바라는 재무부의 바이어스를 FRB에 강요하려는 목적임을 한눈에 알 수 있다.(1951년 3월 16일자)' 라고 썼다. 또 이 소동에 대해 월 가는 'FRB는 정부와의 전투(battle)에 이겼지만 전쟁(War)에 졌다' 고 평했다.[주3]

마틴을 FRB 의장으로 임명하기 직전에 트루먼 대통령은 면접을 실시했다.[주4]

대통령은 마틴에게 "금리를 안정시키고 국채가격이 파(par)를 밑돌지 않도록 할 것을 약속할 수 있는가?"라고 물었다. 어코드로 인해 국채가격유지정책에서 이탈한 FRB를 다시 정부의 컨트롤 하에 넣는 것이 대통령의 목적이었다.

그러나 마틴은 "시장은 왕이나 수상, 대통령, 재무장관, FRB 의장을 섬기는 것이 아닙니다. 유감스럽지만 그 약속은 할 수 없습니다." 라고 대답했다. 마틴이 시장기능을 중시하는 자세를 보인 것은 뉴욕 증권거래소 대표를 지내는 등 월 가에서의 경험이 있었기 때문이라고 생각된다. 트루먼 대통령은 마틴의 두려움 없는 어투에 놀랐을 것이다. 그것은 마틴이 수출입은행 총재시절에 정치가와의 줄다리기에서 익힌 경험에서 비롯된 것이었다. 이 면접으로 결론을 얻지 못한 트루먼 대통령은 임명을 보류했다. 대통령은 다음날 다시 한 번 면접을 실시하였다. 대통령은 "나는 무슨 일이 일어나두 자네가 최선을 다했을 것이라는 확신이 필요하다."라고 말했다. 이에 마틴은 최선을 다하겠다고 대답했다.

슈나이더 재무장관의 추천도 있어, 여기서 그의 임명이 결정되었다. 나중에 마틴은 "대통령과 나 사이에 시장에 대한 이해가 일치했다고는 생각하지 않지만 그는 나를 임명했다."라고 술회했다.

1951년 4월 2일(어코드 체결 약 1개월 후)에 마틴은 제9대 의장으로 FRB에 들어간다. 그리고 트루먼 대통령은 곧 실망하게 된다. "마틴은 곧 대통령을 배반했다.(당시의 CEA 위원장 L. 카잘링)"[주5] 마틴 의장은 정부의 의도와는 반대로 아직 취약했던 FRB의 독립성을 강화하기 위해 분주했던 것이다.

수년 후, 마틴은 뉴욕의 거리에서 아이젠하워에게 패배하여 대통령자리에서 물러난 트루먼과 우연히 딱 마주친다. 그때 트루먼은 마틴을 바라보며 딱 한 마디 "배신자(traitor)"라고 내뱉었다고 한다.[주6]

정부와의 협조인가? 독립성인가? 흔들린 FOMC

1965년에 발발한 백악관과 FRB의 대립은 1951년의 어코드가 체결된 이래 최대의 마찰이었다.[주7]

케네디-존슨 정권은 경기부양책으로 1964년에 재무자극정책(감세)을 실시했다. 그러나 백악관은 마틴 의장이 인플레이션 억제를 위해서 금융긴축을 실시하는 것을 경계하고 있었다. CEA 위원장, 재무장관, 예산관리국장, FRB 의장으로 구성되는 '4인 회의(Quadriad)'를 설치하고, FRB 의장을 여기에 참가시킴으로써 정부에 대한 협조를 요구했다. 마틴 의장은 감세효과를 금융긴축으로 상쇄시키지 말라는, 사실상 정권의 명령을 하달 받았다.

그러나 마틴 의장은 인플레이션율 상승을 우려하여, 1965년 10월 6일의 '4인 회의'에서 존슨 대통령에게 금융긴축을 개진한다. 그러자 반대론이 잇따른다. 대통령은 "나는 내일 담낭 수술로 입원하네.

입원 중에는 금리인상을 하지 말고 기다려 주게."라고 말했다. 마틴은 "우리는 대통령이 퇴원할 때까지 기다리겠습니다."라고 대답할 수밖에 없었다.

11월 1일에 재무부의 폴 볼커 금융담당 차관(나중에 FRB 의장), 오서 오큰 CEA 위원 등이 발표한 리포트는 마틴의 입장을 더욱 난처하게 만들었다. 이 리포트는 '물가는 서서히 상승하지만, 가속화되지는 않을 것이다'라고 결론짓고 있었다. 협조자세가 부족한 마틴에게 신경이 곤두서 있던 정권의 실력자들 사이에서는 마틴을 경질하고 FRB 의장을 볼커로 바꿔야 한다고 대통령에게 진언하는 목소리도 들렸다.

존슨 대통령의 요청으로 금리인상을 미룬 마틴이었지만, 드디어 1965년 12월 3일의 FOMC에서 금리인상을 결의한다. 이를 마땅치 않게 여긴 정부의 고관들은 FOMC 개최 전에 마틴 의장과 다른 FOMC 멤버들에 대한 압력을 높였다.

12월 3일에 개최된 FOMC에서는 금융정책의 독립성과 정부에 대한 협조 밸런스에 사이에서 어떻게 할 것인가에 대한 격렬한 논의가 벌어졌다. 몇몇 이사는, 정권은 국민경제에 대한 정책운영의 일차적인 책임을 지고 있기 때문에 FRB는 금리인상을 보류하든가, 아니면 정권과 좀더 논의를 해야 할 것이 아니냐고 주장했다. 금리인상을 주장하는 마틴 의장 등과의 사이에서 논의는 분열되었다. 결국 투표로 이어졌고, 결과는 4대 3으로 겨우 금리인상이 결정됐다.

존슨대통령에게 매도된 마틴

당시 텍사스 목장에 있었던 존슨 대통령은 금리인상이 결정되었다는 FOMC의 결과를 보고 받자 엄청난 기세로 격노했다.^{주8} 그는 워싱턴에 있는 의원들에게 잇달아 전화를 걸어 불만을 쏟아냈다. 분노로 전화선이 타버릴 듯한 기세였다고 한다.

12월 4일에 마틴 의장과 '4인 회의' 멤버들은 존슨 대통령이 있는 텍사스 목장에 소집되었다. 마틴 역시 긴장하고 있었다. 목장에 도착한 마틴에게 버드 영부인은 다음과 같이 격려했다고 한다. "당신의 양심이 시험대에 올라 있습니다. 자신이 바른 길을 가고 있다는 자신감을 가지세요." 대통령은 마틴을 보자마자 다른 말은 일체 하지 않고, 맹렬한 기세로 매도하기 시작했다. "자네는 나에게 칼을 들이댔네. 자네는 나를 속였어! 자네는 자신이 비열한 짓을 했다는 것을 알아야해!!"

마틴은 미합중국 대통령을 모욕하지 않도록 유의하면서 의연하게 반론했다. "당신은 대통령이며 나는 포도원의 단순한 일개 노동자입니다. 이번 이사회는 나를 지지했지만 4대 3밖에 되지 않았습니다. 나는 결코 내가 바르고 당신이 잘못되었다고 말씀드리지 않겠습니다. 그러나 나는 연방준비법이 금리에 대한 책임을 FRB에 부여하고 있다는 것에 대해 강한 신념을 갖고 있습니다."

존슨은 대통령 재임 중에 이 정도로 단호한 말을 남에게 들어본 적이 없었다고 한다. 여론이 FRB의 판단을 지지한다는 점도 있어 존슨은 그 후 마틴에게 보복하지 않았다. 결국 존슨 정권은 FRB의 독립성을 받아들였다.

마틴을 굴욕적 퇴임으로 몰아넣은 닉슨 대통령

하지만, 그런 마틴 의장도 닉슨 대통령의 원망에는 이기지 못하고 굴욕적인 형태로 퇴임하게 되었다.[주9]

1970년의 중간선거를 의식하고 있던 닉슨 대통령은 1969년 10월에 마틴 의장을 백악관으로 불러들여 금융긴축을 멈추도록 압박을 가했다. 그러나 그는 "대통령 각하, 나는 몇 번이나 통계에 속아왔습니다. 인플레이션 모멘텀(기세)은 여름 중반에 진정되었지만 인플레이션 심리는 다시 높아지고 있습니다. 당신은 선거 때 인플레이션율 급등에 직면하고 싶습니까? 아니면 오버 킬(너무 긴축함)에 직면하고 싶으십니까? 저는 인플레이션으로 이어지는 언더 킬의 리스크가 더 크다고 생각하고 있습니다."라고 정면으로 반론했다.

닉슨은 1960년의 대통령 선거에서 케네디에 패한 후, 그 원인은 마틴 의장이 케네디 진영에 협력했기 때문이라며 오랫동안 그를 원망해 왔다. 당연히 백악관은 임기가 도래한 마틴의 재임을 인정하지 않았고, 당시 금리인하를 주장한 아서 번스를 차기 FRB 의장으로 지명했다.

그런데 정부는 이례적으로 빨리 차기 의장의 임명을 공표했다. 이는 정권이 마틴의 레임덕을 노린 것으로, 마틴으로서는 굴욕적인 것이었다. 1970년 1월 31일, 마틴은 인플레이션율 상승을 허용해 버린 것을 한탄하면서 실의에 가득 차 퇴임했다.

그러나 그의 재직기간은 FRB 역사상 가장 긴 19년에 달했다. FRB는 그에게 경의를 표하고 워싱턴 청사 빌딩 하나에 '마틴 빌딩'이라는 이름을 붙였다(에클즈 빌딩 맞은 편).

그 후 1978년, 지미 카터 대통령은 재임을 바라던 번스 의장을 지명하지 않고 대신 정권에 매우 고분고분할 것 같은 윌리엄 밀러(텍스트론사 CEO)를 FRB 의장으로 지명했다. 그러나 불행하게도 밀러는 FRB 의장에게 필요한 경제·금융에 관한 지식과 경험을 갖고 있지 않았다. 그는 FRB내에서 주도권을 잡지 못했고 정책은 혼선을 빚게 되었다.

마틴이 떠난 후 2명의 후임 FRB 의장 시대에 미국의 인플레이션율은 급격히 상승했다. 1970년대는 '그레이트 인플레이션' 시대라고 불리고 있다.

FRB 비판이 긁어 부스럼이 된 카터 대통령

1979년 카터 정권에 의해 임명된 폴 볼커는 극적인 금융긴축(머니서플라이 M1을 타깃으로 하는 양적긴축)을 실시해, 인플레이션 파이터로서의 FRB의 명성을 되돌려 놓았다. 그러나 인플레이션은 진정되었지만 이에 따른 불경기도 심각해졌다. 1980년 10월에 카터 대통령이 한 말은 볼커 의장과 카터 정권의 '밀월의 종식'을 시사하는 것이었다.

대통령 선거를 앞둔 10월 2일, 카터 대통령은 필라델피아 유세 중에 질문에 답하면서 "볼커의 머니터리스트(Monetarist ; 통화주의자)적 접근은 현명하지 않다(ill-advised)."라고 말했다. 또 밀러 재무장관(볼커의 전임 FRB 의장)도 "지금의 FRB 방식은 금리변동성을 높이는 경향이 있다. 인플레이션율 제어가 최우선 과제라는 것은 알지만, 좀 더 예측하기 쉬운 정책구조가 필요하다."라고 볼커의 양적긴축을 비판했다.[주10] 슈르츠 CEA 위원장과 파월 보좌관도 FRB로 말미암아 은행 대출금리(프라임 레이트)가 14%로 상승한 것을 문제시하는 발언을 했다.

대통령선거에서 대립하고 있던 레이건 진영은 이들의 발언에 대하여, 신성한 FRB의 독립성을 짓밟는 것이라며 격렬히 비난했다(나중에 레이건 측근들도 보이지 않게 FRB에 강한 간섭을 하지만).[주11] 1980년 10월 4일, 〈뉴욕 타임스〉는 카터 진영의 발언을 비난하는 전문가들의 목소리를 잇달아 게재하였다.

• 마틴 전 FRB 의장 : 한탄스럽고 심각하고 불행한 문제다. 빨치산 정치(파벌정치. 당리당략을 중시하는 정치)는 달러 주변에 있어

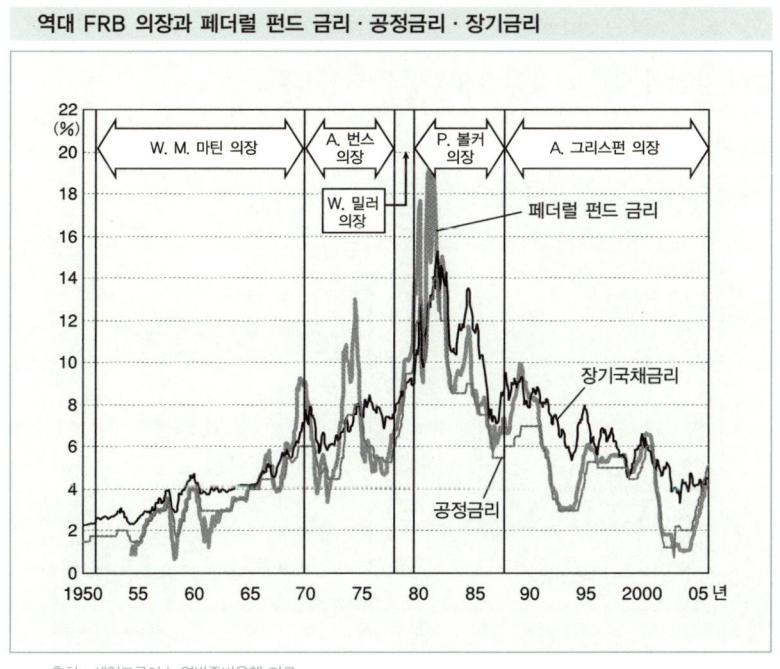

역대 FRB 의장과 페더럴 펀드 금리·공정금리·장기금리

• 출처 : 세인트루이스 연방준비은행 자료
• 참고 : 장기국채금리는 1953년 3월까지 10년 만기 이상의 평균금리, 그 이후는 10년 만기 국채 금리

서는 안 된다.

• 번스 전 FRB 의장 : 대통령의 FRB 비판은 유감스럽다. 금리상
승의 기본적 원인은 인플레이션 우려의 증대에 있다. 만약 FRB가 대
통령의 어드바이스에 따라 움직였다면 인플레이션 우려는 더욱 높아
져 달러의 국제적 신인도는 저하되고, 금리는 틀림없이 급상승했을
것이다.

이러한 언론의 비판은 대통령 선거에 있어 불리했기 때문에 이후
카터 대통령은 FRB에 대한 비판을 피하게 되었다. 그러나 카터는
1980년의 선거에서 로널드 레이건에게 패한다. 카터 정권의 스태프
였던 S. E. 아이젠스타트는 "볼커가 인플레이션의 숨통을 끊었지만,
카터 정권의 숨통도 같이 끊었다."고 평가했다.[주12]

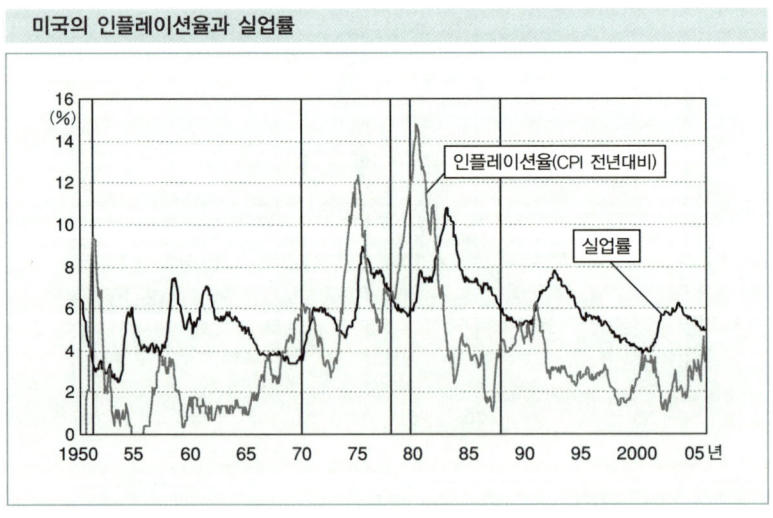

미국의 인플레이션율과 실업률

• 출처 : 세인트루이스 연방준비은행 자료

볼커 의장, 레이건파 이사들의 포위망으로 고립

레이건 정권은 강력한 인플레이션 파이터인 볼커 의장을 컨트롤하기 위해서 FRB 이사에 공석이 생길 때 마다 잇달아 인플레이션 온건파 이사를 임명했다.[주13]

1982년 3월에 프레스턴 마틴 부의장(레이건의 오랜 지인), 1984년 7월에 마사 시가 이사, 1986년 2월에 웨인 엔젤 이사, 매뉴엘 존슨 이사가 취임했다. 이 시기에 레이건파 이사들은 이사회의 과반수인 4명에 달했다.

볼커 다음의 의장자리를 노리고 있던 마틴 부의장은, 1986년 2월 24일 오전에 열린 FRB 이사회에서 볼커에 대해 쿠데타를 일으킨다. 공정금리를 7.5%에서 7%로 인하해야 한다고 주장하며 표결로 몰아갔다. 공정금리 인하에 찬성의 뜻을 표한 멤버가 과반수에 달해 볼커가 패배했다.

마틴은 볼커에게 공정금리인하로 돌아설 것을 권유했지만, 격노한 볼커는 백악관에 사임을 시사한다. 그러자 이번에는 정권 측이 동요하기 시작했다. 당시 달러화는 불안정한 상태였는데, 시장의 신인도가 높은 볼커 의장이 위와 같은 경위로 사임한 사실이 알려지게 되면 국제금융위기가 발발할 수 있을 정도로 리스크가 높았던 것이다. 오후에 다시 투표가 실시되었고 한 명의 온건파 이사가 금리인하 반대로 돌아섰다. 그 결과 오전 중의 투표결과를 뒤집게 되어 쿠데타는 실패했다. 마틴 부의장은 그 다음 달에 사임하게 되지만, 여전히 온건파 이사들이 마음만 먹으면 투표로 볼커 의장을 굴복시킬 수 있는 상태가 계속되었다. 게다가 그때까지 볼커를 지지해 왔던 헨리 워릭

이사(1974년 취임)와 에메트 라이스 이사(1979년 취임)가 1986년 12월에 퇴임했다. 볼커는 이사회에서 완전히 고립상태가 되었다.

볼커의 두 번째 임기는 1987년 8월까지였지만, 백악관이 재임용 의사를 보이지 않은 점도 있어 1987년 6월에 퇴임하겠다는 의향을 전했다.

3. 그린스펀 의장의 노회(老獪)한 정치와의 교제법

그린스펀은 20대 후반의 젊은 나이로 컨설팅 회사의 공동사장이 되어 경영자로서의 지도력을 닦았고, 40대 후반부터 50대에 걸쳐서는 포드 정권에서 대통령경제자문위원회(CEA) 위원장으로 있으면서 정계의 교두보도 쌓아놓고 있었다. 서로 잘 통하는 사이였던 제임스 베이커 재무장관의 설득으로 레이건 대통령에게 FRB 의장으로 지명되어 1987년 8월에 취임했다. 그러나 조심스러운 성격이었던 까닭에 FRB의장에 취임할 당시에는 "그린스펀이 누구야?"라는 소리를 들을 정도로 존재감이 엷었다. 그린스펀 의장은 정치력은 물론이고 행운도 따랐다. 레이건 정권하에서는 경기가 아직 확대국면에 있었고, 취임 직후 블랙 먼데이의 주가폭락이라는 시련에 잘 대처함으로써 그 이름을 알리며 순조로운 출발을 보였다.

'신중한 페이스의 금리인하'에 격노한 재무장관
정치와의 관계에 있어서 운 좋은 스타트를 끊은 그린스펀 의장이었지만 1989년 1월의 선대 부시 정권의 탄생 무렵부터 정치와의 마찰이 시작된다.

그린스펀 의장은 경기과열로 인한 인플레이션을 우려하여, 그 전년도부터 금리인상을 개시한다. 선대 부시정권의 출범 시점에는 페더럴 펀드 금리의 유도목표가 9%에 이르고 있었다. 그리고 이 금융긴축으로 인해 1990년 7월에는 경기후퇴기에 돌입한다. 이때의 경기후퇴는 저축대부조합(S&L)에 의한 과잉융자가 주원인인 부동산버블의 파열이 도화선이 되었다.

그린스펀 의장이 금리인하를 단행한 것은 경기후퇴기에 들어가기 1년 전인 1989년 6월이었다. 그러나 그 후의 추가 금리인하가 소폭적인 조정에 그치자 부시정권의 고관들은 초조해했다. 이때의 금리인하 국면은 1989년 6월부터 1992년 9월까지 무려 3년 3개월에 걸친 것이었다. 금리인하 회수는 23회. 폭은 6.75포인트였다. 종착지인 3%는 당시의 인플레이션을 감안하면 실질적으로는 제로금리로 대폭적인 완화조치였다.

그러나 한 회당 금리인하폭을 보면 0.25포인트 이하의 소폭적인 인하가 19회나 되고, 0.5포인트의 대폭적인 조정은 불과 4회에 지나지 않았다. 현재의 부시 대통령이 취임한 2001년에는 1월부터 12월까지 1년간, 긴급 금리인하를 포함해 합계 11회의 금리인하를 실행한다. 게다가 0.5포인트의 대폭적인 금리인하를 8차례나 집중적으로 실시했다. 그 대조는 선명하다.

선대 부시 대통령 시대의 재무장관이었던 니콜라스 브레이디는, 당시 그린스펀 의장의 매우 느린 금리인하에 대해 극도의 초조함을 보였다. 선대 부시 대통령은 1991년의 걸프전에서 승리해 지지율이 급상승해 있었지만, 대통령선거를 코앞에 둔 1992년에 들어서도 실물경제는 침체된 그대로였다.

그린스펀 의장은 1991년 12월 20일에 0.25포인트의 소폭적인 금리인하를 단행했지만, 차기 금리인하는 서두르지 않았다. 드디어 분노가 폭발한 브레이디 재무장관은, 재무장관과 FRB 의장이 매주 조찬이나 오찬을 하면서 의견을 교환하는 정례회동을 3월에는 취소시켜 버렸다.

브레이디 장관은, 그린스펀 의장이 저명인의 파티나 회의에 빼먹지 않고 참가하는 사교적인 사람인만큼 정례회동을 취소하면 그린스펀도 양보하여 금리인하로 타협할 것이라고 생각했다.

칼럼10》》 A, B, C급으로 나뉘어진 워싱턴의 파티

정치의 도시 워싱턴에서는 매일저녁 호화로운 파티가 열려 정치가들이나 저명인들이 모인다. 그린스펀 의장도 이러한 자리에 자주 다니며 정치가들로부터 정보를 수집하고 정치 형세를 판단했다. 그의 탐지능력은 1급 정치가 이상이라고도 한다. 이렇게 갈고 닦은 정치 감각으로 그린스펀은 FRB의 독립성 강화는 물론이고 스스로의 장기집권을 유지했다.

워싱턴에서 개최되는 이러한 파티는 그 정치적 지위에 따라서 A, B, C급으로 나뉜다. A급은 각료급 이상으로 FRB 간부 중에서는 유일하게 의장만이 참석할 수 있다. FRB의 직위로 말하자면 B급이 부의장, C급이 이사에 해당한다.

각료급인 엘리스 리블린 행정관리예산국(OMB) 국장(당시)은, 1996년 6월에 앨런 블라인더 FRB 부의장의 후임인사로 FRB 부의장으로 이동했다(A급→B급). 이러한 불규칙 인사가 된 것은 클린턴 대통령이 블라인더 부의장의 후임으로 생각하고 있던 월 가의 은행가 페릭스 로하틴의 의회승인을 얻기가 어려워지자 궁여지책으로 리블린 국장을 지명했기 때문이다.

리블린 국장의 인사소식을 들은 앨런 블라인더는 "A급에서 B급으로의 격하를 자발적으로 받아들였다."라고 말하며 놀라움을 감추지 않았다고 한다.[주14]

그린스펀 의장은, 이러한 브레이디 장관에 의한 워싱턴 정가의 '따돌림' 같은 제재에도 굴하지 않고 소폭적인 금리인하만을 계속했다. 의장은 A급 파티에서 갈고 닦은 레이더로, FRB 의장의 인사권은 브레이디 장관에게 없다고 읽은 것이다. 되돌아보면 선대 부시 정권 시절의 금리인하 페이스는 2004년부터 2006년에 걸친 금리인상 국면의 '신중한 페이스'를 방불케 하는 아주 느린 속도였다.

선대 부시정권에서 그린스펀 의장은 인플레이션 억제를 위한 금리인상은 급속히 추진하고, 경기후퇴에서 탈출하기 위한 금리인하는 '신중한 페이스'로 천천히 실시한 것이다. 이는 당시 그린스펀 의장의 머릿속이 인플레이션 억제로 아주 복잡했기 때문이었다. 아들 부시 시대에는 디플레이션 극복을 우선과제로 삼아 버블 붕괴 후의 금리인하를 신속히 결행하고, 전환 작전인 금리인상은 천천히 이행했다. 이렇게 완전히 서로 상반된 대응은 부시 부자의 재선 명암을 갈랐다.

미뤄진 그린스펀의 재임

선대 부시 대통령은 우보(牛步) 금리인하에 초조해했다. 부시 대통령은 그린스펀 의장의 재임을 마지막까지 보류하며 그를 대신할 인재를 물색했다. 그러나 적임자가 보이지 않았다. 월 가에서 높은 신임을 얻고 있는 그린스펀 의장을 해임하는 리스크가 크자 결국 그린스펀 의장을 재임명한다. 그러나 이것이 발표된 것은 1991년 7월 10일. 임기가 끝나기 불과 1개월 전이라는 아슬아슬한 타이밍이었다.

또한 민주당 지배하의 상원은행위원회도 인플레이션 강경파적인 당시 FRB의 태도를 싫어하고 있었다. 임기가 종료되는 8월 11일이 지나도록 의회의 승인은 이루어지지 않았다. 상원은행위원회 위원장은 태도를 바꾸지 않는 그린스펀에 안절부절, 재임 승인을 보류했다. 상원이 휴회기간에 들어가 버렸기 때문에 대통령은 그린스펀을 '휴회 임명(Recess Appointee)' 하고, 그대로 그린스펀은 의장직을 계속했다. 결국 상원은행위원회가 의장의 취임을 승인한 것은 1992년 3월이었다. 약 7개월간 그린스펀은 '임시의장' 이었던 셈이다(상원은 그린스펀의 2기째 임기가 도래한 1996년 3월에도 그의 인플레이션 억제 자세를 문제시하며 승인 인사를 늦췄다. 이때는 1996년 3월~6월까지 '임시의장' 이었다).

그 후 선대 부시대통령은 1992년 11월의 대통령 선거에서 경제 실정에 대한 클린턴 후보의 날카로운 공격을 받고 패배한다. 그는 이 패배의 원인을, 그린스펀 의장이 금리인하를 늦추었기 때문이라며 앙심을 품고 있다. 1998년 8월, 부시 전 대통령은 TV인터뷰에서 재선실패에 대해서 질문을 받자 그린스펀 의장을 공격대상으로 삼았다. "만약 금리가 좀 더 적극적으로 인하되었더라면 나는 재선에 성공했을 것이다. 왜냐하면 경기회복이 더 선명해 졌을 것이기 때문이다."라고 5년 전을 되돌아보며 노여움을 드러냈다. 또한 "나는 그를 재신임했지만, 그는 나를 실망시켰다.(I reappointed him, but he disappointed me)"라고 말한 부분에서는 그에 대한 원망을 담고 있었다.

반면, 아들 부시 대통령은 그린스펀 의장의 임기가 끝나기 1년 4개월 전인 2003년 4월에 서둘러 재임 방침을 밝혔다. 그린스펀 의장도 일부러 성명을 발표해 감사의 뜻을 표할 정도로 둘은 '밀착'된 모습을 보였다.

FRB 독립의 주역 로버트 루빈

아버지의 한을 잊은 듯한 아들 부시의 그린스펀에 대한 전폭적인 신뢰는, 8년간에 걸친 클린턴 정권 하에서 그의 권위가 높아져 FRB의 독립성을 존중하는 풍조가 강해진 탓이 크다. 이제 FRB의 독립성은 완전히 인정받게 되었다. 이러한 일이 가능해진 것은 클린턴 정권의 중진이었던 로버트 E. 루빈이 있었기 때문이다.

루빈은 국가경제평의회(NEC) 담당보좌관으로 입각해 1995년에 재무장관이 되었다. 그린스펀 의장은 클린턴 정권의 재정적자감소정책을 지원하기 위해서, 이 정권이 시작된 1993년에 페더럴 펀드 금리 유도목표를 3%로 유지하며 인플레이션을 제외한 실질 제로금리정책을 계속했다.

이러한 초저금리 정책의 효과가 나타나게 된 1994년은 급속한 경기확대를 배경으로 인플레이션 우려가 대두되자, 그린스펀 의장은 같은 해 2월부터 금리인상국면에 들어간다.

금리인상은 그 후 1년간 7회에 걸쳐 실시되어, 1995년 2월의 페더럴 펀드 금리 유도목표는 6.0%로 스타트 시점인 3%의 두 배가 되었다. 클린턴 대통령의 초조함은 커져갔고 추가금리인상이 실시될 때마다 측근들은 분노하고 있었다. 당시 NEC의 루빈 위원장과 로이드 벤첸 재무장관은 대통령을 진정시키는 역할을 맡으며, 분노를 백악관 집무실 내부에 그치도록 조언했다('Maestro' Bob Woodward). 루빈과 벤첸이 없었다면 클린턴 대통령도 선대 부시 대통령과 마찬가지로 그린스펀 의장의 금리인상을 비난했을 것이다. 그렇게 되면 금융시장은 중앙은행에 대한 정치개입으로 보고 충분한 인플레이션 억제정책이 취해지지 못할 것이라는 추측이 난무하며 금리상승압력이 증가했을 것이다. 당연히 경기 연착륙을 저해하는 요인이 된다.

전설적인 FRB 의장인 매리너 에클즈 그리고 윌리엄 마틴 조차 마지막에는 정치적 압력으로 사실상 해임되었다. 아무리 유능한 FRB 의장이라 하더라도 정권의 이해를 얻지 못하면 이상적인 금융정책을 펼치기가 어려워진다는 증거이다.

진정한 중앙은행의 독립성은 경제에 있어 최적의 체제

로버트 E. 루빈이 클린턴 정권에 들어갔을 때, 미국경제는 재정적자와 높은 수준의 장기금리에 시달리고 있었다. 그러한 환경 속에서 그는, 클린턴 대통령이나 당시의 정권실세들에게 공공자리에서는 금융정책을 비판하지 않는 편이 좋다고 주장했다. 왜냐하면 ①FRB의 독립성을 정부가 명확히 지지하면 대통령과 경제정책에 대한 신뢰, 건전한 금융시장에 대한 신인도가 증가하고 ②FRB에 정치적 압력을 가한다는 인상은 국채시장에 악영향을 주기 때문이라는 것이었다.주15

그는 2005년 8월 26일, 캔자스시티 연방준비은행이 개최한 심포지엄 '그린스펀의 시대 : 장래에 대한 교훈'에서도 다음과 같이 말했다.

▷ 정권이 금융정책에 대해 언급하는 것을 일체 거부하여 FRB의 독립성에 무한한 지지를 해 주는 것은 다음의 세 가지 목적에 공헌한다고 우리는 생각했다.

▷ ①금융정책을 가능한 한 정치의 영향권에서 해방시킨다. ②정권이 FRB의 독립성을 지지한다고 약속하는 것은 금융정책의 신인도를 높인다. ③정권의 경제정책에 대한 존경을 높일 수 있다.

▷ 우리의 정책은 약 8년간 잘 기능해왔다. 진정한 중앙은행의 독립성은 분명히 우리 경제에 있어 최적의 체제라고 나는 생각한다.

▷ 우리와 FRB의 관계는 미래에 대한 좋은 모델이 되었다고 믿고 있다.

금융시장이 글로벌하게 통합되고 있는 현대에는 정부와 중앙은행이 금융시장을 컨트롤하는 것은 불가능하다. 오히려 정부와 중앙은행이 투자자들로부터 신인도를 얻는 편이 해외에서 미국의 주식시장이나 채권시장에 자금이 유입되어 경제가 활성화된다. 이와 같은 '시장중심경제(market-based economics)'의 중시가 미국경제의 회복에 기여했다는 성공체험이 백악관에서 공감되고 있기 때문에 현재의 부시 정권도 같은 방침을 고수하고 있다.

빠른 변신, 애매한 말로 양 진영에 토대를 쌓다

루빈의 강력한 지원과 그린스펀 의장의 정치력이 맞물려 재정·금융정책은 매우 원활하게 추진되어 미국 역사상 가장 긴 경기확대국면이 실현되었다. 이렇게 해서 FRB의 독립성은 흔들림 없는 것으로 성장해 간다.

그린스펀 의장이 클린턴 민주당 정권, 아들 부시 공화당 정권 등의 대립정당 정권과의 사이에서 원활한 관계를 쌓을 수 있었던 것은 '시대의 정권과 협조한다'는 FRB의 전통과, 그린스펀 의장의 민·공화 양당과 거리를 두는 법이 교묘했던 점도 한 몫 했다.

연방준비제도(FRS)의 가이드북 《그 목적과 기능(Purposes & Functions)》은 FRB의 독립성에 대해서, '연방준비제도는 시대의 정부가 책정하는 경제·금융정책의 틀 안에서 행동할 필요가 있다. 연방준비제도의 독립성이란, 정부 내에서 독립했다고 하는 것이 더 정확한 정의이다'라고 명시되어 있다.

즉 정부 경제정책의 프레임워크를 염두에 두면서 금융정책을 책정한다는 것이다. 이러한 방침에 따라서, 그린스펀 의장은 1993년 2월의 의회증언에서 클린턴 정권이 내놓은 부유층의 증세에 의한 재정적자 삭감정책을 '진지하며 신뢰할 수 있는 정책'이라며 강한 지지를 표명한다. 그 결과 재정이 흑자로 전환되자, 이번에는 클린턴 정권이 주도한 재정흑자를 채무변제에 충당하는 정책에 보증을 해 주었다.

재정흑자가 확대되는 가운데 감세를 내건 아들 부시가 민주당의 고어 후보를 이기고 2001년 1월에 공화당 정권을 출범시킨다. 그린스펀 의장은 재정흑자의 이용법으로 "감세는 향후 수년간 필요할 것이라고 본다. 새로운 과정은 가능한 한 빨리 시작하는 편이 장기적인 재정수지균형으로의 이행이 원활하게 진행될 것이다."라며 조속한 감세에 대하여 지지를 표명했다. 공화당 정권의 탄생과 함께 그때까지의 재정흑자에 의한 채무변제라는 클린턴 정권의 정책을 포기하고 깨끗이 방향전환을 해 버렸다. 'FRB는 정권의 경제정책 틀 안에서 기능한다'라는 기본방침이 있다고는 하나, 그 재빠른 변신에는 실로 놀랄 뿐이다.

그린스펀 의장은 이처럼 시대의 정권에 협조하는 한편, 야당과의 신뢰관계를 유지하는 데에도 부단히 노력했다. 로렌스 마이어 전 FRB 이사는 그린스펀 의장에 대해 "두 개 진영에 거점을 쌓는 노력을 했다."라고 술회했다. 2001년 1월의 의회증언에서도 그린스펀 의장은 시대의 정권에 보조를 맞추는 한편, 재정이 적자로 전환될 경우에는 감세를 축소하거나 또는 정지하는 '모종의 브레이크'의 필요성도 지적하며, 만약의 사태에 대비해 빠져나갈 길을 확보해두었다.

"같은 상황에 부딪치면 똑같이 행동할 것이다."

그린스펀 의장의 어느 쪽이라고도 할 수 없는 애매한 표현이 양 진영에 거점을 쌓는 강력한 무기가 되었음은 두말할 필요도 없다. 부시 대통령은 그린스펀 의장의 감세 지지발언에 대해서 "그린스펀 의장의 발언이 특정 감세안을 지지한 것이라고는 생각하지 않지만 의장의 발언을 환영한다."라고 말했다.

부시 대통령도 그린스펀 의장의 입장을 고려해서, 부시정권의 감세에 대한 전면적인 지지라는 뉘앙스를 보이지 않고 아무 일도 아닌 듯 자신의 입맛대로 해석했다.

2001년의 감세로 인해 재정적자는 팽창되었다. 민주당 의원들 사이에서는 감세정책을 지지한 그린스펀의 자세에 대한 비판이 지금까지 불거지고 있다(제1장 참조). 이 점에 대해서 2005년 3월 15일의 의회 청문회에서 힐러리 클린턴 상원의원이 그린스펀 의장에게 힐문했다. 이에 대해 그린스펀 의장은 "당시의 나의 주장은, 과잉 재정적자도 과잉 재정흑자도 민간시스템에 왜곡을 초래하므로 이를 해소하는 데 노력해야 한다는 것이었다."고 변명하고, 재정전망에 대해서는 "우리는 결국 실수했다."며 자신이 아닌, 전체의 책임으로 슬쩍 돌려버렸다.

그리고 의장은 "나는 같은 상황에 놓이면 똑같이 행동할 것이다."라고 말해, 결국 잘못을 인정하지 않았다.

"같은 상황에 놓이면 똑같이 행동할 것이다."라는 발언은 그린스펀의장이 판단을 잘못 했을 때 쓰는 상투어이다. 금융정책의 신인도를 지키기 위해서 의장은 정책이 잘못되었다고 인정한 적이 한 번도 없다.

'지정학적 리스크' 배후에 체니 부통령

그린스펀 의장은 시대의 정권에 대해 정치면에서의 협력도 아끼지 않았다. 그러나 적을 만들지 않는다는 것을 모토로 삼는 의장인 만큼, 그 지원은 티를 내지 않았고 거의 느껴지지 않는 것이었다. 특히 부시대통령은 대 테러 전쟁을 지휘하고 있는 만큼 그린스펀 의장이 정치면에서 협력할 기회도 늘었다.

대 테러 전쟁의 입안자가 그린스펀 의장의 친구인 딕 체니 부통령이라는 관계도 정치에 깊이 관여하게 된 계기가 되었을 것이다. 그린스펀 의장은 이라크 전쟁 개전을 앞두고 '지정학적 리스크'를 금융정책의 중요한 요소 중 하나로 보았다.

2002년 9월 24일의 FOMC 성명은 '지정학적 리스크 등에 의해 불확실한 상태가 계속되고 있다'며, 이라크 공격의 리스크를 의미하는 표현을 사용해 처음으로 경계감을 드러냈다.

칼럼11》》 **FOMC 성명에 게재된 '지정학적 리스크'**

2002년 9월 24일의 FOMC 성명에 처음으로 이라크 전쟁을 의미하는 '지정학적 리스크'가 게재되었다.

2002년 9월 24일 FOMC 성명〈전문〉

FOMC는 페더럴 펀드 금리 유도목표를 1.75%로 유지하기로 결정했다.

지난 번 회의 후에 입수한 정보는, 총 수요가 완만한 페이스로 확대되고 있다는 것을 시사하고 있다. 현행의 완화적 금융정책은 여전히 강력한 기조적인 생산성향상과 맞물려 향후의 경제 환경을 개선해 가는데 있어서 충분할 것이다. 그렇지만 높은 지정학적 리스크가 부분적으로 영향을 주어, 기대되는 생산 및 고용확대 정도와 그 시기를 둘러싸고 현저한 불확실성이 커지고 있다.

따라서 위원회가 현재 입수 가능한 정보를 분석하면, 예측 가능한 장래에 물가안정 및 지속적인 경제성장이라는 장기적인 목표에 대하여, 리스크는 주로 경기부진을 초래할 수 있다고 판단하고 있다.

이날 FOMC 금융정책결정에 찬성표를 던진 것은 앨런 그린스펀 의장, 윌리엄 맥도너 부의장(뉴욕 연방준비은행총재), 벤 버냉키 FRB 이사, 수전 바이스 FRB 이사, 로저 퍼거슨 FRB 부의장, 제리 조던 총재, 도널드 콘 FRB 이사, 마크 올슨 FRB 이사, 앤서니 산토메로 총재, 게리 스턴 총재.

반대표를 던진 것은 에드워드 그렘리치 FRB 이사. 로버트 맥티어 총재. 반대표를 던진 그렘리치 이사와 맥티어 총재는 페더럴 펀드 금리 인하가 바람직하다고 주장했다.

2002년 9월 24일 FOMC 성명〈원문〉

The Federal Open Market Committee decided today to keep its target for the federal funds rate unchanged at 1 3/4percent.

The information that has become available since the last meeting of the Committee suggests that aggregate demand is growing at a moderate pace.

Over time, the current accommodative stance of monetary policy, coupled with still?robust underlying growth in productivity, should be sufficient to foster an improving business climate.

However, considerable uncertainty persists and employment owing in part to the emergence of heightened geopolitical risks.

Consequently, the Committee believes that, for the foreseeable future, against the background of its long?run goals of price stability and sustainable economic growth and of the information currently available, the risks are weighted mainly toward conditions that may generate economic weakness.

Voting for the FOMC monetary policy action were: Alan Greenspan, Chairman; William J. McDonough, Vice Chairman; Ben S. bernanke; Susan S. Bies: Roser W. Ferguson, Jr; Terry L. Jordan; Donald L. Kohn: Mark W. Olson; Anthony M. Santomero, and Gary H. Stem,

Voting against the action were; Edward M. Gramlich and Robert D. McTeer, Jr.

Governor Gramlich and President McTeer preferred a reduction in the target for the federal funds rate.

이날의 FOMC 성명은 서두에서 페더럴 펀드 금리의 동결을 알리고, 다음 단계에서 경기동향, 최종 단계에서 경기동향을 배경으로 리스크 밸런스 평가를 명시하고 있다. 이 회의에서는 성명의 경기동향 부분에 '현행의 완화적인 금융정책은 여전히 강력한 기조적인 생산 성향상과 맞물려 향후의 경제 환경을 개선해 가는 데 충분할 것이다' 라고 우선 금융정책의 현행유지 이유를 명시했다.

이에 이어서 '그렇지만 높은 지정학적 리스크가 부분적으로 영향을 주어 기대되는 생산 및 고용의 확대 정도와 그 시기를 둘러싸고 현저한 불확실성이 계속되고 있다'고 했다. 다가오는 대 이라크 전쟁을 둘러싼 '지정학적 리스크'가 생산 및 고용 전망을 '현저히 불확실' 하게 하고 있다는 강한 경계감을 자아내고 있었다.

그린스펀 의장이 이라크 전쟁 6개월 전부터 '지정학적 리스크'를 인식해 온 열쇠는, 이라크 전쟁을 주도한 체니 부통령과 그린스펀의 긴밀한 관계에 있다. 그린스펀 의장은 대통령 경제자문위원장으로 포드 정권에 참여했는데, 체니 부통령은 당시 대통령 수석보좌관으로서 젊은 그린스펀 씨와 친교를 맺었다. 1991년 1월 16일, 제1차 걸프전쟁 때에는 당시 국방장관이었던 체니가 석유시장 동향을 우려하고 그린스펀 의장에게 전화를 걸어 사전에 개전 움직임을 전했다.[주16]

펜실베이니아 대학교의 연구원 케네스 토마스 씨가 정보공개법에 근거해 입수한 자료에 의하면, 그린스펀 의장은 2002년 상반기에 체니 부통령과 3차례 면담했고, 또한 의회가 부시 대통령에게 이라크 전쟁의 개전 권한을 준 10월 11일부터, 0.5포인트의 대폭적인 금리인하를 결정한 같은 해 11월 6일까지 총 2차례 부통령과 면담했다.

2001년 부시 정권 탄생에서 이라크 전쟁에 돌입한 2003년까지 그 린스펀 의장이 백악관의 고위 인사를 방문한 횟수는 총 44회로, 3건 이었던 클린턴 정권 시절보다 십 수배로 급증했다. 의장은 오랜 친구 인 체니 부통령 외에 콘돌리자 라이스 국가안전보장 담당보좌관(당 시), 카드 수석보좌관을 방문하는 일이 많았다. 한편 클린턴 정권 시 절에는 재무부를 방문하는 일이 많았다. 그 횟수는 부시 정권하에서 의 방문 횟수를 웃돌았다.

2002년 11월 6일의 FOMC에서는 페더럴 펀드 금리 유도목표를 그 때까지의 1.75%에서 갑자기 1.25%까지 인하했다. 이 대폭적인 금리 인하 이유는 경기가 예상과는 반대로 침체됐을 경우를 대비한 '보 험'이었다. 그러나 실제로는 이라크 전쟁 강경파인 체니 부통령과의 거듭된 면담으로 전시체제 준비를 서두른 면도 간과할 수 없다.

11월 6일의 FOMC 성명은 '최근 발표된 경제 데이터는 지정학적 리 스크 확대 등에 따른 불확실성의 고조가 투자·생산 및 고용을 억제하 는 경향에 있다는 것을 뒷받침하고 있다'며 지정학적 리스크(이라크 전쟁 개전을 둘러싼 불안)가 미국경제를 압박하고 있다고 강조했다.

해가 바뀐 2003년 1월 29일의 FOMC 성명에서는 '지정학적 리스 크에 기인하는 석유가격이나 그 외 정세가 기업의 설비투자와 고용 을 억제하고 있다'라고 다가오는 이라크 전쟁을 둘러싼 불투명감을 강조한다. 그리고 이라크 개전 전야인 3월 18일에 열린 FOMC는 '단 기적으로 매우 큰 불확실성이 지정학적 상황을 어둡게 하고 경제정 책의 결정에 명확히 영향을 준다는 관점에서, 위원회가 물가안정과 지속적 성장이라는 목표에 대한 리스크를 유효하게 판단할 수 있다고는 생각할 수 없다'며 다가온 개전을 앞두고 사고(思考)의 정지를 결정했다.

부시 대통령의 승리 선언으로 사라진 '지정학적 리스크'

부시 대통령이 대규모 전투의 종료로 이라크 전쟁의 승리를 선언한 직후인 2003년 5월 5일의 FOMC 성명은, 경기동향을 분석하는 항목에서 '지정학적 불확실성이 엷어짐으로써 석유가격이 다시 하락하고 소비자 신뢰감이 상승, 회사채 및 주식시장도 강해졌다'고 표명하며, 그때까지의 '지정학적 리스크'를 '지정학적 불확실성이 엷어졌다'고 톤을 다운시킨다. 그 후의 성명에서는 '지정학적 리스크'가 사라져 버렸다.

그러나 대규모 전투가 종료된 후 이라크에서는 주변 각국들로부터 이슬람 과격파의 유입과 반미세력의 결집으로 실제로는 '지정학적 리스크'가 오히려 높아져 있었다. 2003년 3월, 전쟁 전의 단계에서는 세계최강의 군사력이지만 결과는 누구도 알 수 없기 때문에 '지정학적 리스크'라고 표명할 수 있었다.

그러나 부시 대통령이 이라크 전쟁의 승리를 선언한 후에도 '지정학적 리스크'를 성명에 유지한다면 전쟁의 실패를 의미하는 것이 되어 버린다. 이렇게 해서 FOMC 성명에서 '지정학적 리스크'는 제외되어 버린 듯하다.

이러한 그린스펀 의장의 정치에 대한 교묘한 관여도 있어, 부시 정권과 그린스펀 의장의 '밀월'은 강화되어 간다. 대통령 선거를 앞둔

2004년 8월 10일에 열린 FOMC 성명에서 '미국 경제는 앞으로 더 강한 확대 페이스를 재개해가는 방향에 있는 듯하다'며 현직 대통령에게 있어서는 아주 바람직한 판단을 내렸다.

당시는 원유가격의 급등으로 경기전망에 그늘이 드리우고 있었는데, FOMC 성명은 '에너지 가격의 현저한 상승은 일과성 요인을 반영하고 있으며, 약세국면은 일시적'이라고 강조했다(그러나 원유가격은 그 후에도 계속 상승해 대통령선거 직전인 같은 해 10월에는 사상최고치를 기록했다).

부시 대통령의 선거관리본부는 이 힘찬 FOMC의 성명을 선거 캠페인에 이용했다. FOMC 70년 역사상 FOMC 성명이 대통령 선거에 이용된 것인 이때가 처음일 것이다. 부시 대통령이 그린스펀 의장이 주도하는 FRB 및 FOMC에 절대적인 신뢰를 보내고 있다는 증거이기도 하다.

허리케인 피해로 의지해 온 부시 대통령

그린스펀 의장의 기동적인 금융정책과 경기상승 국면에도 혜택을 받은 부시 대통령은 2004년 11월의 대통령 선거에서 근소한 차이로 케리 후보를 누를 수 있었다. 염원하던 2세에 의한 대통령 재선 성공으로, 선대 부시의 그린스펀 의장에 대한 원망도 어느 정도는 가라앉았을 것이다.

이렇게 해서 현 부시대통령과 그린스펀 의장의 '밀월' 관계는 더욱 깊어졌다. 부시 대통령이 재선 후 최대 위기에 직면한 것은, 2005년 8월 29일 허리케인 카트리나가 뉴올린언즈를 강타한 사건이었다. 이

때 부시 정권이 설립한 연방위기관리청(FIMA)이 전혀 제 기능을 하지 못해 1,000명 이상의 사망자를 냈다. 당시 부시 대통령은 캘리포니아에서 유세 중이었고 워싱턴에 돌아온 것은 재난일로부터 이틀이나 지난 후였다.

재난 후 부시 대통령이 가장 먼저 공식회담에 나선 상대는 그린스펀 의장이었다. 의장과의 회담은 허리케인에 의한 경제·금융면의 영향을 묻는 것이 목적이었지만 카리스마 넘치는 의장을 끌어들임으로써 금융시장의 동요를 억제하려는 목적도 있었다. 대통령은 그린스펀의 '후광'을 빌리고 싶었을 것이다.

이 직후에 열린 FOMC에서는 허리케인 피해자들을 배려해 금리인상을 멈출 것이라는 관측도 상당했지만, 결국 경제의 반등력이 강하다는 판단에 따라 소폭적인 금리인상이 계속되었다. 하지만 표결 결과는 만장일치가 무너지고 올슨 FRB 이사가 반대표를 던졌다.

FOMC는 역사적으로 만장일치를 중시하는데, 특히 카리스마 넘치는 그린스펀 의장 시대에는 반대표가 나오는 일이 거의 없었다. FRB 멤버들은 FOMC 전날에 이사회를 열고 사전회의를 하는데, 이 자리에서 반대표를 낼 의향을 가진 멤버들은 그 취지를 표명한다(제1장 칼럼4 참조). 지도력 있는 그린스펀 의장이 FRB 전체의 컨센서스가 필요하다고 판단했다면 만장일치를 주도하는 것은 그리 어려운 일이 아니다. 이러한 그린스펀 의장의 FRB, 나아가서는 FOMC 내에서의 지도력은 대외적인 정치력을 행사하는 하나의 중요한 원천이 되고 있다. 그린스펀 의장이 이때 올슨 이사의 반대표를 용인한 것은 피해자들에 대한 동정여론이 강해지고 있는 가운데, 금리인상이 괴로운 선택이었음을 보일 목적이 있었을 것이다.

사실, 이 날의 FOMC 성명은 '멕시코 연안지역에서의 광범위한 피해와 이에 따른 경제활동의 혼란, 에너지 가격의 급등은 지출과 생산 그리고 고용이 단기적으로 후퇴하는 것을 나타내고 있다. 일부 에너지 제품에 대한 프리미엄 확대와 더불어 생산 및 정제시설의 파손이 에너지 가격의 변동성을 높일 가능성이 있다'고 참상을 직시하는 자세를 보였다.

또한 성명은 '이러한 불행한 사건이 단기적인 불투명감을 증폭시키고 있지만 더 이상 계속적인 위협을 초래하는 일은 없을 것이라고 위원회는 보고 있다. 오히려 금융완화정책이 저류에 흐르는 강한 생산성 향상과 맞물려 기능하고 있으므로 지속적인 지원을 해 갈 것이다'라고 표명했다. 즉 경기확대기조는 끊기지 않을 것이라는 판단에서 금리인상을 결정했다는 것이다.

컨센서스 형성도 정치력의 원천

앞서 말했듯이, FOMC 성명에 처음으로 '지정학적 리스크'가 기술된 2002년 9월 24일의 회의에서는 그렘리치 FRB 이사와 달라스 연방준비은행의 맥티어 총재가 금리인하를 주장해 금리동결에 반대표를 던졌다. 2005년 9월의 FOMC에서 올슨 이사가 허리케인 피해를 이유로 반대표를 던진 것은 FRB 이사로서는 실로 3년만의 일이었다.

2002년 9월의 FOMC에서 그린스펀 의장이 그렘리치 이사의 반대표를 용인한 것은, 의장 자신이 금리동결을 주도하고 있었지만 한편으로는 금리인하 진영에 거점을 쌓고 있었기 때문이었다. 아니나 다를까, 같은 해 11월 6일에 열린 차기 FOMC에서는 0.5포인트의 대폭적인 금리인하가 결정되었다.

컨센서스 형성을 지향하는 FOMC의 시스템은 밖에서 보면 굳은 결속으로 보여 대외적인 영향력을 강화한다. FRB 내부에서도 드물게 불상사가 발생하지만 이러한 때에도 그린스펀 의장은 비밀리에 문제를 처리하여 FRB의 권위를 지키기 위해 세심한 주의를 기울였다.

1996년 9월에 지역연방준비은행의 공정금리 신청에 관한 정보를 〈로이터 통신〉이 폭로해, 기사를 둘러싸고 연방수사국(FBI)이 나서는 소동이 있었다. 이때에도 그린스펀 의장은 원만하게 문제를 처리했다고 한다. 이 정보를 둘러싸고 당시 〈뉴욕 포스트〉는 마이어 이사(당시)에게 혐의를 둔 기사를 게재했는데, 그린스펀 의장은 마이어 이사를 신뢰하고 이를 조용히 처리했다고 한다.[17]

이러한 FRB 내부에 대한 그린스펀 의장의 정치력이 독립성 확보에 큰 역할을 한 것은 두말할 필요도 없다. 대외적으로 그린스펀 의장의 관할외인 재정문제에 당당하게 견해를 표명해 온 것도 하나의 강력한 무기를 제공했다.

고별 청문회에서의 칭찬 폭풍

일부 의원들은 그린스펀 의장에 대해서, FRB의 관할외인 재정문제에 대해서는 발언하지 말도록 요구하고 있었다. 공화당의 짐 버닝 상원의원이 그 선봉장으로, 그린스펀 의장에 대해 "당신은 천하의 모든 문제에 대해서 질문을 받겠지만, FRB 관할외의 사항에 대해서는 답해서는 안 된다."라고 몇 번이나 경고했다. 이러한 비난을 받으면서도 그린스펀 의장이 재정문제에 대해서 발언해 온 것은 마이너스보다도 플러스적인 면이 훨씬 크고, 정치력이 부여된다고 생각했기 때문이다.

그린스펀 의장은 다양한 질문에 정중하게 대답했다. 의원들은 의회 청문회에서 의장에게 질문하고 그의 대답을 이끌어냄으로써 선거구의 유권자들에게 어필하려고 한다. 그린스펀 의장은 경제나 금융문제에 관한 의원들의 초보적인 질문에 대해서도 정성을 다해 무게 있는 답변을 보여 주었다.

이렇게 하면 유권자들의 눈에는 그 지역 국회의원이 경제나 금융문제에서 대해서 크게 활약하고 있는 듯이 보이는 것이다. 경제나 금융지식이 부족한 의원들의 수준 낮은 질문에 대해서도 정중하게 회답하는 그린스펀의 자세에 의원들이 만족해하는 것을 당연하다.

반면, FRB의 관할범위인 환율 문제에 대한 의원들의 질문을 받으면 "재무장관을 대변인으로 하는 것이 미국정부의 방침이다."라고 말하고는 결코 질문에는 답하지 않았다. 이는 루빈 재무장관 시절, 환율에 관한 당국의 발언은 재무장관에게 집중시킨다는 방침과, 환율에 관한 발언은 메리트가 없고 마이너스만 있을 뿐이라는 판단에서 일 것이다. 그린스펀 의장은 환율시세를 점치는 것은 "동전을 던져 그 앞면과 뒷면을 맞추는 게임과 같은 것이다."라고 말해 왔다.

2005년 11월 3일의 상하원 합동 경제위원회는 그린스펀 의장에게 마지막 의회 청문회였다.

민주당 모리스 힌치 하원의원은 그린스펀 의장에게 "당신이 사라지는 것은 정말 쓸쓸하다. 틀림없이 연방준비제도의 역사 속에서 가장 뛰어난 의장 중 한사람일 것이다. 당신은 매우 흥미 깊고 또한 귀중한 이야기를 많이 남겨 주었다. 실로 위대한 일을 했다."라고 높게 평가했다.

이어서 공화당의 필립 잉글리쉬 하원의원도 "우선 당신이 오랜 기간에 걸쳐 의회 청문회에서 증언해 온 것에 감사의 뜻을 표한다."라고 인사한 후, "시대의 정권에 대해서는 진실을 말하는 용기를, 그리고 우리에게는 정치적인 타산 없이 경제의 현실을 제시해 주었다."라고 칭찬했다.

또한 그는 "특히 재정문제, 그 중에서도 재정적자에 관해서 그 뉘앙스(미묘한 차이)에 초점을 맞춰 준 것에 감사한다."라며 재정문제에 대한 적극적으로 발언해 온 것을 높이 평가했다.

그린스펀 의장이 재정문제에서 폭넓게 활약할 수 있었던 것은, 1970년대에 대통령 경제자문위원장을 지낸 후 1980년대 전반에 초당파 사회보장제도 개혁위원회의 위원장을 역임하는 등 재정개혁 분야에서 쌓은 경험이 도움이 되었다.

'균형 잡힌 비밀유지'에서 버냉키의 '명시주의'로

버냉키 FRB 의장은 재정문제에 대해서는 적극적인 발언을 하지 않을 방침이라 전해진다. 아마도 그는 학문의 세계에서 갈고 닦은 명쾌한 말로 의원들을 설득하게 될 것이다.

제1장에서 보았듯이 버냉키는 실용주의적으로 어느 정도 발언을 변화시킬 수 있는 인물이지만, 그가 의회에서 명성을 얻기 위해서는 시간이 걸릴 것이다. 그린스펀과 같은 애매한 에둘리기 표현으로 여

야당을 교묘하게 오가는 곡예를 배우는 것이 쉽지는 않을 것이다.

그린스펀 의장이 말해왔듯이, 경제예측은 항상 실수할 리스크가 있다.

그 예측에 근거한 금융정책에도 늘 실수가 따르게 마련이다. 너무나도 명쾌한 설명으로 금융정책을 수행하면 제발에 걸려 넘어질 수도 있다. 버냉키 신임 의장은 "나의 결점은 너무 명쾌한 점일지도 모른다."라고 주변에 말한 적이 있다고 한다.

그린스펀 등 역대 의장들이 쌓아 온 신인도와 독립성을 계승하여 버냉키는 FRB 의장에 취임했다. 서문에서도 말했듯이, 지지율이 침체된 부시 대통령은 FRB의 후광을 빌리고 싶어 2006년 2월 6일 버냉키의 취임선서식에 직접 참석했다. 잠시 버냉키 의장과 부시 대통령의 밀월은 계속될 것으로 생각되지만, 이해관계가 대립하게 되면 버냉키의 가장 중요한 고비가 될 것이다.

그린스펀 의장은 그 재임 중에 FRB라는 '신전'의 문을 열어 정책 운영의 투명성을 비약적으로 높였다. 그렇지만 그는 18년 반에 걸친 의장직을 수행하며 최종적으로 '투명성과 비밀유지의 타당한 밸런스'가 중요하다는 교훈에 도달했다(제1장 참조). 글로벌화로 복잡화되고 때로는 폭력적으로 변하는 금융시장과의 대화나 정부·의회와의 절충 등을 고려하면서 그러한 결론에 도달하게 된 것이다.

그린스펀 의장에서 인플레이션타깃팅 명시를 지향하는 논리 명쾌한 버냉키 의장으로의 이행은 2014년에 창립 100주년을 맞는 연방준비제도의 역사에 새로운 이야기를 더하게 될 것이다.

1)《The Politics of Monetary Policy : Balancing Independence and Accountability》 L.H.Meyer, 2000에서 인용했다.

2)《일본의 국채관리정책》中島將隆, 동양경제신보사

3)《The Treasury·Fed Accord: A New Narrative Account》R. L. Hetzel and R. F. Leach, Federal Reserve Bank of Richmond, 2001

4)《Chairman of the Fed》R. P. Bremner. Yale University Press, 2004

5)《A history of the Federal Reserve Volume 1 ; 1913−1951》A. H. Meltzer, The University of Chicago Press

6)《The Treasury−Fed Accord : A New Narrative Account》R. L. Hetzel and R. F. Leach, Federal Reserve Bank of Richmond, 2001

7)《Chairman of the Fed》R. P. Bremner. Yale University Press, 2004

8)상동

9)상동 및 《The Politics of Monetary Policy : Balancing Independence and Accountability》L.H.Meyer, 2000

10)〈뉴욕 타임스〉 1980년 10월 3일자

11)《폴 볼커》조셉 트리스터 저

12) 상동

13)《Secrets of the Temple》W. Greider, A Touchstone Book, 1987

14)《Maestro; Greenspan's Fed and the American boom》Bod Woodward, Simon & Schuster, 2000

15)《루빈 회고록》로버트 E. 루빈, 제이콥 와이즈버크 저

16)《Maestro; Greenspan's Fed and the American boom》Bod Woodward, Simon & Schuster, 2000

17)《A Term at the Fed 》L. H. Meyer, Harper Business

7장

버냉키 체제

1. 실무 중시 인사의 포진

그린스펀 의장이 1월 31일에 개최된 FOMC를 마지막으로 퇴임한 이후, 그 뒤를 따르듯 퍼거슨 부의장이 FRB를 떠났다. 그린스펀 의장은 자신의 후임자로 부시 대통령에게 퍼거슨 부의장과 콘 이사를 추천했다. 애초부터 퍼거슨 부의장은 민주당원이기에 가능성이 떨어졌고, 신임 버냉키 의장이 업무를 잘 수행하고 있다고 판단해 2월 22일에 사임 의사를 표명하고 4월 28일에 퇴임했다.

퍼거슨 부의장은 퇴임하기 일주일 전에 로이터 통신과의 인터뷰에서 "FRB는 매우 양호한 상황에 있다. 미국경제가 중대한 위험상황에 직면해 있다고 느꼈다면 나는 FRB를 떠나지 않았을 것이다. 그랬다면 나는 그 상황을 개선하는 데 이바지했을 것이다."라고 밝혔다. 그는 버냉키 체제의 순조로운 출범을 보고 난 후에 퇴임을 결심했다는 점을 강조했다.

FRB 부의장은 강연이나 해외출장이 잦은 FRB 의장을 보좌하기 위해 의장을 대행한다. 2001년 9·11테러가 월 가와 워싱턴 국방부를 덮쳤을 때에도 그린스펀 의장은 스위스에 출장 중이었다. 이때 퍼거슨 부의장이 의장 대행으로 선두지휘를 맡아 미 금융시스템을 지켜

냈다. 퍼거슨 부의장은 수더분한 성격으로 금융시스템 대책을 비롯해, 광범위한 분야에 걸쳐 FRB 내에서 다양한 위원회의 수장을 맡아 왔다. 뉴욕 연방준비은행의 가이트너 총재는 "퍼거슨 제국에 해가 지는 일은 없다."라고 말했을 정도다.

FRB의 '수호신' 역할을 해온 퍼거슨 부의장의 퇴임과 함께 버냉키 의장에게 암운이 엄습했다. 버냉키 의장은 2월 1일 취임 직전에 "나의 결점은 너무 명쾌하다는 점일지도 모른다."라고 겸허하게 스스로를 진단했다. 그리고 그 예감은 불행히도 적중했다. 버냉키 의장이 새로운 체제의 금융정책을 공표함과 동시에, 원래는 미덕이어야 할 '명쾌한 이야기'로 인해 금융시장이 혼란에 빠진 것이다.

버냉키 의장은 3월 28일에 취임 이후 첫 FOMC를 개최했다. 그리고 버냉키 의장의 트레이드마크라고도 할 수 있는 '시장과의 대화'를 강화하기 위한 노력이 시작됐다. 그 첫 번째로 성명에 포함시킬 정보를 어느 정도까지 자세하게 해야 할지에 대해 논의했다. 정보공개의 정도에 관해서는 FOMC 멤버들간에 약간의 의견차가 있었지만, 경기 동향과 그 전망에 대해서 성명 내용을 충실히 한다는 점에서는 일치했다.

버냉키 의장이 처음으로 발표한 FOMC 성명은 '1분기에 접어들어 경제는 강한 성장세를 보였지만, 앞으로는 지속가능한 성장세로 진정될 가능성이 높은 것으로 보인다'라고 표명했다. 버냉키 의장은 금융정책의 기초가 되는 경제전망을 성명에 포함시켰다. 성명은 FOMC의 두 가지 목표 중 하나인 '최대 고용확보'의 기반이 되는 지속적 성장으로 연착륙 전망이 열렸다는 점을 강조했다.

또 다른 목표인 '물가 안정'에 대해서 FOMC 멤버들은, 인플레이션율의 전망이 밝다는 점을 강조했다. 그 이유도 밝히는데 의견이 일치했다. 다만 멤버들은 인플레이션율 전망에 대해서 '자원 이용의 확대와 상품·에너지 가격의 상승이 새로운 인플레이션 압력이 될 가능성이 있다'라며 인플레이션 상승 리스크도 성명에 포함시키기로 결정했다.

또한, 장래 금융정책의 가이던스(지침)로 '지속적인 경제성장과 물가안정 목표달성에 대한 리스크를 거의 균형 상태로 계속 유지하기 위해서는 약간의 긴축이 필요하게 될지도 모른다고 판단했다.(The Committee judges that some further policy firming may be needed to keep the risks to the attainment of both sustainable economic growth and price stability roughly in balance)' 라고 발표했다.

중기 경제 전망에 근거한 새로운 정책

버냉키 의장은 이렇게 FOMC 멤버들의 의사를 통일한 뒤, 4월 27일에 중기 경제전망에 근거한 새로운 금융정책을 제시했다. 버냉키 의장이 새로운 시대의 도래를 알리기 위해 선택한 무대는 상하원 합동경제위원회였다. 기자회견을 하지 않는 FRB는 국민에 대한 '설명 책임'을 다하는데 있어 연방의회의 채널을 가장 중시한다. 버냉키 의장은 연방의회 중에서도 거시경제 금융정책을 집중 토의하는 상하원 합동경제위원회라는 최고의 무대를 선택했다.

버냉키 의장은 여기서 "FOMC가 표방하는 목표에 대한 리스크 판단이 완전하게 균형 잡히지 않아도, 장래의 어느 시점에서 FOMC가 아무런 행동도 취하지 않는 회의가 한 번 혹은, 그 이상 있을 지도 모른다."라고 밝혔다. 중기 경제예측에 근거한 새로운 금융정책을 꺼내든 것이다.

버냉키 의장이 4월 27일의 의회증언에서 지적한, 금리인상을 동결할 가능성이 있는 '장래의 어느 시점'이란 적어도 6월 29일의 FOMC에서 8월 8일의 회의까지를 시사한다. 4월의 의회증언 직후에 예정되어 있던 5월 10일의 FOMC까지는 그린스펀 전 의장 시대에 설정되어 있던 '긴축의 가능성이 있다'라는 가이던스가 이미 적용되고 있었기 때문이다. 이 지침에 근거해 시장은 5월의 FOMC에서의 0.25%의 금리인상을 거의 백 퍼센트 반영했다.

그러나 여기서 사태는 갑자기 급변한다. 버냉키 의장이 금리인상 동결을 예고한 다음날인 4월 28일 오전 8시 30분. 미 상무부는 1분기의 GDP가 실질 성장 기준으로 전 분기대비 연 4.8% 증가하여, 작년 4분기의 1.7%보다 크게 늘었다고 밝혔다(1분기의 실질 GDP는 그후 확정치로 전 분기대비 연 5.6% 성장으로 상향조정 된다). 경기의 급격한 회복으로 시장에서는 인플레이션을 경계하는 목소리가 높아졌다.

노동부가 4월 19일에 발표한 3월의 CPI(소비자물가지수)는 에너지와 식품을 제외한 핵심지수가 전월대비 0.3% 상승하여 시장 예상치인 0.2%를 웃돌았다. 1~3월의 핵심 CPI는 연율로 2.8% 상승하여 에너지 가격의 상승이 그 외의 항목으로 파급되었다는 점을 보여주기 시작했다. 이 인플레이션 통계의 악화와 경기상승 가속화가 맞물려 시장의 인플레이션 기대(예상)는 급상승했다. 버냉키 의장의 금리인상 중지 예고는 매우 타이밍이 좋지 못했다. 이렇게 해서 버냉키 의장은 시장 참가자들 사이에 온건파의 이미지를 심어주었다.

윌리엄 포드 전 애틀랜타 연방준비은행 총재는 블룸버그 뉴스와의 인터뷰에서, 금리인상 동결에 대한 시사가 버냉키 의장의 신임에 대한 리스크가 될 우려는 없느냐는 질문에 "그것은 버냉키 의장이 직면한 리스크이다. 1970년대의 에너지 위기 때, 당시 아서 번스 FRB 의장이 금융완화정책을 실시해 인플레이션을 잡지 못한 실수를 생각한다면, 버냉키 의장은 그러한 사태가 초래되지 않도록 매우 신중할 필요가 있다."라고 말했다.

인기 여성 앵커가 사적인 대화 폭로

FOMC 전임자들의 우려는 현실화 되어 버냉키 의장의 예측할 수 없는 상황은 계속 된다. 여기에 전혀 뜻밖의 사태가 발생한다. 5월 1일 CNBC 방송의 인기 여성 앵커인 마리아 바티로모 씨가 자신의 프로그램에서 "버냉키 의장이 4월 29일 만찬회에서 '시장은 의장의 의회증언을 오해하고 있다'고 말했다."고 전했다.

버냉키 의장은 의회증언이 있은 지 이틀 후인 4월 29일, 백악관 담당기자 연차 만찬회에서 마리아 바티로모 씨 등의 질문에 답했었다. 이 만찬회는 백악관 담당기자들이 대통령과 정부 고관, 유명인들을 초청하여 매년 한 차례 여는 것으로, 대통령의 인사말 등 공식 발언은 보도해도 되지만 잔을 기울이면서 주고받는 사적인 대화는 기본적으로 오프 더 레코드이다. 버냉키 의장은 오프 더 레코드의 편안함 때문이었는지 아니면 자기 설을 강조하는 학자적 천성 때문이었는지 중앙은행 총재라고는 생각되지 않는 너그러움으로 바티로모 씨의 질문에 대답했던 것이다.

바티로모 씨가 버냉키 의장과의 대화 내용을 보도하던 5월 1일, 뉴욕 금융시장에서는 버냉키 의장이 의회증언에서 제시한 6월 이후의 금리인상 동결 시나리오에 대해서 '금리인상 종결'로 해석되어 거래가 활황을 보이고 있었다. 이때 CNBC의 앵커가 이 활발한 거래에 찬물을 끼얹는 버냉키 의장과의 비공식 대화를 보도한 것이다. 허를 찔린 시장은 파란에 휩싸였다.

바티로모 씨가 버냉키 의장에게 "시장에서는 당신을 인플레이션에 너그러운 온건파로 보는 것 같다."라고 말하자 버냉키 의장은 "나는 그 점을 우려하고 있다."라고 대답했다고 한다. 그린스펀 시절에는 언론이 이처럼 명확한 형태로 의장의 사적인 발언을 '폭로'했던 적이 없었기 때문에 바티로모 씨의 방송은 시장을 떠들썩하게 했다.

CNBC의 보도는 뉴욕 증권거래소의 거래가 종료되기 약 1시간 전에 나왔다. 주식시세는 그때까지의 플러스권에서 마이너스권으로 급락했다. 다우공업지수는 23.85 달러(0.2%) 하락한 11,343달러 29센트에 거래를 마감했다. 미 국채시장에서는 아침부터 3월의 개인소비지출(PCE)과 동 가격지수의 상승으로 10년 만기 국채 금리가 상승하고 있었다. 그런데 CNBC 보도의 영향으로 매도세가 더욱 늘어나 10년 만기 국채 금리는 9bp상승한 5.14%에 이르렀다.

바티로모 씨의 보도내용을 보면, 당시 "의장의 의회증언 내용을 시장은 정확하게 받아 들였는가?"라는 바티로모 씨의 질문에 대해 버냉키 의장은 "NO"라고 답했다고 한다. 이것을 바티로모 씨는 "의장은 시장이 의회증언을 오해하고 있다고 말했다."라고 직접화법으로 바꿔 방송한 것이다.

1분기 실질 GDP는 급상승하여 표면적인 경기의 흐름은 최고조에 달하고 있었다. 그리고 경기지행지표인 물가지수는 상승하고 있었다. 게다가 벤 버냉키 의장은 프린스턴 대학교 교수 시절 일본은행에 대해 디플레이션에서 탈출하기 위해서 "헬리콥터로 지폐를 뿌리면 된다."라고 호언 한 전력도 있다.

'헬리콥터 벤'

버냉키 의장은 '헬리콥터 벤'이라는 별명을 갖고 있는데, 시장에서 인플레이션에 대해서 낙관적인 온건파로 보일 소지가 충분히 있다. CNBC에서 바티로모 씨가 버냉키 의장의 사적인 발언을 보도하자, 어느 미 금융기관 사무실에서는 자금운용 담당자 등이 모두 일어서서 "헬리콥터 벤이 등장했다."라고 소리쳤다고 한다.

버냉키 의장의 신인도가 문제시되고 있는 가운데, 5월 10일에 두 번째 FOMC를 맞이했다. 의사록 요지에 따르면, 회의에서 멤버들은 '장기적인 인플레이션 기대가 높아지는 것은 확실히 골치 아픈 문제가 될 것'이라며 버냉키 의장의 금리인상 동결 예고에 따른 시장의 혼란에 우려를 나타냈다. 현 상황에 대해서 멤버들은, 인플레이션 기대의 상승은 여전히 비교적 소폭에 머물고 있으며 곧 반전될 가능성은 충분히 있다고 계속 낙관하고 있었다.

그리고 5월 10일의 FOMC에서는 페더럴 펀드 금리의 유도목표를

0.25% 끌어올려 5%로 하기로 결정했다. 성명은 향후 금융정책의 가이던스로서 '인플레이션 리스크를 시정하기 위해 추가적인 긴축정책이 더 필요하게 될지도 모른다.(The Committee judges that some further policy firming may yet be needed to address inflation risks)'라고 지적했다. 3월 FOMC 성명의 같은 문구에 yet(더)이라고 하는 단어를 삽입하여, 앞으로 추가금리인상이 한 차례 더 필요하게 될지도 모른다는 견해를 시사한 것이다.

3월의 FOMC 성명에 대해서, 일부 멤버들로부터 여러 차례의 연속적인 금리인상 필요성이 있다는 문제 제기가 있었지만, 추가긴축을 시사하는 가이던스에 'yet'을 삽입해 여러 차례의 추가 금리인상이라고 하는 뉘앙스를 없앴다. 게다가 5월의 성명에는 이 문구에 이어 '이러한 긴축의 정도와 시기는 향후 입수하는 정보가 나타내는 경제전망의 변화에 크게 의존한다.(the extent and timing of any such firming will depend importantly on the evolution)'라고 추가했다. 경제 전망의 변화에 유연하게 대처하고 금리인상 동결도 있을 수 있다는 점을 시사한 것이다. 향후의 예측에 따라 금리인상 동결이 아니라 추가로 금리인상을 더(yet) 실시할 수 있다고 표명하여, 여러 차례의 연속적인 금리인상이라고 하는 인상을 불식시켰다.

버냉키 의장이 콘 이사 승격을 진언

버냉키 의장이 시장과의 대화 실패로 추궁 받고 있는 가운데 꺼내든 것이 콘 이사의 부의장 승격이다. 부시 대통령이 버냉키 의장에게 부의장 후보의 인선에 대해 의견을 구하자, 버냉키 의장은 콘 이사를 추천했다. 콘 이사는 그린스펀 전 의장의 오른팔로 활약했지만, 버냉키 의장이 추진하는 인플레이션 타깃팅에는 반대를 표명해왔다.

버냉키 의장이 콘 이사의 부의장 승격을 대통령에 진언한 것은, 인플레이션 타깃팅보다 FRB의 만물박사로 불리는 콘 이사의 실무능력을 높이 샀기 때문이라고 할 수 있다. 버냉키 의장은 시장과의 대화 실패로 곤경에 처해 있는데다가, 지역연방준비은행 총재들은 "의장의 발언은 명쾌하지만, 실제로 그 전망이 정확할지 여부는 아직 잘 모른다."라며 시장참가자 뿐만이 아니라 측근들도 관망 자세를 보이는 분위기였다.

이런 상황에서, 부의장 지명에 정치적 욕심을 내기 쉬운 부시 대통령에게 FRB 부의장의 인선을 맡긴다면 후일의 걱정이 남기게 되므로, 버냉키 의장은 실무를 중시하여 콘 이사의 부의장 승격을 대통령에게 강력히 요청한 것 같다. 부시 대통령도, 금융정책은 유일하게 자랑할 만한 성과를 올리고 있는 부문인데 정실 인사로 오염되는 것을 피한 듯하다.

버냉키 의장은 실력파인 콘 이사를 부의장으로 승진시키고 버냉키·콘 체제를 구축해 내부 체제의 강화에 임했다. 이와 병행하여 시장에 만연되어 있는 버냉키 의장의 온건파적인 이미지를 불식시키기 위해 인플레이션 경계 태세를 여러 차례 언급하였다. 이러한 가운데 버냉키 의장은 일본은행의 무토 부총재, 트리셰 유럽 중앙은행 총재 등과 함께 6월 5일에 워싱턴에서 열린 국제금융문제에 관한 공개토론에 참석했다.

버냉키 의장은 이 자리에서, PCE에서 에너지와 식품을 제외한 핵심가격지수가 과거 3개월과 6개월 사이에 각각 3.0%와 2.3% 상승했다고 지적하며, "이는 환영할 수 없는 움직임이다."라고 강조했다. 그리고는 "3개월, 6개월로 본 핵심지수의 이러한 상승페이스가 지속될 경우, 이는 나를 포함한 많은 경제학자들이 물가안정과 최장기 경기확대를 가능케 한다고 보는 범위의 상한선 혹은 이를 웃도는 수준에 이르게 될 것이다."라고 경고했다.

의장이 이 회의에서 제시한 PCE 핵심가격지수는 4월 시점의 것으로, 그 후 6월까지 매월 0.2%씩 상승했다. 버냉키 의장이 경계했던 것처럼 높은 상승페이스가 이어졌다. 그리고 6월의 전년동월대비 상승률은 2.4%로 버냉키 의장이 '기분 좋은 수준'으로 보는 1~2% 상승을 큰 폭으로 웃돌았다.

이러한 버냉키 의장의 발언이 시장에 알려진 버냉키 의장의 온건파적 이미지를 불식시키기 위한 허세였다는 사실은, 그 후 한 달 반이 지난 의회증언에서 밝혀졌다. 7월 19일에 열린 상원은행위원회, 여기서 6개월에 한 번 열리는 금융과 경제전망에 관한 청문회가 열렸다. 질의응답이 거의 종반에 접어들 무렵, 존 스누누 상원의원(공화당 뉴햄프셔 주)이 소비자물가 상승에 관해 질문하자 버냉키 의장은 "금융정책에는 타임 러그(시간차)가 있기 때문에 이번 달의 숫자만으로는 우리는 아무 것도 할 수 없다."라고 정색하며 말했다.

강경파적 발언은 허세인가

6월 5일의 공개 토론에서, 과거의 숫자인 4월의 PCE 핵심가격지수를 '환영할 수 없다'며 강한 어조로 인플레이션에 대한 결의를 표명했던 당사자가, 시장의 인플레이션에 대한 우려가 후퇴하자 이번에는 "이번 달의 숫자 따위는 이제 아무런 상관이 없다."라고 답변한 것이다. 시장 정서에 따라 발언의 취지가 완전히 바뀐 것으로, 6월의 인플레이션에 대한 강경 발언은 허세였던 것 같다.

또한 인플레이션 지표가 계속 악화되고, 시장에서 인플레이션에 대한 경계가 남아 있던 6월말에 열린 FOMC는 금리인상 동결이 어려워지자 페더럴 펀드 금리의 유도목표를 0.25% 인상한 5.25%로 정했다. 금리인상은 이것으로 2004년 6월 이후 17차례 연속적으로 이루어졌으며, 금리인상 국면은 2년에 달했다. 기간으로는 1976년 12월부터 1979년 10월 이래 최장기 기록을 세웠다.

그러나 6월의 FOMC 성명은 '총수요의 성장둔화로 인해 인플레이션 압력은 시간을 갈수록 억제되고 있다'고 지적했다. 처음으로 수요 감소에 의한 인플레이션 억제 전망을 제시한 것이다. 성명은 또 '일부에 인플레이션 리스크가 남아 있다'며 금리인상의 기조를 유지하면서도 '그 리스크를 시정하기 위해서 추가적인 금융긴축이 필요할 가능성도 있지만, 그 정도와 시기에 대해서는 지금부터 밝혀질 정보에 근거한 인플레이션과 경제전망의 변화에 좌우된다.(The extent and timing of any additional firming that may be needed to address these risks will depend on the evolution of the outlook for both inflation and economic growth, as implied by incoming information)'고 표명했다.

'The extent and timing'이 주어로서 글머리에 놓여, 금리인상의 정도와 시기는 향후 경제전망의 변화에 좌우된다고 보고 금리동결

가능성을 전면에 부각시켰다. 투자자들은 이 성명에 대하여, FOMC가 과거 2년간 계속해온 금리인상의 동결을 의식하기 시작했음을 시사하는 것이라고 받아 들였다. 로버트 헤라 전 FRB 이사는 6월의 FOMC 성명에 대해서 "FOMC는 새로운 금리인상의 문을 열어놓고는 있지만, 나는 그들이 이미 금리인상을 마쳤다고 생각한다."라고 말했다.

그리고 8월 8일의 FOMC를 맞이한다. 버냉키 의장은 대부분의 시장참가자들의 예상대로 금리인상을 동결했다. 2월 1일에 의장으로 취임한 후, 반년이 지난 시점에서 중대한 국면을 무사히 극복했다. 같은 날 뉴욕 금융시장에서는 10년 만기 국채 금리가 전날과 거의 변함없는 4.92%였다. 2년 만기 국채의 금리는 전일대비 5bp 낮아진 4.90%로 2년만의 금리인상 동결을 냉정하게 받아 들였다.

2. 주택버블 총결산

사베인스 상원의원(민주당, 메릴랜드 주)은 금리인상 동결이 예상되던 7월 19일의 상원은행 위원회의 청문회에서 "이번 금리인상 국면에서 금리인상 동결 여부가 비정상으로 주목받고 있다. 금리인상 동결이 마치 금리인하처럼 다루어지고 있다."라고 비꼬았다.

그린스펀 의장이 2004년 6월 30일에 'Measured Pace(신중한 페이스)'로 시작한 금리인상 국면은, 버냉키 의장이 3월 이후 주최한 3차례의 FOCM를 포함해 17차례 연속적으로 0.25%씩 금리가 인상되었기에 금리동결은 일대 이벤트로 여겨졌다.

'Measured Pace'의 금리인상은 사전에 시장에 약속하는 '프리 커미트먼트' 정책의 일환으로 도입된 것으로, 시장 참가자들은 FOMC 정례회의 마다 0.25%씩 지속적으로 소폭의 금리인상이 이루 어질 것으로 생각해왔다. FOMC도 이러한 시장의 기대에 부응해 연 속적으로 금리를 인상했다. 항공기에 비유하면 '자동조종장치'에 의 한 운항이라고 할 수 있다.

시작 시점의 페더럴 펀드 금리 유도목표가 1%로 초저금리로, FOMC 성명은 '금융완화상태의 해제'라고 설명하였다. 완화상태라 는 성층권에서 서서히 기체를 내린다는 것이다. 그린스펀 의장은 이 자동조종장치를 수동으로 전환하는 시점인 2006년 1월 31일의 FOMC를 마지막으로 퇴임했다. 마지막 성명에서 'Measured'라는 표현을 삭제하고 2월 1일에 취임한 버냉키 의장에게는 수동 조종에 의한 자유재량에 맡겼다.

고명한 학자로 FRB 이사직에 약 3년간 있으며 대통령 경제자문위 원장을 8개월 역임했다 하더라도 신임 의장에게 있어서는 힘든 역할 이었다. 버냉키 의장은 수동조종장치를 사용해 착륙 태세를 모색하 게 된다. 그러나 프리 커미트먼트 정책으로 속박된 조종간은 무거웠 고, 의장은 이 멍에를 풀기 위해 4월 27일의 의회 증언에서 착륙을 예 고하기로 결심한다. 그리고 "장래에 아무것도 결정하지 않는 회의가 한 번 혹은, 그 이상 있을 지도 모른다."라고 선언했다.

갑작스런 착륙 기내방송에 놀란 승객들(시장참가자들)은 너무 빠 른 착륙으로 인플레이션 상승에 대한 공포에 휩싸여 혼란 상태에 빠졌다. 버냉키 기장은 기내방송을 통해 승객들에게 평정심을 찾도록 했다. 약 3개월에 걸쳐 이루어진 설명으로 모든 승객이 냉정을 되찾았다. 인플레이션 기대가 안정되었을 때를 파악하여 착륙을 단행한 것이다.

다만, 8월 8일의 FOMC 성명은 '위원회는 일부에 여전히 인플레이션 리스크가 남을 것으로 판단했다. 이러한 리스크를 시정하기 위해서 추가적인 금융긴축정책이 필요할 가능성이 있지만, 그 정도와 시기에 대해서는 지금부터 밝혀지는 정보에 근거한 인플레이션과 경제전망의 변화에 좌우된다'고 밝혔다.

버냉키 의장은 미국경제가 충분히 감속했기 때문에 인플레이션 압력은 불식될 것으로 판단했다. 그러나 미국경제라는 비행기는 착륙했지만 아직 기내에는 "승객 여러분께서는 기체가 완전히 정지하고 안전벨트 착용 램프가 꺼질 때까지 기다려 주십시오."라고 하는 방송이 흘러나오고 있다.

기본 시나리오

7월 19일, 6개월에 한 번 열리는 경제전망과 금융정책에 관한 의회 청문회가 있었다. 의회 청문회는 FOMC의 경제전망을 표명하기 위한 것으로, 버냉키 의장이 FOMC에서 협의한 예상을 제시하는 첫 무대가 되었다. 의장은 여기서 2007년 4분기까지 실질 GDP 성장률이 전년동기대비 3.0~3.25%로 안정된 성장궤도를 확보하고, 핵심 PCE 가격지수는 2.0~2.25% 상승, 2008년에는 더욱 둔화되어 적정 범위로 안정될 것이라는 기본 시나리오를 제시했다.

기본 시나리오에 의하면 올해 4분기의 핵심 PCE 가격지수는 전년 동기대비 2.25~2.50%가 상승했지만, 그 후 진정 단계에 접어들 것이라고 한다. 의장은 질문에 대한 답변으로, 2008년에는 물가가 한층 더 억제될 것이라고 말하며, 약 2년간에 걸쳐 '기분 좋은 범위'로 복귀한다는 시나리오를 제시했다.

이 기본 시나리오에 대해 "최대의 위협은 무엇인가?"라고 말하는 로버트 메넨데스 상원의원(민주당, 뉴저지 주)의 질문에 대해 버냉키 의장은, "단기적으로는 인플레이션이 가속화되어 우리가 더욱 공격적인 대응을 해야 할 경우이다."라고 말했다.

'공격적인 대응'이란 인플레이션이 가속화되면 그것을 억제하기 위하여 대폭적인 금리인상이 불가피해진다는 것을 뜻한다. 그렇게 되면 성장은 급격히 둔화되고 경기후퇴의 위험이 커진다. 그 반면, 단기적인 리스크가 있지만 소폭의 금리인상을 해 두면 인플레이션 위험이 완전히 불식되어 기본 시나리오의 인플레이션 없는 안정성장은 확고해진다. 이를 위한 소폭의 금리인상, 즉 현시점에서 지불하는 보험료는 그만큼 저렴해진다. 이것이 그린스펀 전 FRB 의장이 제창한 '리스크 관리 정책'의 진수이다. 버냉키 의장은 이 '리스크 관리 정책'을 답습하겠다고 여러 번 강조했다.

발동되지 않은 '리스크 관리정책'

그린스펀 의장이 이 '리스크 관리 정책'을 처음으로 제시한 것은 1997년 3월 20일의 의회 증언에서였다. 1996년 12월 5일에 '근거 없는 열광'이라며 주가상승에 대해 문제를 제기한 이후 금리인상 시기를 모색하고 있던 시기에 해당된다.

　이 의회 증언이 있은 지 5일 후에 열린 FOMC에서 그린스펀 의장은 의회의 강한 반대를 무릅쓰고 2년 2개월 만에 금리인상을 단행한다.

　버냉키 의장은 그린스펀 의장의 이러한 리스크 관리정책을 계승하겠다고 공약하고, 또한 최대의 리스크는 '인플레이션'이라고 단언하면서 20일 뒤에 열린 FOMC에서 2년 1개월 만에 금리인상을 동결했다. 그린스펀 의장의 행적과는 극명한 대조를 보였다.

　리만 브라더스 홀딩스의 미국 담당 수석 이코노미스트인 에단 해리스 씨는 8월 8일의 FOMC 성명 발표 후에 가진 인터뷰에서 "성장 감속과 인플레이션 가속화 중에서 어느 쪽과 싸울지를 묻는다면, 현시점에서는 인플레이션의 위협이 훨씬 심각하다고 생각된다."라고 지적했다. 인플레이션의 위협을 강조하면서 '리스크 관리정책'을 발동하지 않은 버냉키 의장에 대해 불신감을 나타낸 것이다.

　버냉키 의장이 프리 커미트먼트형 금융정책을 해제하는데 시간이 걸려 8월 8일의 FOMC에서 간신히 금리인상을 보류하는데 성공했지만, 그 사이에 미국경제는 정점에 달해 하강곡선을 그리기 시작했다. 민간 조사기관인 컨퍼런스 보드가 발표한 7월의 미 경기선행지표 종합지수(LEI)의 6개월 평균은 1.4% 하락하여 2001년 2월(2.3% 하락) 이래 최대의 마이너스를 기록했다. 이것으로 LEI 6개월 평균은 3개월 연속 마이너스를 기록했다. LEI 6개월 평균은 5월에 0.3%가 하락하며 이번 경기확대 국면에서 처음으로 마이너스로 떨어졌다.

　과거의 금리인상의 최종 국면을 보면, LEI 6개월 평균이 마이너스로 떨어진 무렵에 금리인상이 동결되었다. 버냉키 의장은 7월 19일과 20일에 열린 금융정책에 관한 의회 청문회에서 "최대의 리스크는 인플레이션에 있다."라고 반복해서 표명했다. 여기서 말(발언)로써 인플레이션 보험에 든 다음 8월 8일의 FOMC에서 금리인상을 보류했다.

리버스 소프트 랜딩

말로 인플레이션 보험에 드는 버냉키 의장의 태도는 향후의 금융정책을 점치는데 있어서 시사하는 바가 많다. 경기의 하강 국면이 뚜렷해지면 금리인하 시기를 모색하게 되지만, 성장을 중시하는 버냉키 의장은 말로 인플레이션 기대를 견제하면서 시장의 예상보다 빠른 시기에 금리인하를 단행할 가능성이 있다.

LEI 6개월 평균은 3개월 연속 마이너스를 기록했지만, 이것은 1995년 2월까지의 금리인상 국면과 상당히 비슷하다. 이때는 1995년 2월 1일의 FOMC에서 금리인상이 동결 되었지만, 같은 해 1월에 LEI 6개월 평균이 0.6% 하락해 처음으로 마이너스로 떨어졌다. 그리고 2월에 마이너스 1.2%, 3월에 마이너스 1.4%로 마이너스 폭을 넓혀 갔다. 3개월째에 마이너스 1.4%를 기록한 것은 신기하게도 이번 하락 국면과 일치한다.

1995년은 LEI 6개월 평균이 마이너스 권에 돌입한 지 4개월째인 1995년 4월에 0.6% 하락해 마이너스 폭이 줄어든 것을 볼 수 있었다. 그리고 이것이 마지막 마이너스로 5월 이후에는 플러스로 돌아섰다. LEI 6개월 평균 연속 마이너스 기록은 4개월 만에 종지부를 찍었지만, 1995년 2분기의 실질 GDP는 0.7% 성장으로 급감했다. 경기후퇴는 면했지만 완벽한 연착륙에는 실패했다. 일단 경기를 잠재성장률 이하로 떨어뜨린 후 재부상하는 리버스 소프트 랜딩을 피할 수 없었던 것이다.

1995년은 2월 1일의 금리인상 직후, 당시 그린스펀 의장은 지나친 긴축정책이었다는 것을 깨달았다. 그리고 같은 달 23일에 열린 의회 청문회에서 그린스펀 의장은 "물가지수가 상승을 나타내고 있는 경우라도 경기상황이 물가상승 압력을 억제하는 방향에 있는 것이 확인되면 금융정책을 현상유지, 혹은 완화할 시기가 올 가능성도 있을 것이다."라고 밝혔다. 금리인상 동결에서 금리인하의 방향까지 시사했다. 그린스펀 의장의 경쾌한 태도를 보고 시장금리는 급락했다. 이 완화 효과로 인해 경기가 되살아나 위기일발의 상황에서 일시적인 경기후퇴(recession)를 면했다. 그린스펀 의장은 실제로 1995년 7월에 금리를 인하했다.

이번에는 LEI 6개월 평균이 7월에 1.4% 하락한 뒤, 8월 이후 마이너스 폭이 더욱 확대되면 위험수역으로 접근하게 된다. 1995년 당시에는 위험수역으로 접근하는 중에 그린스펀 의장이 완화 방향으로 키를 잘 돌렸다. 1995년 2월에 그린스펀 의장이 금리인상을 동결함과 동시에 금리인하까지 시사할 수 있었던 것은, 당시에는 지나친 버블이 없었다는 점이 크게 작용했다.

하지만 이번에는 세계적인 금융정책 완화로 원유와 상품가격이 급등했다. 미국 내에서도 주택시장에 지나친 버블이 끼어 있다. 또한 이번에는 인플레이션 기대가 높아지기 쉬울 소지도 남아 있어, 그것을 억제하기 위해서 8월의 FOMC 성명은 '추가적인 금융긴축 정책이 필요하게 될 가능성이 있다'며 금리인상 방향으로 유도하고 있다.

'버블 완전 수축'을 목표로 고금리 지속

IT주식 버블에 직면했던 2000년의 금리인상 최종 국면은 어땠는 가? 이 국면에서는 LEI 6개월 평균이 2000년 4월에 연율 1.0% 하락 하여 경기확대 국면에서 첫 마이너스를 기록했다. 익월인 5월 16일 의 FOMC에서는 페더럴 펀드 금리의 유도목표가 0.50% 인상된 6.5%가 되었다. 그리고 여기서 동결된다. 그 후 LEI 6개월 평균은 마이너스 폭을 확대해 2000년 9월에는 4.3%까지 하락했다. 이 지수를 발표한 컨퍼런스 보드는 '경험상 6개월 평균의 마이너스 폭이 3.5% 이상으로 확대되면 경기후퇴에 빠진다'고 전했다. 실제로 그 6개월 후인 2001년 3월에 미국경제는 일시적인 경기후퇴에 돌입했다.

LEI 6개월 평균은 2000년 9월부터 2001년 1월까지 연속적으로 3.5%를 웃도는 마이너스를 유지했다. 하지만 그린스펀 의장은 페더럴 펀드 금리를 6.5%의 높은 수준으로 유지함과 동시에, FOMC 성명에서 '인플레이션 리스크'를 11월까지 지속시켰다. 12월이 되어서야 간신히 FOMC 성명의 리스크 밸런스를 '경기약화'로 전환했다. 그리고 다음해인 2001년 1월 3일에 긴급 금리인하를 실시했다. LEI 6개월 평균의 마이너스 폭이 4개월에 걸쳐 경기후퇴(recession) 위기 라인을 넘은 후에도 6.5%의 고금리를 유지한 것은 IT주식 버블의 완전 진압을 노렸기 때문이다.

그린스펀 의장은 2005년 3월 3일에 열린 하원예산위원회 청문회에서 2000년 당시의 고금리에 대해 "그 시점에서 우리는 버블이 꺼지기 시작하는 것을 관찰했다. 그리고 그 때 우리는 페더럴 펀드 금리를 너무 큰 폭으로 급하게 인하하여, 이미 부분적으로 축소되기 시작한 버블을 다시 팽창시켜 장래의 화근으로 남기는 일이 없도록 해야 한다고 생각했다."라고 밝혔다.(제2장 참조)

즉, 2000년에 경기 선행지표가 경기후퇴 라인을 넘었는데 고금리 정책을 유지한 것은 버블의 완전 수축을 노리고 있었기 때문이다. 그리고 완전 수축을 확인한 2001년 1월 3일에 긴급 FOMC를 열어 단번에 대폭적인 금리인하로 전환했다. 미국에서는 1930년대의 대공황에 대한 연구가 많이 이루어져, 현재는 버블 붕괴 이후 대폭적인 금융완화를 실행하는 것이 기본적인 처방전이 되어 있는 듯하다.

대공황의 연구가로 유명한 버냉키 의장도 이번 경기감속이 주택버블의 붕괴라고 확인되면 급속한 금리인하로 대처하게 될 것이다. 문제는 아직 거기까지 심각하지 않지만 주택시장의 하락이 더 지속된다면, 버냉키 의장은 2000년에 그린스펀 의장이 경험한 것과 같은 국면에 처할 수도 있다.

위험수역에 접근한 주택시장

주택시장의 선행지표인 주택건설 허가건수는, 2005년 9월에 224만 건으로 정점에 달했다. 올해 접어들어서는 2월 이후 6개월 연속 마이너스를 기록했다. 7월은 174만 7,000건으로 하락하여 피크대비 22%나 급락했다. 2001년 1월부터 실시된 대폭적인 금융완화정책으로 주택건설 허가건수는 2001년 1월 170만 건에서 피크인 2005년 9월 224만 건으로 거의 5년간에 걸쳐 상승했다. 그리고 그 높은 곳에서 불과

10개월 만에 곤두박질 친 것이다.

7월의 LEI 6개월 평균의 1.4% 하락도 주택건설 허가건수의 급락이 선도했다. 한편 전미 홈빌더협회와 웰스파고가 발표한 주택시장지수는 8월에 32로 호황과 불황의 경계선인 50을 4개월 연속 밑돌았다. 주택시장지수는 2005년 6월에 기록한 72를 정점으로 거의 일직선으로 하락했다. 주택시장지수는 1995년의 금리인상 국면 때는 1월과 3월에 40으로 바닥시세를 형성했었다. 그 이후 그린스펀 의장의 금리인하 시사로 시장 환경이 호전되어 상승으로 전환했다.

올해 7월의 32는 1995년의 바닥지수보다도 크게 낮은 것으로, 위험수역으로 접근하고 있음을 보여준다. 7월의 소매 매출액이 회복되는 등 경기는 아직 들쑥날쑥 하는 상황이지만, 이번 경기확대를 선도해온 주택시장이 계속 하강한다면 개인소비에도 그늘을 드리우게 될 것이다.

버블 붕괴에 대한 고금리 유지는 예상되지 않다

버냉키 의장에게 여전히 여유가 있다는 것은, 2000년 당시의 IT주식 버블과 같이 급격한 수축에 휩싸이지 않았다는 점일 것이다. 유동성이 높은 주식과 달리 주택은 투기를 제외하면 매매 당사자의 주거 이전이 동반되기 때문에 급속한 매매가 불가능하다.

미국은 인구가 매년 약 1% 증가하고 있고, 특히 주택버블이 발생한 지역에서는 인구도 집중되고 있다. 내 집 마련이 그림의 떡이 되면 임대시장이 활황을 보이고 집세는 반대로 상승 전환된다. 이것은 자산의 수익성을 높인다. 주택 건설업자도 분양판매를 중지하고 임대시장으로 전환하는 움직임이 나타난다. 또 〈워싱턴 포스트〉지에 의하면 변동금리의 주택융자를 받고 있는 가계의 비중이 낮고, 안정된 고정금리로 전환할 때 재빠르게 캐시아웃(cash-out)하는 움직임도 나타났다고 한다.

개인의 금리에 대한 반응은 민감하다. 금리인상이 동결될 것으로 예상되어 시장금리가 하락하면 비교적 저렴한 장기고정금리 융자로의 전환이 확대될 것 같다. 미국의 주택시장은 안전판도 비교적 잘 마련되어 있다. 하지만 만약 주택시장의 하락이 더 확대될 경우 버냉키 의장이 금리인하의 타이밍을 조율할 필요가 있다는 사실에는 변함이 없다. 이럴 경우 인플레이션 기대가 안정되어 있다면, 버냉키 의장이 주택버블의 완전수축을 목표로 높은 수준의 금리를 유지할 것이라고는 생각하기 힘들다.

그린스펀 의장은 주택시장을 작은 거품 방울을 의미하는 '프로스'라고 명명했지만, 버냉키 의장은 원래 주택시장에 대해 버블로도 프로스로도 인식하지 않았다. 주택시장이 더욱 침체된다면 인플레이션 기대가 안정되어 있는 한 담담하게 금리를 인하하게 될 것이다.

만일 버냉키 의장 스스로 리스크로 지적하듯이, 주택시장의 침체가 예상 이상으로 진행된다면 대폭적인 금리인하로 대처할 것이다. 그린스펀 의장이 2000년에 제시한 버블 재발 우려 등과는 상관없을 것이다. 이렇게 되면 시간이 갈수록 주택 프로스가 진짜 버블로 발전할 위험도 있다.

그렇게 되면, 1995년 금리인상에서 금리인하로 전환으로 주식버블의 싹을 키웠고, 1996년 12월의 '근거 없는 열광'의 경고를 지나 더욱 팽창했던 IT주식 버블과 같은 길을 걷게 된다. 마이어 전 FRB 이사는 퇴임 후에 저술한 회고록 《A Term At The Fed》에서 "2000년대는 1990년대의 답습이 될지도 모른다."라고 예상하고 있다.

후 기

　부시 대통령이 그린스펀 의장의 퇴임 직전인 1월 27일에 FRB 이사로 지명했던 랜달 크로츠너와 케빈 워쉬 두 사람은 2월 17일에 상원 본회의에서 승인되었다. 18년 만의 의장 교체를 순조롭게 진행하고자 하는 부시 정권의 뜻에 따라 공화당 의원들 중심이 되어 빠른 속도로 심리를 진행했다. 두 사람은 3월 1일에 정식으로 취임하여 버냉키 의장이 처음으로 주재한 3월 28일의 FOMC에 참석했다.

　퇴임 직전의 FOMC에는 참석하지 않는다는 관례에 따라 퍼거슨 부의장은 3월 회의에 불참했기 때문에, 버냉키 의장이 처음으로 주재한 3월 28일의 FOMC에 참석한 이사들은 전원 부시 대통령이 지명한 사람들이 차지했다.

　또한 부시 대통령은 6월 30일에 FRB의 이사와 부의장 직을 퇴임한 퍼거슨 씨의 이사 직 후임으로 콜롬비아 대학교의 프레드릭 미시킨 교수(55)를 지명했다. 미시킨 교수는 인플레이션 목표에 관한 서적을 버냉키 의장(당시 프린스턴 대학교 교수)과 공동 집필하는 등 금융정책에 대한 견해를 공유하고 있다. 상원 본회의는 7월 26일에 미시킨 교수의 FRB 이사 취임을 승인했다. 미시킨 교수는 9월에 이사로 취임했다.

얼마 전, 은행감독을 주도해온 마크 올슨 이사가 공개기업회계감시위원회(PCAOB) 위원장으로 전출되었다. 그 결과 9월 1일 현재 FRB 이사는 한 명의 결원이 생겼다.

FOMC를 구성하는 지역연방준비은행 총재로는 필라델피아 연방준비은행의 산토메로 총재가 3월말 부로 퇴임했다. 후임으로 로체스터 대학교 경제학 교수 찰스 플로서 씨(57)가 8월 1일 부로 취임했다. 플로서 씨는 2001년부터 경제학자 등으로 구성된 '예비공개시장위원회(Shadow Open Market Committee)'의 공동 의장을 맡아 왔다. 예비공개시장위원회는 1973년 당시의 높은 인플레이션과 정부에 의한 물가·임금 통제를 비판하는 조직으로 설립되었다. 멤버들은 제로에 가까운 인플레이션 억제를 선호하는 경향이 있다.

애틀랜타 연방준비은행의 권 총재는 6월 22일에 10월 1일 부로 퇴임할 의사를 밝혔다. 버냉키 FRB 의장은 성명을 발표해 "권 총재는 애틀랜타 연방준비은행에서 42년간 근속했으며 그 중 총재로서 10년 이상 재임해 특필할 만한 공헌을 했다."라고 찬사를 아끼지 않았다.

저자

옮긴이 | 우성주

동서대학교 일어일문학과 졸업. 서울외대통번역대학원 한일국제회의통역 석사학위 취득.
현재 SBS 번역대상 최종심사기관으로 위촉된 (주)엔터스코리아 전속 번역가로 활동 중이다.
역서로는 〈비제조업에서도 활용할 수 있는 도요타식 실천코스 제2권, 제3권〉, 〈도요타식 시각화 독본〉,
〈도요타식 일하는 힘이 몸에 배는 책〉, 〈왜 도요타는 인재육성을 잘 하는가〉, 〈맥킨지식 차트기술
workbook〉, 〈철학의 세계 명저 100선〉, 〈비즈니스 베이직 스킬 프로그램〉 외에 다수가 있다.

세계의 경제대통령
버냉키 파워

첫판 1쇄 펴낸날 2006년 10월 23일

지은이 가토 이즈루 · 야마히로 츠네오 | **옮긴이** 우성주 | **펴낸이** 문종현
펴낸곳 도서출판 달과소 | **출판등록** 2004년 1월 13일 제2004-6호
주소 우)121-840 서울시 마포구 서교동 395-64 회산빌딩 301호
전화 0502-123-8889 | **팩시밀리** 0502-123-8890 | **홈페이지** www.dalgaso.co.kr
디자인 고냥새 catbird@graefikhaus.com | **찍은곳** 신우문화인쇄
ISBN 89-91223-14-1 [03320]

＊잘못된 책은 바꾸어 드립니다. ＊책값은 뒤표지에 표시되어 있습니다.